U0523281

中大哲学文库

生成与解构
——德里达早期现象学批判疏论

方向红 著

商务印书馆

2019年·北京

图书在版编目（CIP）数据

生成与解构：德里达早期现象学批判疏论 / 方向红著． — 北京：商务印书馆，2019
（中大哲学文库）
ISBN 978-7-100-17184-7

Ⅰ.①生⋯ Ⅱ.①方⋯ Ⅲ.①德里达（Derrida, Jacques 1930-2004）－现象学－研究 Ⅳ.①B565.59②B089

中国版本图书馆CIP数据核字（2019）第043856号

权利保留，侵权必究。

中大哲学文库
生成与解构
——德里达早期现象学批判疏论
方向红 著

商 务 印 书 馆 出 版
（北京王府井大街36号 邮政编码 100710）
商 务 印 书 馆 发 行
三河市尚艺印装有限公司印刷
ISBN 978 - 7 - 100 - 17184 - 7

2019年4月第1版　　　开本 680×960　1/16
2019年4月第1次印刷　　印张 18 3/4

定价：60.00元

中大哲学文库编委会

主　编　张　伟

编　委（按姓氏笔画排序）

　　　　　马天俊　方向红　冯达文　矢　刚　陈少明

　　　　　陈立胜　吴重庆　赵希顺　徐长福　倪梁康

　　　　　龚　隽　鞠实儿

总　序

中山大学哲学系创办于 1924 年，是中山大学创建之初最早培植的学系之一。1952 年全国高校院系调整撤销建制，1960 年复系，办学至今。先后由黄希声、冯友兰、杨荣国、刘嵘、李锦全、胡景钊、林铭钧、章海山、黎红雷、鞠实儿、张伟教授等担任系主任。

早期的中山大学哲学系名家云集，奠立了极为深厚的学术根基。其中，冯友兰先生的中国哲学研究、吴康先生的西方哲学研究、朱谦之先生的比较哲学研究、李达与何思敬先生的马克思主义哲学研究、陈荣捷先生的朱子学研究、马采先生的美学研究等，均在学界产生了重要影响，也奠定了中大哲学系在全国的领先地位。

复系五十多年来，中大哲学系同仁勠力同心，继往开来，各项事业蓬勃发展，取得了长足的进步。目前，我系是教育部确定的全国哲学研究与人才培养基地之一，具有一级学科博士学位授予权，拥有"国家重点学科" 2 个、"全国高校人文社会科学重点研究基地" 2 个。2002 年教育部实行学科评估以来，我系稳居全国高校前列。2017 年 9 月，中大哲学学科成功入选国家"双一流"建设名单，我系迎来了难得的发展良机。

近几年来，在中山大学努力建设世界一流大学的号召和指引下，中大哲学学科的人才队伍也不断壮大，而且越来越呈现出年轻化、国际化的特色。哲学系各位同仁研精覃思，深造自得，在各自的研究领域均取得了丰硕的成果，不少著述还产生了国际性的影响，中大哲学系已逐渐发展成为哲学研究的重镇。

"旧学商量加邃密，新知涵养转深沉。"为了向学界集中展示中大哲学学科的学术成果，我们正式推出这套中大哲学文库。中大哲学文库主要收录哲学系现任教师的代表性学术著作，亦适量收录本系退休前辈的学术论著，目的是为了更好地向学界请益，共同推进哲学研究走向深入。

承蒙百年名社商务印书馆的大力支持，中大哲学文库即将由商务印书馆陆续推出。"一元乍转，万汇初新"，我们愿秉承中山先生手订"博学、审问、慎思、明辨、笃行"的校训和哲学系"尊德问学"的系风，与商务印书馆联手打造一批学术精品，展现"中大气象"，并谨以此向2020年中大哲学系复办60周年献礼，向2024年中山大学百年校庆献礼！

中山大学哲学系
2018年1月6日

目 录

导 言 1
   第一节 德里达的历史初始语境与思想支援背景 1
   第二节 德里达早期现象学批判的解读模式 14
   第三节 本书的理论立场与学理进路 19

第一部分 生成与差异

引 言 27
   第一节 生成的含义 27
   第二节 辩证法的含义 30
   第三节 生成与辩证法的关系 33
   第四节 《胡塞尔哲学中的生成问题》的文本学考察 34
第一章 心理主义的生成 37
   第五节 胡塞尔"哲学之路"的"起点" 37
   第六节 心理生成主义所面临的困难之一:"第一性的"关系
            与"心灵的"关系 38

第七节　心理生成主义所面临的困难之二："零"与"统一性"的生成 40

第八节　心理生成主义所面临的困难之三："某物一般"的生成 43

第二章　描述性现象学的"生成" 47

第九节　从生成向生成中立化的过渡 47

第十节　生成中立化所带来的问题之一：难以还原的客观时间 48

第十一节　生成中立化所带来的问题之二："原印象"是现象学的辩证法还是本体论的辩证法？ 50

第十二节　生成中立化所带来的问题之三：自由、绝对主体性及其限制 55

第十三节　生成中立化所带来的问题之四：现象学的"剩余"与"全部现象学的崩溃" 57

第十四节　生成中立化所带来的问题之五：纯粹之"我"与"现显"之"我"的内在困境 62

第十五节　生成中立化所带来的问题之六：胡塞尔的"漏洞"——"原素"（hylé）地位的两难 65

第十六节　生成中立化所带来的问题之七："无限性"与"无定限性"的混淆 69

第三章　先验现象学的"生成"：先验性与世间性 75

第十七节　从静态的结构描述向动态的生成分析的过渡 75

第十八节　"非实项的内在性"的"不可还原的悖论" 76

第十九节　暧昧和可疑的"生活世界" 80

第二十节　"否定性"的起源 85

第二十一节　理论兴趣与非沉思的兴趣.................................89

　　第二十二节　纯粹目的论观念的"二难选择"..........................92

　　第二十三节　"主动生成"说的两个困难................................96

　　第二十四节　"被动生成"说与本体论..................................100

第四章　生成与目的论..105

　　第二十五节　先验目的论出现的必然性................................105

　　第二十六节　目的论观念批判..106

　　第二十七节　原意向与后生成的"现象学循环"......................112

　　第二十八节　先验主体性的生成和运动................................117

小结　解构之第一要素的出现：差异..123

第二部分　起源与延迟

引言　《几何学的起源》与"生成"问题的重提................................129

第五章　"远程通信"：从几何学的当下意义到它的"初次性"..............131

　　第二十九节　胡塞尔向几何学源头进行回溯的思路.....................131

　　第三十节　德里达对这一思路的辨明与怀疑............................133

第六章　本我的基础性地位质疑..139

　　第三十一节　德里达的"令人惊异的转变"............................139

　　第三十二节　德里达与胡塞尔的分歧：如何跨越先验之我与先验之
　　　　　　　　"我们"之间的鸿沟..142

　　第三十三节　为胡塞尔一辩..143

第七章　语言文字的"身体化"：与"充替"概念擦肩而过 146
　　第三十四节　"书写的现象学" 146
　　第三十五节　中间地带的发现 149
　　第三十六节　单义性与"充替"概念的初露端倪 151

第八章　对观念的"看"与"听"：无限延迟的"终极创建" 157
　　第三十七节　地理学和亚结构 157
　　第三十八节　康德意义上的观念及其显现的方式 159
　　第三十九节　三个影响深远的结论 164

小结　解构之第二要素的出现：延迟 168

第三部分　声音与充替

引言　《声音与现象》的问题域及其解读方法 175

第九章　在表述与指号的根源处 180
　　第四十节　表述与指号的区分 180
　　第四十一节　德里达对这一区分的反驳："缺口"说与逆命题 183

第十章　声音（1）："声音"概念的诞生 192
　　第四十二节　"声音中心主义"的显性思路 192
　　第四十三节　"声音中心主义"的隐性思路 195
　　第四十四节　对这一思路的简评 202

第十一章　对自言自语的解构（1）：符号的充替性 205
　　第四十五节　孤独的心灵生活及其带来的解构学上的困难 205

第四十六节　解构学上的第一个切入口："作为机遇性表达的我" 213

　　第四十七节　解构学上的第二个切入口："代现" 221

第十二章　对自言自语的解构（2）："眨眼瞬间"与滞留 231

　　第四十八节　胡塞尔的内时间意识与德里达对"滞留"性质的论证 231

　　第四十九节　对这一论证的合法性批判：多此一举的惊讶、沙堆及其他 236

第十三章　声音（2）：声音与观念化的共谋性 246

　　第五十节　"超越"与"触发" 246

　　第五十一节　声音的超越性与"自身触发"性 248

　　第五十二节　从"自身触发"的解构策略到"充替" 252

小结　解构之第三要素的出现："充替" 256

附录　从德里达与马克思的相遇看解构的边界 260

参考文献 281

导　言

第一节　德里达的历史初始语境与思想支援背景

20世纪上半叶的法国哲学主要是对3H（即Hegel、Husserl和Heidegger）哲学的主旨思想及其所提出的问题的阐明和深化，这一点已是不争的事实。[①] 但是我发现，与这一事实同时呈现的是一道令人称奇的甚至是匪夷所思的景观。黑格尔、胡塞尔和海德格尔在德国思想史上虽分属不同的历史时期，且他们的可思方式和理论根基截然不同，但他们却在一个狭窄的历史时段几乎同时挤入到法国学术界，这从下面几个事件的时间表上就可以看出来：1939年，黑格尔的《精神现象学》第一卷由J.依波利特（J. Hyppolite）译成法文出版，1941年，《精神现象学》第二卷问世；但是，一方面，胡塞尔的《笛卡儿的沉思——现象学导论》（以下简称《笛卡儿的沉思》）早在1931年就已经与海德格尔的《论根据的本质》同期在法国面世，而另一方面，胡塞尔的《逻辑研究》直到1963年才有了完整的法文版；

[①] 参见 John Protevi, *Time and Exteriority: Aristotle, Heidegger Derrida*, Associated University Presses, 1994, p. 9。Vincent Descombes 对这一时间段作了更为明确的界定：1930年到1960年是3H居主导地位，从60年代起则是三位"怀疑大师"（马克思、尼采和弗洛伊德）位居主流。（参见 Vincent Descombes, *Modern French Philosophy*, translated by L. Scott-Fox and J. M. Harding, Cambridge University Press, 1980, p. 3）

当依波利特等最优秀的黑格尔主义者在20世纪30年代登上学术舞台时，1930年的G.古尔维茨（《德国哲学目前的倾向》）和勒维纳斯（《胡塞尔现象学中的直观理论》）的现象学研究已经颇见功力，至于法国的海德格尔研究，从1943年萨特的《存在与虚无》与海德格尔的《存在与时间》的"直接的对抗"①就已可见一斑。短促的时间、狭窄的空间、丰富而深刻的思想、多元而交错的对话，这一切使3H在20世纪上半叶的法国产生了匪夷所思的效应：每一个人的思想都在遭到扭曲和误解之后才进入到法国人的视野。例如，从20世纪20年代起，法国学术界就认为黑格尔的现象学与胡塞尔的现象学并无本质不同，他们想通过贬低黑格尔哲学的辩证法方面向人们呈现出一位胡塞尔化了的黑格尔，甚至想向人们呈现出一位黑格尔化了的胡塞尔，依波利特直到20世纪60年代还在尝试对这两种现象学之间的相近之点进行揭示，施皮格伯格对此惊奇不已：

> 对于任何一个熟悉德国现象学的人来说，法国现象学令人感到惊奇的特征之一，就是它毫不犹豫地认为胡塞尔的现象学理所当然地与黑格尔的《精神现象学》相近，甚至是从那里起源的。不管这种联系是否能够证实。②

胡塞尔的现象学与海德格尔的存在主义在进入到法国时也在萨特、梅洛-庞蒂和勒维纳斯等人那里进行了过滤，特别是萨特，他对德国思想的扭曲差不多与他对法国学术的贡献一样巨大，他对现象学和存在主义的误解③使得后一代法国学者几乎不得不从头开始，90年代以

---

① 赫伯特·施皮格伯格：《现象学运动》，王炳文、张金言译，商务印书馆1995年版，第658页。
② 赫伯特·施皮格伯格：《现象学运动》，王炳文、张金言译，第609页。
③ 所有误解中最大的误解是对意向性概念的肆意引申。倪梁康先生尖锐地指出，萨特从

后德里达在回忆往事时对此仍深有感触：

> 我们已开始以另一种更为严格的方式去阅读胡塞尔和海德格尔，也正是在那个时候我与萨特分道扬镳了。①

德里达正是成长于这样一个匪夷所思的时期，这使得他的哲思的支援背景显得盘根错节且极为费解。我的理解是，德里达在进入胡塞尔文本之前以及在现象学研究的过程当中，他在理论上的支援架构并非是原教旨意义上的3H学说，而是经过法国思想家（也包括德国学者）扭曲、误置、过滤和折射了的思想，共有三条隐性的理论线索支配着德里达的运思。

线索一：经过依波利特（还有德鲁兹）诠释的黑格尔。

在德里达的第一部作品（虽然直到1990年才出版）《胡塞尔哲学中的生成问题》（以下简称《生成》）中通篇见到的是对"辩证法"毫无顾忌的使用②，这不禁让人联想起他与黑格尔的关系。不过，这里的黑格尔已经是经过依波利特所中介过的黑格尔了。依波利特对德里达的黑格尔思想的影响主要有以下几点。

第一，德里达"延异"（différance）原理的第一要素"差异"

（接上页）"一切意识都是关于某物的意识"这个现象学的基本命题出发，把胡塞尔的意识现象学解释为一种对抗内在哲学的超越哲学。"这种解释在今天的人们看来已不再像是对胡塞尔现象学的严肃讨论，而更像是在与胡塞尔的意向性学说开了一个不大不小的玩笑。"（参见倪梁康：《自识与反思》，商务印书馆2002年版，第546页）

① 德里达：《德里达谈现象学》，张宁译，《哲学译丛》2001年第3期，第28页。原文收于 *Sur Parole: Instantanés philosophiques*, Paris: Editions de l'aube, 1999, pp. 75-90。

② 在1990年该书问世时，德里达在"告读者"中用"起源的污染"这一表述代替"辩证法"。在随后的两本现象学研究著作（即1962年的《胡塞尔〈几何学的起源〉引论》和1967年的《声音与现象》）中，德里达对"辩证法"一词的使用逐渐减少。这种趋势也许是时代氛围的转变所致。据Vincent Descombes的考察，1930年黑格尔是一个浪漫主义的哲学家，到了1945年，黑格尔已经成为古典哲学的巅峰，是这一领域一切现代成就的源头，但到1968年，一切现代之物都敌视黑格尔。（参见 Vincent Descombes, *Modern French Philosophy*, p. 12） （difference）概念最早见之于依波利特的"思辨性差异"（speculative difference）。依波利特通过黑格尔的差异和矛盾思想竭力构想发生在逻辑生成之中的差异之本质，他认为，经验意义上的量的差异意味着一物只有在它的他物中才能发现自己的存在，矛盾内在于存在自身之中。①

第二，有限性的不可或缺问题、完全恢复意义的不可能性以及直观主体存在的多余性。前者是德里达在《生成》中借以与黑格尔的辩证法区别开来的主要指征，中者是德里达在《胡塞尔〈几何学的起源〉引论》（以下简称《起源》）中与胡塞尔进行抗争的立足点，而后者则是德里达在《声音与现象》中解放含义之束缚的有力武器。这三点我们都可以在依波利特下面的一席话中找到：

> 谁或什么在说话？答案既不是"某人"（或者说，das man）也不是"它"（或 the id），更不是"这个我"或"我们"。"辩证法"这个名字是黑格尔所复活并加以阐释的，它标志着事物自身的辩证法，它不是知识的工具，它自身就处于这一问题的核心之中……对黑格尔来说，这不是一个否定神学的问题，也不是所谓的超越意义之外的意义问题，而是一个不可弥补的有限性问题、一个意义之丧失（就像我们谈到事业失败一样）的问题，这一失去的意义绝不可能得到完全的恢复。②

第三，德里达使用了依波利特在阅读黑格尔中所开发的术语，如

---

① Leonard Lawlor, "Distorting Phenomenology: Derrida's Interpretation of Husserl", *Philosophy Today*, Summer 1998, p. 187.

② Jean Hyppolite, "Structure du langage philosophique d'après la Préface de la Phénoménologie de l'esprit de Hegel", 转引自 John Llewelyn, *Derrida on the Threshold of Sense*, The Macmillan Press Ltd, 1986, p. 4。

"向有限的过渡","绝对者是过程",等等。此外,依波利特所理解的本质与现象的相互开放、相互转化实际上就是德里达在《生成》中所说的观念与事实、先验与经验的相互污染。①

第四,G. 德鲁兹对德里达的差异概念也给予了极大的启发。德鲁兹在 1954 年为依波利特的《逻辑与存在》写了一篇书评,发表在《法国与外国哲学评论》(1954 年)上,他说:

> 在所有这些当中有一点是,依波利特同时表明了自己的黑格尔性:只要差异被提升为绝对之物,就是说,提升到矛盾,那么存在就能够与差异相同一。思辨的差异就是自我矛盾着的存在……以[《逻辑与存在》]为基础,我们可以这样问:难道我们不能构造一种差异的本体论吗?——这一本体论不必上升到矛盾,因为矛盾低于差异,或者说不会高于差异。难道矛盾本身不就仅仅是差异的现象的以及人类学的方面吗?②

我们知道,德鲁兹与德里达同为依波利特的学生,而且德鲁兹在 1968 年出版了他的名著《差异与重复》。从上面所引的这段话来看,依波利特及其两位高足早在 20 世纪 50 年代初期即已开始探讨差异(difference)问题,而且他们的研究理路非常独特,如差异的绝对性、差异与存在的同一、差异不同于且高于矛盾等,这些都是德里达后来一直坚持的解构思想的重要组成部分,尤其是德鲁兹把差异本体化的倾向直接为德里达在《生成》中所吸收。

依波利特的影响远远不止这些,德里达对此也是乐于承认的。

---

① Leonard Lawlor, "Distorting Phenomenology: Derrida's Interpretation of Husserl", *Philosophy Today*, Summer 1998, p. 186.

② 转引自 Leonard Lawlor, "Distorting Phenomenology: Derrida's Interpretation of Husserl", *Philosophy Today*, Summer 1998, p. 188。

德里达在《起源》的一个脚注中明确说道，依波利特的《逻辑与存在》是"一个在诸多方面对黑格尔和胡塞尔思想进行深层聚合（convergence）的著作"①。

线索二：经过萨特、芬克（Eugen Fink）和唐·迪克陶折射过的胡塞尔。

这三位人物都是德里达学术上的前辈，他们对德里达心目中胡塞尔形象的塑造起着关键性的作用，德里达正是通过他们才知道了现象学独特的工作方式、与众不同的研究领域以及它的尚需弥补的缺陷。

把萨特排在第一位，也许有点出人意料，德里达在其早期的现象学研究中几乎没有提到过萨特，但是，令人奇怪的是，德里达这一时期的很多观点却与萨特非常相近，特别是在他的第一部作品《生成》中，他为现象学的改造所提供的思路简直与萨特如出一辙。

H. 施皮格伯格在《现象学运动》中谈到的萨特对胡塞尔所做的"意义深远的批评"对我们这里的论证极为有利。施皮格伯格罗列了一大堆萨特对胡塞尔的"指责"②：萨特在《存在与虚无》中指责胡塞尔"不忠实"于他原来的现象学观点；指责他陷入"纯粹的内在论"；指责他未能避免"事物幻觉"（通过对意识图像引进一种被动的原素［hyle］和感觉说来获得）；指责他"仍然胆小地"停留在"功能描写"的层次上，这种描写使他局限于对现象本身做出叙述，而不能进一步探讨"存在的辩证法"；指责他"尽管自己做过否认，仍然是个现象主义者而不是现象学家"；指责他仅仅给我们一张关于真正超越的漫画，后者应该超越意识进入世界并且超越即时现在而进入过去和未来；指责他和康德同样未能避免唯我论，特别是由于引进"先验主体这个

---

① Jacques Derrida, *Husserls Weg in die Geschichte am Leitfaden der Geometrie*, von Ruediger Hentschel und Andreas Knop, Wilhelm Fink Verlag, 1987, S. 90. 这一点最先是由 Leonard Lawlor 注意到的。参见 Leonard Lawlor, "Distorting Phenomenology: Derrida's Interpretation of Husserl", *Philosophy Today*, Summer 1998, p. 186。

② 赫伯特·施皮格伯格：《现象学运动》，王炳文、张金言译，第 656—657 页。

无用而又致命的假设"；指责他没有充分论述我们的直接经验的执拗性。萨特在《自我意识与自我认识》的论文中还指责胡塞尔从来没有提出过本体论的问题，这使得关于世界的存在问题仍然悬而未决，这也使得我们从来没有从现象学还原回世界上来。

让我们再来比照一下早期的德里达。德里达在《生成》中抓住胡塞尔的"原素"（hyle）这一概念大做文章，指出现象学在这一点上的漏洞和困难并以此为基础提出一个雄心勃勃的计划：为现象学奠定本体论的基础；他还认为，他人的存在的不可还原性说明胡塞尔无法走出唯我论；他也认为胡塞尔本质上是个现象主义者而非现象学家；直到在《声音与现象》中，德里达仍然在寻找胡塞尔对自己的"不忠实"即自相矛盾之处（尽管严格的文本学将会证明很多时候这是他对胡塞尔的误读）。

另外，根据 C. Howells 的考证①，萨特对"自为"的"自身在场"的分析要比德里达在《声音与现象》中的分析早二十多年。《存在与虚无》第二部分第一章引用胡塞尔为例说明即使是最坚决的在场哲学家也不能完全回避隐含在一切意识中的反思性。萨特在《存在与虚无》中还像后来的德里达一样讨论了时间的本质，甚至在此基础上提到了"延迟"的思想："自为"事实上总是含糊不定的，因为它的存在是不断的延迟和延期。②

很明显，尽管德里达"已开始以另一种更严格的方式去阅读胡塞尔"，尽管德里达已经"与萨特分道扬镳"，但萨特的观点和话语却始终是德里达无法摆脱的阴影。C. Howells 也表示了相同的惊讶："在胡塞尔的个案中，德里达自己的分析同萨特的惊人地接近，而且他的现

---

① C. 豪威尔斯：《德里达》，张颖、王天成译，黑龙江人民出版社 2002 年版，第 33 页。
② 参见 Jean-Paul Sartre, *L'être et le néant—Essai d'ontologie Phénoménologique*, éditions Gallimard, 1981, p. 771。

象学批判的基础几乎与萨特是同一的。"①

德里达为什么要掩饰他与萨特之间的传承和亲缘关系呢？这一点确实令人费解。C. Howells 对此作过一些提示，也许可资参考：

> 20世纪60年代德里达对萨特的态度是叛逆的。当德里达似乎在重复他不愿承认其构成先驱者文本的一种分析的一般思路的时候，这种情况就更为严重。30年之后，当他带着明显的愉快去探讨他们政治和哲学某些方面的共同立场时，德里达对他的态度明显宽容了。②

芬克是德里达早期的胡塞尔研究中常常引用的人物，德里达并不讳言芬克对他的巨大影响，特别是芬克1933年的突破性作品——《胡塞尔的现象学哲学与当代思想》——给他带来的剧烈震撼。德里达在《生成》的写作过程中就已接触到芬克的这个文本并把它列入该书的文献目录。芬克的这篇文章（据说曾得到过胡塞尔的首肯）的特殊之处在于，作为胡塞尔晚年的亲密助手和胡塞尔思想的最权威的解释者，他在文中讨论了先验现象学的几个悖论。芬克认为，先验之我与经验之我不同，但不是不同的"某物"，它的存在与心理学的自我的存在相互重叠。他们的关系完全不同于世界上已发现的任何事物之间的关系，没有任何逻辑能对此加以解释。它的本质是现象学最根本的悖论。这些悖论都起源于这一事实，即先验现象学试图为世界的存在提供一个"超世间的"（extramundane）基础——同时无须把这一"超世间性"（extramundaneity）设定为纯粹的超越性。这一基础必须同时是内在的和超越的。在芬克看来，为了在基础这一问题上与他人交流，必须以

---

① C.豪威尔斯：《德里达》，张颖、王天成译，第33页。
② C.豪威尔斯：《德里达》，张颖、王天成译，第33页。

一种新的方式使用世间的（mundane）语言，而这需要一个新的差异逻辑。①

芬克对先验现象学悖论的揭示引起了德里达极大的兴趣，他在《"生成和结构"与现象学》（1959年）一文中详尽地描述了观念对象的先验性存在方式，在《现象学的心理学：胡塞尔1925年夏季学期的讲座》②（1963年）中，德里达花了近三分之二的篇幅介绍了现象学心理学和先验现象学之间的平行关系的特殊性，这一介绍后来在讨论先验之我与经验之我的"令人震惊、奇妙非常的"（德里达语）"平行论"时又原封不动地直接搬到《声音与现象》中。

提到唐·迪克陶③，"德里达先生……毫不掩饰地表示，他和他的许多从现象学开始哲学生涯的同代人都受到过迪克陶的《现象学和辩证唯物论》这部著作的影响"④。《现象学和辩证唯物论》的主旨思想是一方面把辩证法引入到现象学之中，另一方面立足于辩证唯物主义，通过对动物心理学和经济历史的分析，提出一种有关意识起源和理性生成的理论，也就是说，借用马克思主义的理论方法为现象学寻找本体论的基础。从德里达早期著作中对唐·迪克陶的引用和批判来看，唐·迪克陶对这部书的影响体现在这两个方面：其一，唐·迪克陶从现象学视角出发对辩证法的理解直接启发了《生成》时期的德里达（详见本书第一部分）；其二，唐·迪克陶为现象学提供辩证唯物主义基础的企图对德里达在《生成》中为现象学寻求本体论具有一定的激

---

① 参见 Eugen Fink, "The Phenomenological Philosophy of E. Husserl and Contemporary Thought", in *The Phenomenology of Husserl*, edited by R. O. Elveton, Chicago: Quadangle Books, 1970, p. 144。

② J. Derrida, "Phänomenologische Psychologie. Vorlesungen Sommersemester 1925", par Edmund Husserl, *Les études philosophiques* 18, 1963.

③ 唐·迪克陶（Tran Duc Thao）（1917—1993），越南裔法国哲学家，20世纪50年代法国现象学运动的代表人物，主要著作为《现象学与辩证唯物论》。（Tran Duc Thao, *Phénoménologie et matérialisme dialectique*, Paris, 1951）

④ 杜小真：《在记忆和遗忘的下面，是生活》，《万象》2001年第3期，第27页。

励和导向作用。

线索三：经萨特曲解过和勒维纳斯警醒过的海德格尔。

萨特对海德格尔的严重误解，这已是包括德里达在内的法国第二代现象学研究者的共识，正如德里达所言，当他意识到萨特对海德格尔解释的欠缺和随意性之后，他便与萨特分道扬镳，从而开始以另一种更为严格的方式去阅读海德格尔，这个时期大约是在 20 世纪 60 年代早期。

尽管海德格尔对德里达的影响也像黑格尔和胡塞尔的影响那样经过了中介，但比较而言，他对德里达的作用较为直截了当——特别是当德里达注意到这种曲解之后。这可从他们对某些概念和方法的共同使用上看出。第一，有些概念的提法虽然不一样，但究其内容而言却具有一致性，例如，在《存在与时间》中，海德格尔提出了"对本体论的历史进行摧毁（Destruktion）的任务"，"摧毁"其实就是海德格尔所说的"拆解"（Abbau），也就是德里达所谓的解构（la déconstruction）的前身。第二，有些概念的使用不只是相近，甚至在含义和论证方式上也完全一致，例如对"在场形而上学"的批判就是这样。海德格尔声称，"在场形而上学"把存在等同于在场，但这样做恰恰忽略了某物作为某物的在场正是由非在场作为前提的，正是非在场才使在场成为可能。"摧毁"或"拆解"所追寻的就是这一非在场的经验。德里达对"在场形而上学"的理解与海德格尔并无不同，不仅如此，他还直接把海德格尔在这里的论证方式巧妙地应用在对胡塞尔的代现理论的批判之中，他模仿海德格尔的口吻说，正是非呈现才使呈现得以可能，从根本上讲，呈现就是再现，它并不奠基于自身而是奠基于非呈现、非在场即缺席和过去之中。

第三，众所周知，海德格尔的"本体论差异"思想对德里达深入思考"差异"问题并最终与同时代的其他人的"差异"思想区别开来具有极为关键的作用。Leonard Lawlor 对此的考证令人颇为信服：

海德格尔的本体论差异思想涉及两个相互交织的对德里达的挑战，德里达正是在这一时期作出回答的。一方面，"本体论差异"激发德里达思考基础（the ground）即存在（being）问题，基础（the ground）决不依赖于被奠基者（the grounded）即诸存在者（beings）。换言之，基础决不是某种类似于它所奠基的东西，否则基础就预设了它所奠基的东西，这样它就根本不是基础了。另一方面，本体论差异激发德里达以这样一种方式思考基础（即存在），即这种方式不会导致物化（reification）。我们决不能把基础设定为一种对存在者（beings）的"超出"（beyond），因为这会隐含结构与生成的分离，简而言之即柏拉图主义。存在永远被掩盖（dissimulated）在存在者之中。[①]

我们几乎可以做出这样的结论：海德格尔对德里达的影响是多方面的，也是直接而巨大的。事实上，德里达本人也是这么认为的："如果没有海德格尔的提问所打开的东西……如果没有海德格尔对存在与存在者之间以及存在状态与存在者状态之间的差异（在某种方式上这一差异始终未能受到哲学的思考）所提请的关注，我所尝试的一切都将是不可能的。"[②]

然而，事情远非这样简单。当德里达在20世纪60年代开始广泛而深入地研读海德格尔的著作（主要是晚期著作）时，意外发生了！他受到了"勒维纳斯思想的震撼"（德里达语）！[③] 这种震撼源自一种

---

① Leonard Lawlor, "The Epoche as the Derridean Absolute: Final Comments on the Evans-Kates-Lawlor Debate", *Philosophy Today*, Summer 1998, pp. 207-208.
② Jacques Derrida, *Positions*, Les éditions de Minuit, 1972, p. 18.
③ Herman Rapaport 的一个观点可以作为补充。他认为，德里达的震撼不仅来自勒维纳斯，还来自布朗肖。布朗肖的文章《彼岸的脚步》（Le pas au-delà）对于德里达重新解释时间具有决定性的影响。参见 Herman Rapaport, *Heidegger and Derrida: Reflections on Time and Language*, University of Nebraska Press, 1989, p. 113.

彻底的颠覆，它不是勒维纳斯的胡塞尔对海德格尔的反批，也不是黑格尔幽灵在法国思想界的重现，它是希伯来思想对希腊思想的反动和抗议，与这种彻底的颠覆相比，海德格尔对胡塞尔乃至传统形而上学的超越充其量只是希腊思想内部的一场对话而已。下面这一段勒维纳斯的话显然触动了德里达，他在1964年的论文《暴力与形而上学：论E.勒维纳斯的思想》中引用了这段话并做了自己的引申：

> 《存在与时间》可能只支撑了一个论题：存在是不能与对（作为时间展开的）存在的含括分开的，存在已经就是对主体性的呼唤。海德格尔式的存有论至上并不依赖显见之理："要认识在者，就得已经理解那种在者之存在。"肯定存在对于在者的优先性就已经对哲学的本质做了表态，就是将与某人这种在者的关系（伦理关系）服从于某种与在者之存在的关系，而这种无人称的在者的存在使得对在者的把握和统治成为可能（即服从于一种认知关系），就是使公正服从于自由……一种在大写的他者核心处保持大写的同一的方式。①

德里达在写完这段话之后立即做了引申：与存在者根本不同的存在其实是"一种作为无名的非人的普遍性之状态的暴君"，"海德格尔式的那些'可能性'仍是些权力。尽管它们要成为前技术的、前客体性的，它们却并不缺少压制性和占有性"。

比较这里的引用和引申，我们就不难理解，德里达在1967年出版的名著《论文字学》中在对海德格尔进行挪用的同时也对他表示了不满："'存在的声音'……清楚地表明了海德格尔在对待在场形而上学

---

① 德里达：《书写与差异》，张宁译，生活·读书·新知三联书店2001年版，第164—165页。

和逻各斯中心主义方面的模糊立场。"①

除此而外,勒维纳斯的"绝对的他者"代表了一种更加激进的对本体论进行思考的努力。"绝对的他者"显然对德里达放弃使用"存在"和"本体论"这些词有很大的影响②。

3H 思想或以扭曲折射的方式或以警醒划界的方式作用于青年时代的德里达,他们的影响构成了决定德里达后来发展的核心作用圈,但德里达受到的影响的范围远远不止于此。在《德里达谈现象学》中,德里达明确承认梅洛-庞蒂对他的"巨大、关键而决定性的影响"。根据国内学者杜小真女士的考证,德里达的"原印迹"非常接近于梅洛-庞蒂的"原始的过去":"原始的延迟,原始的印迹使我们又看到了梅洛-庞蒂的'原始的过去'"③;德里达与索绪尔在解释学意义上的相互影响已经引起人们的关注,索绪尔的"差异"思想总是让人揣测它对德里达的"延异"观可能具有的贡献,而德里达对索绪尔的解读甚至让索绪尔的追随者们愤而抗议,他们指责德里达给世人提供了一个经他乔装打扮的索绪尔。David Wood 为我们总结了德里达与索绪尔之间的三点关系:

> 第一,德里达广义上同意语言对语言使用者所具有的优先性;第二,德里达认为,索绪尔对符号(sign)的解释与他赋予言语(speech)对书写(writing)所具有的特权不一致;第三,他挪用了索绪尔的符号的区分性(diacritical)理论,这一观点认为,语

---

① 雅克·德里达:《论文字学》,汪堂家译,上海羊文出版社1999年版,第29页。
② 无独有偶,与勒维纳斯这种海德格尔批判的彻底性旗鼓相当的还有阿多诺。参见《否定的辩证法》第一部分(阿多诺:《否定的辩证法》,张峰译,重庆出版社1993年版),或可参见国内学者张一兵先生对这一部分的精彩演绎(张一兵:《元调式的辩证想象》,生活·读书·新知三联书店2001年版)。
③ 杜小真:《德里达的解构主义》,《首都师范大学学报》(社会科学版)2000年第3期,第102页。

言（language）只是一个差异的系统。①

我觉得在此基础上还应该加上第四层关系，索绪尔的"音位学原理"以及作为能指的"音响形象"的"一般原则"对德里达提出"声音中心论"及其相关批判显然具有直接的借鉴作用。

如果把3H及其解释者们（或曲解者们）算作影响德里达的核心作用圈的话，那么梅洛-庞蒂和索绪尔就是次生作用圈，属于这一作用圈的还有康德（先天综合、直观与意向、无限观念）和卢梭（书写和情感的替代性）等。

德里达早年的学术涉猎极为广泛，这为他后来广阔的学术视野打下了良好的基础，但同时也给德里达的诠释者和批评者们留下了一桩桩的悬案，谁对德里达具有决定性的影响？黑格尔、海德格尔还是胡塞尔？抑或依波利特、萨特、勒维纳斯、芬克？德里达对3H以及其他学者的思想的叙述和解构是否符合哲学严格性的要求？为了研究的需要，本书把相关讨论定位在以下两个问题上：第一，当德里达早年（1953—1967）带着如此庞杂的支援背景遭遇胡塞尔时，他的研究成果在多大程度上具有合法性？第二，胡塞尔现象学对解构理论的形成具有怎样的意义？

第二节 德里达早期现象学批判的解读模式

当德里达进入到胡塞尔现象学的研究之中时，他的两个作用圈开始发挥影响，支援背景中的诸要素开始发挥作用，这些从早期文本上都可得到直接印证。但是，由于诸要素的作用有时相互归依、相互融

---

① David Wood, *The Deconstruction of Time*, Humanities Press International, Inc. Atlantic Highland, NJ, 1989, p. 272.

洽，有时又相互疏离、相互对立甚至相互交错、相互缠绕，因此对早期作品的诠释便变得扑朔迷离起来，由此形成了对德里达早期现象学批判的不同的解读模式和派别。为了使这里的介绍尽可能全面，我们把模式看作是派别的属。这样我们首先便获得了两个解读模式：第一是修辞性的解读模式。这一模式认为德里达对胡塞尔的叙述和批判本质上是文学性、比喻性和反讽性的；第二是严格性的解读模式。这一模式认为德里达的叙述和批判是哲学性、文本性和直言式的。

第一种模式的代表人物是 John Scanlon、Natalie Alexander 和 Brendan Sweetman 等。Scanlon 认为，《声音与现象》可以被读作"一篇精致的对胡塞尔的《逻辑研究》中第一研究第一章所做的浮夸的、学究气的评注的滑稽模仿作品"①，但是，德里达"并不是在开玩笑，而是对他所提供的解释具有一种夸张的庄重"②。"德里达对胡塞尔的歪曲是故意的，因此是反讽的。"③ Alexander 从修辞学的解读立场出发，"发现德里达在一种夸张的程度上挪用了胡塞尔的描述性术语'纯粹'（pure），而且德里达把这种纯粹性与一种具有理性的（纯洁的）印象的'童贞性'（virginity）联系起来"④，他还认为我们可以在哲学论证和修辞学叙事这两个层面上阅读《声音与现象》，但我们会发现德里达在前者上的失败和后者上的成功⑤。Sweetman 则认为德里达的"解构把美学与形而上学搞混了"⑥。

---

① John Scanlon, "Pure Presence: A Modest Proposal", *Derrida and Phenomenology*, edited by W. R. McKenna & J. Claude Evans, Kluwer Academic Publishers, Dordrecht, 1995, p. 96.
② John Scanlon, "Pure Presence: A Modest Proposal", *Derrida and Phenomenology*, edited by W. R. McKenna & J. Claude Evans, p. 100.
③ 转引自 J. Claude Evans, *Strategies of Deconstruction: Derrida and the Myth of the Voice*, p. xii.
④ Natalie Alexander, "The Hollow Deconstruction of Time", *Derrida and Phenomenology*, edited by W. R. McKenna & J. Claude Evans, p. 127.
⑤ 参见 Natalie Alexander, "The Hollow Deconstruction of Time", *Derrida and Phenomenology*, edited by W. R. McKenna & J. Claude Evans, pp. 121-122。
⑥ Brendan Sweetman, "Postmodernism, Derrida and Différance: A Critic", *International Philosophy Quarterly*, Vol. xxxix, Issue No. 153, March 1999.

第一种模式不在本书关注的范围之内，本书把德里达的早期著作仅仅看作是纯粹的哲学文本，具有论证的严密性和逻辑性，实际上，德里达本人也认为解构不是简单地抛弃文本的严密性和逻辑性，恰恰相反，解构正是要从文本的内部利用文本的严格性来暴露自身的缺口，一切外在的打破和摧毁都是形而上学和独断论的暴力。本书将重点关注德里达早期作品（写于1968年以前的文本）在论证上的严谨性和合法性，相应地，我们这里将会忽略对第一种模式的讨论。

第二种模式包含两个相互对峙的解释派别：赞扬派和质疑派。赞扬派的代表人物有Newton Garver、Richard Rorty、Joshua Kates、Christopher Norris和伽达默尔等。Newton Garver认为，"德里达对胡塞尔的批判是语言哲学中的一篇一流的分析作品"[1]；Richard Rorty夸赞"德里达对胡塞尔所作的工作是一流的、高度专业性的"[2]，他还进一步指出，"一如海德格尔，德里达的作品也可以区分为前后期，前期是教授学者型的，后期的作品变得比较奇谲怪异，比较个人，也比较有原创性"[3]；Kates说，"我也将坚持认为，德里达的论证符合哲学话语的标准……关键之处在于，德里达的阅读（还有我对德里达的阅读）并没有违背胡塞尔论证的任何原始文字（protocols）"[4]；伽达默尔谈到了德里达"对胡塞尔的《逻辑研究》及其'传诉'（Kundgabe）概念的相当精准的批评——这一批评在他的优秀著作《声音与现象》中得到展开"[5]。

---

[1] 转引自 J. Claude Evans, *Strategies of Deconstruction: Derrida and the Myth of the Voice*, Univeristy of Minnesota Press, 1991, p. xi。

[2] 转引自 J. Claude Evans, *Strategies of Deconstruction: Derrida and the Myth of the Voice*, p. xi。

[3] R. 罗蒂：《偶然、反讽与团结》，徐文瑞译，商务印书馆2003年版，第176页。

[4] Joshua Kates, "Letter to Evans", *Philosophy Today*, Summer 1998, pp. 167-168.

[5] 转引自 J. Claude Evans, *Strategies of Deconstruction: Derrida and the Myth of the Voice*, p. xi。

质疑派的旗手显然是 J. Claude Evans，他的《解构的策略：德里达与声音的神话》曾引起广泛的关注和争议。他的质疑表现在他的一连串的措辞上：misleading（误导的）、misread（误读）、misinterpretation（误释）、misplaced（误置）和 distort（扭曲）等。他在提供了相关的例证之后得出这样的结论："一种阅读如此地扭曲了（distorts）它本该加以解释的文本，我们不能说这种阅读在文本方面究竟建构了什么。"① 言下之意，面对已经扭曲的解释，我们是无法谈论这其中包含有什么样的理论成就的！此外，他还指出，尤其不能让人接受的是，德里达对胡塞尔文本进行扭曲的方式是一种蓄意的预谋："德里达对文本进行重组（retooling）以适应他的预构的（preconceived）观念。"② 对一个学者而言，这样一种极端的指责太过严重，德里达觉得受到侮辱而拒绝与之就胡塞尔问题展开对话，Evans 后来专门为此做过道歉。③

David Wood 也是质疑派的中坚人物，他在其名著《时间的解构》中不止一次地对德里达的论证方式进行了"同情式的"批评："这已不是第一次了。我对德里达在这里（指在《声音与现象》中——引者注）的态度抱有某种同情，还有他的结论，但他的论证毫无疑问是欠缺的。"④ 不仅如此，他还从整体上指出了德里达在解构策略方面自相矛盾之处："德里达策略的成功之处似乎离不开他对作者的意向的认可以及他在这方面的大量的提示，但这样便赋予超文本的起源（作者）以一种形而上学的特权，但这一特权正是他竭力要清除的。"⑤

---

① J. Claude Evans, *Strategies of Deconstruction: Derrida and the Myth of the Voice*, p. 143.
② J. Claude Evans, *Strategies of Deconstruction: Derrida and the Myth of the Voice*, p. 183.
③ Evans 说："我为批评了德里达的有意的误读而深感遗憾。我根本没有权力考虑德里达为什么写出他所写的东西。在这一点上我确实侮辱了德里达。我道歉。" J. Claude Evans,"Letter to Kates", *Philosophy Today*, Summer 1998, p. 180.
④ David Wood, *The Deconstruction of Time*, p. 124.
⑤ David Wood, *The Deconstruction of Time*, p. 312.

其他学者对德里达的批评和质疑也是屡见不鲜的。J. Barnouw 认为"德里达事实上夸大了《逻辑研究》与《几何学的起源》之间在对绝对规范（absolute norm）的关注这一点上的连续性"①。而 B. C. Hopkins 也坚称，在《起源》中，"德里达的决定与胡塞尔的意向并不相符"②。J. M. 伊迪甚至认为："德里达的真实意图在于暗中损害胡塞尔的某些理论，并且在那里建立起一个基于延异概念的解构方法。德里达篡改了胡塞尔的原文和哲学意蕴，在现象学的腹地揭示了一个最内在的矛盾。"③这种说法已经与 Evans 不谋而合了。L. Lawlor 应该属于赞扬派的成员，他为德里达文本的严格性进行了大量卓有成效的捍卫和辩护，但他在与 Evans 等人的辩论之后的一番话着实令人咂舌："事实上，如果必须在把现象学撂在一边还是对它进行扭曲这二者之间进行选择，还是让我们尽情地扭曲吧。"④

本书自觉地站在第二种模式的阵营内，但笔者并不想成为赞扬派或质疑派的成员，因为一方面，年轻的德里达不畏一代哲学大师的学术权威，敢于对胡塞尔的几乎每一个结论提出挑战（德里达后来称自己的这种行为是一种"特异反应"），这一点充分表现了德里达初生牛犊不怕虎的精神，尤为难能可贵的是，这其中不乏真知灼见，例如他对胡塞尔的"否定"观的批评以及对"意向性"的外延和"原素"（hyle）的内涵的演绎等（本书将对德里达的原创性发现给予充分的关注），而另一方面，由于当时胡塞尔的很多重要文献尚未译成法文，有

---

① J. Barnouw, "Review of J. Derrida's Origin of Geometry", *Review of Metaphysics* 33, Sept. 1979, p. 169.

② Burt C. Hopkins, "Husserl and Derrida on the Origin of Geometry", *Derrida and Phenomenology*, edited by W. R. McKenna & J. Claude Evans, p. 69.

③ J. M. 伊迪：《论德里达对胡塞尔的批判》，魏志军译，《哲学译丛》2001 年第 2 期，第 4 页。

④ Leonard Lawlor, "Distorting Phenomenology: Derrida's Interpretation of Husserl", *Philosophy Today*, Summer 1998, p. 192.

的还是尚未整理的手稿,再加上法国哲学界当时对胡塞尔的曲解,这使得德里达(尽管在1953年专程来到胡塞尔卢汶档案馆查阅未发表的手稿)对胡塞尔的解读出现众多的错位和误置,甚至在其影响广泛的成名作《声音与现象》中也出现了错误的解读,有的还是一些严重的错误,如对 Verflechtung 的翻译以及对"感知"的解释等(本书也将一一给予中肯的关注),因此,笔者拟在这种派别纠纷中持一种中立化的立场,并在此基础上把上述的两个问题转化、合并成一个问题,即:德里达对胡塞尔的解读对解构理论的形成具有怎样的意义?

第三节 本书的理论立场与学理进路

本书的立场是,正是胡塞尔启发、推动了德里达思想的纵深发展,现象学是解构理论的助产士。拿解构理论的核心概念"延异"来说,如果德里达没有遭遇胡塞尔现象学,德里达就会永远囿于各种各样的"差异"概念之中,无法走出黑格尔、海德格尔甚至索绪尔的作用圈而提出"延异""痕迹"和"充替"等令人耳目一新的思想,而没有了"延异",中后期的"播撒""处女膜""药"和"幽灵"等提法将从根本上失去依托。下面我从外在历史和内在逻辑这两个方面做一下宏观的提示,详细的证明留待正文中进行。

在20世纪50年代早期,生成问题占据了法国思想界的中心,梅洛-庞蒂、J.依波利特、J. Cavaillès、Tran Duc Thao 等都转向胡塞尔以求理解生成。[①] 德里达在1953—1954年以胡塞尔为研究对象,以"生成"为主题写成的硕士论文《生成》显然也受到当时学术界氛围的影响。我们知道,真正意义上的"生成"在康德和黑格尔那里都是不存

---

① Leonard Lawlor, "Distorting Phenomenology: Derrida's Interpretation of Husserl", *Philosophy Today*, Summer 1998, p. 185.

在的,对法国思想界而言,研究"生成"其实是对黑格尔的逃离和背叛,但问题是,黑格尔太强大了、太百科全书了,逃离黑格尔的最终结果常常让人忍俊不禁:结果又回到黑格尔的怀抱中。M. 福科在《话语的秩序》中对这一时期的理论历程做过精辟的评论:

> 但是,要想真正逃离黑格尔,这涉及如何精确地评价我们为从他那儿抽身出来所付出的代价……我们必须确定我们的反黑格尔主义的程度,确定这一程度是否可能是黑格尔反对我们的把戏——到最后,他一动不动地站在那儿,等着我们。如果说那个时候我们中的许多人应该感谢依波利特,那是因为他不知疲倦地在我们之前为我们探索能够逃离黑格尔的道路。①

转向胡塞尔,磨平黑格尔的辩证法方面,把黑格尔胡塞尔化等,这些都代表了当时法国哲学界的一次集体性的胜利大逃亡。可是谁能真正逃离黑格尔?这也许涉及他在何种意义上以及在什么程度上汲取了胡塞尔现象学思想和方法中与众不同之处并化为自己理论躯体中的血肉。

一个非常具有代表性的例子是法国哲学家对"差异"的思考。黑格尔的"矛盾"思想已经涵盖了"差异"的观念,这一思想的丰富性和深刻性几乎是无法拒绝、无法摆脱的,依波利特、德鲁兹和勒维纳斯都对此做过或多或少成功的尝试,但唯有德里达不仅从中逃脱出来而且由此打出一片新的疆域。在德里达看来,我们既不能把"差异"设想为外在对立的两个事物,也不能把它设想为内在对立的两个事物,它压根就不是任何事物之间的对立!或者说,正是由于它,事物之间

---

① M. Foucault, *L'ordre du discours*, Paris: Gallimard, 1971, p. 75. 转引自 Leonard Lawlor, "The Epoche as the Derridean Absolute: Final Comments on the Evans-Kates-Lawlor Debate", *Philosophy Today*, Summer 1998, p. 209。

的差别、对立和矛盾才得以可能。它既非同质，亦非异质；既非实在的区分，亦非实在的整合，它由虚无而划界。德里达直到《声音与现象》时仍津津乐道于这种神秘莫测的"差异"："这是根本的差异，所以若没有它，世界上任何其他的差异既不会有意义，也不会有幸原原本本地呈现出来。"①

这种差异是一种故弄玄虚还是一种修辞学的想象？我认为，尽管德里达的这种表述方式确实有些令人费解，但在学理上却是很有根据的，只要我们像德里达那样在差异中引入胡塞尔先验现象学的先验性维度，这样的表述就变得通俗易懂了。更为重要的是，德里达的差异之所以最终能区别于哲学史上的其他一切"差异"思想并在此基础上树起解构主义的旗帜，主要得益于他使时间化运动内在于差异之中。我们知道，一般意义上的差异都是指空间上的相异和差别，德里达的突破在于，通过对胡塞尔在《内时间意识现象学》以及《几何学的起源》等文本中的时间意识分析的详尽缜密的研究和批判，把时间性注入差异之中。只有这样，我们才能够理解，德里达为什么要把"差异"（difference）改造为"延异"（différance），因为，我们有充分的理由指出，正是由于先验性和时间性这两个新维度的引入，德里达的"延异"才从根本上摆脱了黑格尔的"矛盾"和辩证法的阴影。②

另一个典型的例子是对在场的解构。把西方形而上学传统归结为在场，再对在场进行质疑和解构，这样做的后果不仅瓦解了形而上学的内在基础，而且其效应还直接威胁到自称反对在场形而上学的哲学家海德格尔。这一案例在西方学界被公认为解构运作的一个成功的典

---

① 德里达：《声音与现象》，杜小真译，商务印书馆1999年版，第12页。着重号为原作者所加。
② 在这一点上，Lawlor虽然仍囿于德里达的思路，但显然比德里达更为坦率，"毫无疑问，胡塞尔精确地描述了德里达称之为différance的东西，但是这些描述仍然受到在场意愿的激发"。（Leonard Lawlor, "The Relation as the Fundamental Issue in Derrida", in *Derrida and Phenomenology*, edited by W. R. McKenna & J. Claude Evans, p. 174）

范。德里达是如何认识并成功地做到这一点的呢？本书在"第三部分"将有详细论述，这里仅以德里达自己的看法为证："事实上，是胡塞尔的方法帮助我怀疑在场的概念以及它在所有哲学中的基本作用。"[①]

David Wood 说得非常准确，德里达是现象学的孩子。但我觉得还要补充一句：胡塞尔是解构理论的父亲。至于它的母系，应该是他当时的历史初始语境和思想支援背景。这三句话合起来就是本书的理论立场[②]。

---

① 转引自 C. 豪威尔斯：《德里达》，张颖、王天成译，第 9 页。
② 与笔者这一立场最为接近者当首推 Paola Marrati-Guénoun，他认为，"正是通过由现象学并在现象学之中所提出的问题，他（指德里达——引者注）才遭遇到他自己的本己的问题"。(Paola Marrati-Guénoun, *Le Genése et la Trace: Derrida Lecteur de Husserl et Heidegger*, Kluwer Academic Publishers, 1998, p. 9)
不仅如此，他还清楚指出了这样一个事实并对此作了精辟的分析：在第一批作品特别是《声音与现象》(1967 年) 之后，胡塞尔作为一个专名就从德里达的作品中消失了或几乎消失了，而海德格尔的名字却越来越多地出现。但是，"把胡塞尔看作解构活动的第一个阶段或者是第一个'对象'，把他看作是一种先在和外在，这蕴涵着双重危险：误解胡塞尔问题对德里达的重要性；使解构成为一种形式的和空洞的结构，成为一种我们在对任何文本的'不确定性'研究中可以不加区别地施之于它们的方法"。(Paola Marrati-Guénoun, *Le Genése et la Trace: Derrida Lecteur de Husserl et Heidegger*, p. 208) 这一见解纠正了很多西方学者的一个想当然的错误，即认为德里达的解构之矛第一个刺向的就是胡塞尔。这种未经考证的看法虽然看起来抬高了解构理论，但实际上这是对德里达和解构理论本身的贬低。但是，Paola Marrati-Guénoun 过于匆忙地把生成与书写联系在一起。(参见 Paola Marrati-Guénoun, *Le Genése et la Trace: Derrida Lecteur de Husserl et Heidegger*, p. 223)
另一位立场相近者是 David Wood，他的很多评论非常准确，例如他说，"有一天我们将会看到，德里达通过对某些现象学策略的转化性挪用而得益于胡塞尔，德里达的这些受益对我们理解德里达为什么并不像他实际上的那样更接近尼采和海德格尔具有决定性的作用"。(David Wood, *The Deconstruction of Time*, p. 290) 他甚至认为德里达是现象学的孩子："许多人不愿承认，德里达的确只是现象学的孩子。他受益于胡塞尔的精神上的多产性 (fecundity) 的广泛程度很容易受到低估。" (David Wood, *The Deconstruction of Time*, p. 383) 不过遗憾的是，David Wood 并未提到先验性因素对德里达的影响。
L. Lawlor 倒是清醒地意识到先验现象学对德里达思想建构的重要性："德里达对胡塞尔的整个解释都集中于经验性与先验性之间的'平行论'的悖论之上。" (Leonard Lawlor, "The Relation as the Fundamental Issue in Derrida", *Derrida and Phenomenology*, edited by W. R. McKenna & J. Claude Evans, p. 156) 他一再提出这样的希望，"希望最终能证明德里达的整个思想都试图始终忠于芬克当作'不可根除之物'(untilgbaren) 所提出的东西……我们甚至情不自禁地认为，正是胡塞尔本人授权了德里达的延异概念" (Leonard Lawlor, "The Relation as the Fundamental Issue in Derrida", *Derrida and Phenomenology*, edited by W. R. McKenna & J. Claude Evans, p. 157)，然而需要指出的是，

本书的学理进路，按时间顺序来说，是从生成开始言说到解构的原理出现时为止，若按逻辑顺序来说，则是解构的理论位于生成的言说之先，这里毫无疑问存在着一种目的论的成分，可这是不可避免的，如果没有最终的目标，我们将不知其何所之！德里达在谈到自己的胡塞尔研究思路时也承认："我们最终认识到，最好的出发点是胡塞尔思想的'最后的'状态"①。重要的不是彻底放弃目的论，而是对其中所包含的暴力和危险保持高度的警惕和戒备，以免堕入独断论和决定论之中不能自拔。笔者在文中将尽可能地淡化目的论的因素，弱化必然性的强权，充分关注随机的、偶然的和突发的契机，以便凸现那种非目的论的、自己与自己未来的发现"擦肩而过"的现象。

本书的研究视域将局限在两个方面：其一，局限在德里达的早期思想上。时间跨度从1953年至1967年，文本内容的焦点是德里达与胡塞尔现象学相关的研究和评论，德里达这一时期的非胡塞尔研究的文本仅仅作为边缘域而出现；其二，局限在德里达文本的学理上。众所周知，德里达的文风既具论战性又具文学性，我将把德里达早期的现象学批判的文献全部看作是严格意义上的哲学作品。

（接上页）Lawlor的这种深刻的看法却完全囿于他的赞扬派的立场之内。

持大体相近的看法的学者，无论是在国内还是在国外都不乏其人。例如，利科明确地告诉过中国的读者，"德里达的哲学……与现象学是最接近的"（利科：《法国哲学家保罗·利科答中国记者问》，《哲学动态》1999年第11期）；叶秀山先生曾指出，"德里达的学说也许可以叫作'后现象学'"（叶秀山：《意义世界的埋葬》，《中国社会科学》1989年第3期，第99页）；而杜小真女士也做出了有保留的评价："从某种意义上讲，德里达还是忠于现象学的。但他认为应该超越现象学，或者说应该把现象学激进化以把它从意向性中解放出来。"（杜小真：《德里达的解构主义》，《首都师范大学学报》（社会科学版）2000年第3期，第99页）但是他们都没有进行进一步的考证。

由于德里达言说的丰富性和多元性，我们可以从他的话语里找到把他的思想生成归入3H中的任何一个的线索，下面的一段话与本书的立场颇为接近，尽管不足为证，权当注解："那种造就了所谓解构的东西，曾经既是一种现象学姿态（即超越或者说摆脱那种哲学遗产的思辨预设），同时也是去暴露现象学哲学论题建构中某些预设之不足的一种尝试。"（德里达：《德里达谈现象学》，张宁译，《哲学译丛》2001年第3期，第28页）

① J. Derrida, *Le problème de la genèse dans la philosophie de Husserl*, Presses Universitaires de France, 1990, p. 26.

在研究方法上，我首先想在文中坚持一种互文式的解读方案，即在德里达和胡塞尔这两位思想者的文本视域之间来回穿梭。这种阅读模式呈现出来的结果不是简单的是与否、对与错，它展现给我们的是德里达运用解构策略的得与失的交错性。在这样的阅读中，我们既能够目睹两个不同视域的并置、启发和融合，也能发现它们的差异、排斥和对抗。让作者走开，让不同的所指消失，让意义跨越视界，在交流、对话甚至对抗中自行展现自己的差异和不可能性并进而在相互掩盖中相互揭示、相互穿透、相互替代。——这或许恰好暗合解构主义的符号学旨趣。其次，我想尝试一种开放性的策略，就是说，反对文本中的话语霸权，坚持思的异质性和开放性。本书的话语既向现象学开放又向解构理论开放，同时也向作为第三者的其他学派开放。由于思之艰难，这一原则在文中还仅仅是一个尝试。

[第一部分]

生成与差异

引 言

第一节 生成的含义

生成（genèse），顾名思义，一般来说是指起源、创世、创造、产生和发生①。但是，在德里达看来，生成在胡塞尔那里自有其与众不同的含义："胡塞尔将要说的生成绝不会与产生或'实在的'形成（devenir）相混淆。"②如果生成不是现实的发生或产生，那它究竟是什么呢？

德里达也没有给我们提供一个关于"生成"的定义，而是采取了一种迂回的策略：虽然我们不能定义"生成"，但我们可以指出"生成问题"在胡塞尔那里意味着什么。德里达说："为什么总是从构成之物出发即从派生的产物出发我们才有可能追根溯源，回到构造性的起源，即达到最原初的因素？我们将会看到，这是这里提出的生成问题的全部。"③原来"生成问题"是胡塞尔现象学的一条道路！德里达借用芬克

---

① 这里没有把 genèse 译成"发生"，是想与发生心理学的"发生"区别开来，但更重要的是，这个词在德里达的意义上，除了表示"发生"之外，还暗指任何一种发生都无法逃脱作为整体性的世界和时间，换言之，每一次发生既蕴含着已构成之物，又被包含在更大的整体之中，根本不存在从单纯到复杂的发生论过程。张宁女士也将这个词译为"生成"。（参见德里达：《书写与差异》，张宁译，第 277 页）

② J. Derrida, *Le problème de la genèse dans la philosophie de Husserl*, p. 98.

③ J. Derrida, *Le problème de la genèse dans la philosophie de Husserl*, p. 2.

的话说，这是一条"考古学"的道路。胡塞尔为什么要走上这样一条道路？这样一条道路将通向哪里？德里达的解释是：

> 正是生成的课题引起了胡塞尔全部的不安。如果我们粗略地看一下有关这一课题的几个大的步骤的话，这有点类似于伴随着两个巨大的前进与后退的运动：它首先是对心理学主义、历史主义和社会学主义的拒绝；对自然科学或"世间"科学的逻辑的、哲学的企图是非法的、矛盾的。一言以蔽之，"世间"生成的存在，——虽然它还没有被胡塞尔所否认，可是在他的眼里，既不能抵达逻辑含义的客观性，与之相应，也不能抵达现象学意识或先验意识的存在或尊严。这种意识才是一切生成的构造性源泉，它在自身之中原初地自我产生、自我呈现。①

胡塞尔走上这条道路的原因在于对生成问题的"不安"，他虽然从已构成之物出发，但这种被构成的存在绝不存在于现实世界或自然科学之中。这条道路最终通向的是先验现象学的意识，全部的起源和生成只有在这里才能得到发现和显现。这也间接回答了我们开始时的问题：生成不是现实的发生，而是作为构造性源泉的意识的发生。

但是，如果我们认可德里达的说法，那么，胡塞尔的现象学，不论是本质现象学还是先验现象学，难道不是都可以叫作"生成现象学"了吗？果真这样吗？H. 施皮格伯格将贯穿胡塞尔学术生涯始终的"动态观念"分为四个方面，对生成或起源的追求位居第二，它从属于对位居第一的"严格性"的兴趣。② 海德格尔则明确指出：

---

① J. Derrida, *Le problème de la genèse dans la philosophie de Husserl*, p. 4.
② 这四个方面分别是："1. 严格科学的理想；2. 力促追溯根源（哲学上的彻底精神）；3. 彻底自律的精神气质；4. '一切奇迹中的奇迹'：主体性。"（参见赫伯特·施皮格伯格：《现象学运动》，王炳文、张金言译，第123页）

胡塞尔的哲学工作并不是开始于任何一种想象的或信手拈来的问题，而是以其本人所具有的学术发展过程为基础开始其哲学思考的，也就是说，在布伦塔诺的方法的意义上，他的哲学思考是朝向数学的。从传统的角度看，他一开始探讨的是数学的逻辑。可是，成为他的思考主题的不仅是数学思想理论以及数学认识论，而且首先是对数学对象的结构的分析，也即数字。①

连胡塞尔本人也承认，正是哲学的严格性和严肃性让他踏进了这一领域：

> 由于听了［布伦塔诺的］课程，才使我获得一种确认，即哲学也是一个严肃工作的领域，哲学也能够以最严格科学的精神去研究，因此应该这样去研究。这种确信使我鼓起勇气选择哲学为终生的事业。②

胡塞尔确实提出过"生成现象学"（genetische Phänomenologie）这一概念，但这已经是胡塞尔后期（1916年以后）发生的事情了，它直接对立于早期的"静态现象学"概念。③德里达不顾上述事实，为了研究工作在逻辑上的自洽性，强行对胡塞尔的思想主旨进行了微妙的位移，并在此基础上做出了一个轻率而独断的结论："对绝对开端的研究遍及胡塞尔的全部著作。"④

---

① Martin Heidegger, *Prolegomena zur Geschichte des Zeitbegriffs*, 3, durchgesehene Auflage, Vttorio Klostermann: Frankfurt am Main, 1994, S. 29.
② 赫伯特·施皮格伯格：《现象学运动》，王炳文、张金言译，第124页。
③ 参见倪梁康：《胡塞尔现象学概念通释》，生活·读书·新知三联书店1999年版，第349页。
④ J. Derrida, *Le problème de la genèse dans la philosophie de Husserl*, p. 3.

第二节　辩证法的含义

为了进入解释学的循环，我们已经"先见"地对"生成"有所领悟，但我们还不能立即讨论"差异"，因为这一概念此时尚未凸显出来，它还被包裹在更大的支援背景之中。这一背景便是辩证法。让我们先来看看在德里达那里辩证法的含义。

尽管德里达知道胡塞尔对辩证法的厌恶[①]，但他在胡塞尔的文本研究中却大谈特谈辩证法，在《生成》中，"辩证法"几乎成为主题词。不过，据德里达本人的说法[②]，在后来的作品，如《起源》以及《声音与现象》中，"辩证法"这个词已经完全消失了。其实不完全是这样，我们在《声音与现象》中依然能够发现"辩证法"这一术语的堂皇现身[③]。不过，有一点是肯定的，辩证法这一术语的出现确实是越来越少了，所以，德里达自己也承认，这种对辩证法的"疏远"（l'éloignement）是"不无遗憾的"。的确如此，我们很快将会看到，在德里达面对胡塞尔文本时，辩证法给他提供了怎样的理论上和思辨上的支持。

难能可贵的是，年轻的德里达在《生成》一书中，并没有简单地直接挪用黑格尔等人的辩证法，他特意用了一条注释把自己的概念与当时流行的思潮区分开来[④]：首先，他认为自己的辩证法是海德格尔在《存在与时间》中所缺乏的。德里达承认，人的生存（l'existence）是本体论反思的出发点。众所周知，海德格尔在《存在与时间》中也指出过此在在存在论反思上的优先性问题。但德里达明

---

① 参见德里达：《生成与结构及现象学》，载《书写与差异》，张宁译，第 277 页。
② 参见 J. Derrida, *Le problème de la genèse dans la philosophie de Husserl*, p. vii.
③ 德里达：《声音与现象》，杜小真译，第 87 页。
④ 参见 J. Derrida, *Le problème de la genèse dans la philosophie de Husserl*, p. 257.

确地指出，他所说的这种有限的生存（cette existence finie）不是海德格尔所说的此在。原因在于这两种生存所指向的存在（l'être）的存在方式是迥然不同的，德里达认为，在人的生存中，存在辩证地成为"自为的"（pour-soi）的主体，接受了原初的时间性并意识到作为原初有限性的辩证法的必然性。作为有限的个人，我们只能在一代又一代的延续中无定限地（indéfiniment）重新开始，重新走向原初之物（l'originaire）；可是，这一原初之物在向我们揭示构成性（constitution）的同时又掩盖了它。在德里达看来，海德格尔的所谓"本真的存在的可能性"以及"焦虑"（l'angoisse）的绝对纯粹的可能性都悬置了原初时间的辩证法。

其次，德里达觉得自己的辩证法也不是唐·迪克陶的辩证法。唐·迪克陶所说的辩证法纯粹是"世间的"（mondaine）辩证法，它从质料（une matière）开始自我创立，但是这一质料却具有一种神秘的"自为"性，它根本不需要被这一辩证法所激活。德里达认为这种辩证法仍囿于形而上学之中。

最后，德里达还尝试把自己的辩证法与黑格尔的辩证法区分开来。他说，黑格尔的辩证法是绝对知识的自我完成。

那么，德里达自己的辩证法究竟是什么呢？

> 这里我们所强调的辩证法观念不是一种"方法"、观点或实践，我们想指出的是，它是"本体论的"——只要这种本体论不是在已经被构成的世间科学意义上的本体论。准确地说，它在胡塞尔的这个词的意义上是先验的。[1]

细究起来，德里达的辩证法其实与辩证法的其他路数区别不是太

---

[1] J. Derrida, *Le problème de la genèse dans la philosophie de Husserl*, p. 6.

大——如果不是完全没有的话。辩证法的本体性与黑格尔难以划清界限，原初之物的辩证运动（即在揭示构成性的同时又掩盖了它）自然让我们联想起海德格尔的存在运动：存在的显现同时也是一种遮蔽，甚至是更深的遮蔽。只有与唐·迪克陶的区别似乎明显一些，这位越裔哲学家的辩证法同德里达一样是本体论的，不一样之处在于他的辩证法是"世间的"，可是，质料的神秘的"自为"性难道不是非世间性的吗？它如何区别于德里达的存在的辩证"自为"性呢？这两种"自为"性与先验性有什么关系呢？我们知道，唐·迪克陶的出发点之一正是胡塞尔的先验现象学。如果真正深究下去，恐怕德里达本人也难以回答这些问题。也许恰恰是这一点——或许再加上当时历史语境的变化——导致德里达最终对辩证法这一术语的放弃，这一点也可以解释德里达为什么后来又把上面所说的这一注释删除掉[①]。

尽管有上面这些纠缠不清的地方，我们还是大致能够看出德里达的辩证法所具有的四重特征：有限性、必然性、本体性和先验性。德里达的有限性以及相应的历史性范畴，是德里达把自己与海德格尔区分开来的一种初步的尝试，Paola Marrati-Guénoun 也曾在同样的意义上指出过他的发现，"在《生成》中，我们发现他努力发展一种有限性的和历史的思想，这不是海德格尔式的"[②]；作为先天综合的必然性其实就是现象学的必然性，在德里达看来，它不可避免地是经验性的和本体论的；对于先验性，德里达要求我们把它同经院哲学以及康德哲学的先验性区分开来，但对如何区分，似乎语焉不详。另外需要指出的是，德里达只是在《生成》中表现出对先验性的认同，后来在《起源》以及《声音与现象》中都从世间性的角度对先验性做了瓦解，即使在《生成》中，认同也是非常有限的。但是，这种认同对德里达后

[①] J. Derrida, *Le problème de la genèse dans la philosophie de Husserl*, p. 257.

[②] Paola Marrati-Guénoun, *La Genèse et la Trace*, p. 10.

期思想的发展具有重大意义。①

第三节 生成与辩证法的关系

在先行理解了生成以及辩证法这两个概念之后,我们再来看看它们之间的关系。德里达首先从辩证法的角度重新阐释了胡塞尔的生成思想②:一方面,生成即诞生,生成是瞬间的绝对产生,或是不可还原到此前瞬间的瞬间产生,生成即创造,与其他存在者相比较是彻底的、自主的创生。简而言之,它不可能不是一种绝灭的起源,在时间上、本体论上以及价值论上都具有源初性。可以说,生成是先验意识的成就,本质上是一种先验生成;可另一方面,只有从本体论和时间的整体性的内部出发,这种生成才能得到理解,所有生成的产物都是已存在的另一事物的产物,由过去孕育并朝向未来。它的含义仅仅存在于语境之中,具有一种被包含的内在性,它在本质上是一种经验生成。这就是说,全部生成的存在具有这种在先验与内在之间的张力。这种张力既表现为无限的本体性和时间性与绝对的开始之间的矛盾,也表现为连续性与非连续性之间的冲突,还表现为同一性与相异性之间的紧张。恰恰是辩证法使这种张力的存在和冲突的共存成为可能。这种辩证法的辩证逻辑虽然是一种已构造的"形式逻辑",但它已经延伸至"先验逻辑"的生成之中。

接着,德里达依然依靠辩证法对胡塞尔进行发问:

> 胡塞尔最终有没有能够把握并超越纯粹经验生成(纯粹经验生成缺乏含义而且在这一限度内我们甚至无法"谈论"它)与

---

① 参见本书附录《从德里达与马克思的相遇看解构的边界》一文。
② 参见 J. Derrida, *Le problème de la genèse dans la philosophie de Husserl*, pp. 7-8。

先验生成（这一生成本身摇摆于经验含义与抽象含义之间）之间的选择和辩证法？在这两种生成中，原初的含义发生了变化。胡塞尔有没有达到对原初含义（le sens originaire）与原始存在（l'existence primitive）之间辩证的原初综合？从我们的观点来看，原初性显得比原始性更加原始，它就是原始性的意义并使它的显现成为可能，但原始性比原初性本身更加原初，因为它同时是先验的基础和含义的终极基质。①

德里达在这里与其说是对胡塞尔进行发问，不如说是通过辩证法对自己的观点进行正面的演绎。辩证法已经"先天地"决定了德里达对胡塞尔现象学的研究方法、研究态度和研究内容：生成的源头不再是纯粹的单一性，存在与含义、先验与世间、构造性与被构性等对立的双方共同跻身于源泉之中，在康德的意义上我们可以说，生成和起源就是一种先天综合，可惜胡塞尔在思路的摇摆中从未认识到这一点：

> 胡塞尔一会儿描述综合，一会儿描述生成的先天，但他拒不承认哲学和含义的一切出发点是一种先天综合——在这里绝对的明见性回到一种不可还原的非确定性。②

第四节 《胡塞尔哲学中的生成问题》的文本学考察

生成与辩证法这一对范畴集中体现在《生成》之中，我们在这一部分中将重点对这部著作进行考察。

《生成》这本书在德里达的全部作品中占有特殊的位置，它有几个

---

① J. Derrida, *Le problème de la genèse dans la philosophie de Husserl*, p. 31. 着重号为原作者所加。

② J. Derrida, *Le problème de la genèse dans la philosophie de Husserl*, p. 41.

"之最"：它是德里达最无声名时期的著作，它是德里达最早系统地写成的著作，它是成书与出版间隔年代最远的著作，它是最少受到重视并得到系统研究的著作[1]，它还是德里达未来所有著作在方法论和哲学取向上最具奠基性的著作。德里达在 1990 年 6 月回顾这本书时，在该书的"告读者"中明确指出：这本书是"法国 50 年代的一位大学生在哲学或政治学的地图上对哲学的自我定向的尝试"[2]。

这部作品写于 1953—1954 年，当时的德里达还在巴黎高师读二年级，他写这部作品是为了申请高等教育文凭，指导教师是索邦大学教授 **Maurice de Gandillac** 先生。值得一提的是，德里达在写作期间，经过 **Maurice de Gandillac** 和 **P. Van Breda** 两位名师的帮助，参阅了胡塞尔卢汶档案馆部分尚未发表的手稿。1955 年法国著名黑格尔学家 Jean Hyppolite 曾阅读此书并鼓励德里达将其出版。后因故直到 1990 年此书才由法国大学出版社出版。

---

[1] 该书目前尚无德文版，英文版直到 2003 年才由 Marian Hobson 译出（Jacques Derrida, *The Problem of Genesis in Husserl's Philosophy*, The University of Chicago Press, 2003）。关于这本书的研究文献也寥寥无几。阿尔都塞和福柯对德里达的这篇论文评价含糊，前者觉得"过于难解"，后者说了一句没有下文的话："到底是优还是劣呢？"该书的英译者 Marian Hobson 认为，"这本书是一个不同寻常的风向标，它指向德里达将要成为的那种哲学家"（参见 Jacques Derrida, *The Problem of Genesis in Husserl's Philosophy*, translated by Marian Hobson, p. viii）；日本学者高桥哲哉对这本书表现出惊讶："如果把对'传承'、'遗产'、'传统'之可能性的条件的质疑也附加上的话，那么就会使人感受到解构哲学家的思想主题早就令人吃惊地萌发了。"（参见高桥哲哉：《德里达：解构》，王欣译，河北教育出版社 2001 年版，第 18 页）Paola Marrati-Guénoun 也持相同的观点："我们从现在起就必须指出，解构的策略……已经在《胡塞尔哲学中的生成问题》中发挥作用了，即使它还没有得到如此这般的命名。"（参见 Paola Marrati-Guénoun, *La Genèse et la Trace*, p. 28）这两位学者的评价显然带有目的论的成份，但后者在德里达与胡塞尔之间关系的意义上对这本书的评价倒是极为中肯的，"如果我们想询问胡塞尔现象学在德里达思想中的地位，那么对《胡塞尔哲学中的生成问题》的仔细解读就是必不可少的"。（参见 Paola Marrati-Guénoun, *La Genèse et la Trace*, p. 9）Lawlor 认为"德里达的论文直接提供了如何解读《声音与现象》的线索"。（参见 Leonard Lawlor, "Distorting Phenomenology: Derrida's Interpretation of Husserl", *Philosophy Today*, Summer 1998, p. 185）杜小真女士也指出，《生成》"这部早期著作实际上是研究德里达思想的一个入口，是了解德里达哲学发展不可不读的重要论述"。（杜小真：《在记忆和遗忘下面，是生活》，《万象》2001 年第 3 期，第 27 页）

[2] J. Derrida, *Le problème de la genèse dans la philosophie de Husserl*, p. viii.

从成书到问世，时间已经过去了近 40 年。但作者向我们做了保证：原稿未做任何改动，除了一些打字、语法和标点上的错误而外。这样，我们所面对的便是该书的原始面貌。就让我们一睹这位解构主义大师在哲学上牙牙学语时的姿态吧。

第一章　心理主义的生成

第五节　胡塞尔"哲学之路"的"起点"

有了上述的具有自洽性的逻辑框架，胡塞尔提出生成问题便是一种当然的选择。

胡塞尔"哲学之路"的起点在哪里呢？按照德里达的看法①，康德的问题是胡塞尔思考的参照系，胡塞尔的起点在于对康德的追问和质疑：如果先验之物不能原初地与它的经验内容相混同，如果它不以平行的方式（comme parallel）呈现给经验本身，这一先验之物就会变成形式的和逻辑的东西。这样的先验之物只是经验的制成品，不具有构造性，于是也就成了心理学的、"世间的"事物。胡塞尔的哲学之路便开始于此。这样的质疑给胡塞尔带来了一个先验的问题：如何在捍卫事实的原初性的同时能够避免经验主义的心理学并从具体经验出发把握客观逻辑的生成？这个先验问题让胡塞尔面临一种两难选择：或者选择经验事实——但是经验事实不能提供任何客观性的保证，它甚至是极端的怀疑主义的同义词；或者选择逻辑的形式主义、先验主体——可是这将导致关闭一切生成，因此这一选择不仅"不可应用""不可操作"，而且还有这样的风险，即先验的主体以及形式化的

---

① 参见 J. Derrida, *Le problème de la genèse dans la philosophie de Husserl*, pp. 46-47。

逻辑可能只是一种隐性的生成之物。一言以蔽之，心理主义是一种无客观的生成，而康德主义却是一种无生成的客观性。时间与真理在此先天地相互排斥。

如何解决这个两难选择呢？德里达认为，解决这一难题必须超越康德，而对康德的超越则必须依靠当时还未得到充分展开的意向性概念。

> 在某种意义上，胡塞尔在他的事业的开端处发出了像康德一样的提问：先天综合判断如何可能？但他既在康德之内，又超越了他；说他处于这一批判问题之内，是因为他用心理学的术语即经验性的术语来提出问题。可是在另外一种意义上，说他已经超越了这一批判问题，是因为（潜在地得到发展的）意向性概念提供了摆脱康德的形式的构成主义的道路。①

这正是德里达的优势所在，他从胡塞尔思想的制高点出发正确地把握到意向性概念的极端重要性。德里达在此处的总体思路是，没有意向性意识的进一步发展，单纯从心理主义出发解决逻辑含义的生成以及数和概念的客观性和严格性问题将会遇到许多难以克服的困难，而这些困难又直接导致了胡塞尔对生成的中立化。

第六节　心理生成主义所面临的困难之一："第一性的"关系与"心灵的"关系

德里达在研究胡塞尔的第一部著作《算术哲学》时，主要是依据文本对胡塞尔这一时期的思想做了考察，重点考察的内容有：抽象与

---

① J. Derrida, *Le problème de la genèse dans la philosophie de Husserl*, p. 77.

概念的生成、心理学的时间、"第一性的"（primaire）关系与"心灵的"（psychique）关系、"某物一般"（le "quelque chose en général"）、"零"与"统一性"等，与此同时，德里达还介绍了 Natorp、Sigwart 以及布伦塔诺等人对胡塞尔早期思想的冲击。特别需要指出的是，德里达不惜笔墨对胡塞尔与弗雷格的不同观点做了浓墨重彩的说明，在说明的过程中，年轻的德里达也发表了自己的意见。这可能是德里达在哲学生涯中第一次运用他自己的经过改造的辩证法思想来分析心理主义、逻辑主义与数学的关系这一错综复杂的问题。对德里达这一思路进行研究将能揭示出他是如何"自我定向"的。

德里达详尽分析了心理主义面对生成时的困难，择其要者有三（我们在这里重点关注德里达的思考方式和理论上的支援背景）。

困难之一是"第一性的"关系与"心灵的"关系之间的奠基性问题。"第一性的"关系指客体自身内部之间的关系，正是这些关系构成了自然总体，比如，玫瑰的不同方面就属于这种关系；而"心灵的"关系指心灵行为所建立的关系，如果没有这种关系，"红色的质""拿破仑"和"月亮"这三个风马牛不相及的存在怎么能成为一个总体（比如说成为数字"3"）呢？恰恰是心灵行为的意向的统一性才使杂多性（pluralité）成为总体性。德里达提出的问题是："第一性的"关系奠基"心灵的"关系还是相反？

德里达不满于胡塞尔对这一问题的模棱两可的回答："胡塞尔在区分'第一性的'关系与'心灵的'关系时仍处于摇摆之中。"[①] 他对这一问题给出了一个辩证的答案[②]：在一种意义上，"第一性的"总体性应该先于"心灵的"总体性，每一客体必须已经在综合统一中被构成，然后才能意向地加以把握并在计数行为中把一个加到另一个上面去。意

---

① J. Derrida, *Le problème de la genèse dans la philosophie de Husserl*, p. 63.
② 参见 J. Derrida, *Le problème de la genèse dans la philosophie de Husserl*, pp. 64-65.

向性的直观的、被动的运动把我们带回到一个已构成了的本体论。可是在另一种意义上,这不就是由于这个事实,即这里所面对的意向性是心理学的吗?作为在"实项的"(réel)行为之前构成的第一性的总体性的含义本身难道不是为着(pour)先验意识而存在的吗?对总体统一性的每一对象的构造,作为含义,都回溯到一种由比心理学主体更深刻的主体所实行的综合。心理学生成并非构造性的,但意向的综合对客体的统一性成为"含义"而言却是必需的。没有这种综合,我们必须由之出发的感知就会在要素的碎片中消散殆尽。

我们看到,德里达对这两种关系孰先孰后的问题所做的回答包含了两个理论上的支援性前提:其一是辩证法,其二是先验主体性。尽管先验性内在于德里达特色的辩证法之中,但是这里出现的先验之维显然是对胡塞尔后期思想即先验现象学的挪用。

第七节 心理生成主义所面临的困难之二:"零"与"统一性"的生成

困难之二是"零"与"统一性"的生成性问题。

面对胡塞尔与弗雷格的对立,德里达坚决地站在弗雷格一边。德里达学着弗雷格的腔调问道:"如果所有的逻辑形式与所有的数字都回溯到产生它们的意向行为以及对对象杂多的感知,那么如何解释'零'与数字'一'的含义的生成呢?"[①] 德里达指出,这个事实上由弗雷格向胡塞尔提出的问题是一个严重的问题,这一问题将会成为"胡塞尔逻辑学最严重的暗礁之一"。的确如此,"零"与"一"可以说是算术和计数基础中的基础,如果不能解释它们的生成的客观性,那么,整个数学的大厦都会遭到动摇。

---

① J. Derrida, *Le problème de la genèse dans la philosophie de Husserl*, p. 67.

德里达认为，胡塞尔及其意向的观念主义在这里"栽了跟头"，"只达到一种特称缺席的'含义'"①，换言之，胡塞尔至多只是把"零"的本质看作是一切具体规定的缺席。事实上胡塞尔后来一直坚持认定，否定总是出自从直观或存在出发在具体地自我给予中的"失实"（Enttäuschung/décevoir），它是范畴直观的一切"充实"（Erfüllung/remplissement）以及相应的所有意向行为的不在场②。

德里达恰恰在这一点上与胡塞尔针锋相对③：这一不在场或否定应该是先天可能的。人们不可能从感知所提供的具体总体出发，通过减法或抽象而抵达"零"，恰恰相反，为了使减法或抽象的行为能够进行，"零"必须总是可能的。任何心理学的生成从感知的具体总体出发或者从建立在这一感知之上的行为出发都不可能构造起一种逻辑客观性——对这一客观性来说，这些具体总体的否定本身便是其本质。心理学的单纯抽象无限地（indéfiniment）接近零却无法触及它——如果"零"的含义不是先天可能的话。

德里达甚至把这一问题上升到这样的高度：'这一问题根本上是想知道非存在是否可能被意向性地瞄准。"④就是说，"零"的生成问题已经触及意向性和虚无之间的关系问题。也正是在这个意义上，德里达以一种狂妄⑤的姿态说："胡塞尔以及他的众多的对话者和信徒从来没有——哪怕至少在他们的生命中有一次，受到一个苏格拉底式的追问。"⑥

---

① J. Derrida, *Le problème de la genèse dans la philosophie de Husserl*, p. 67.
② 关于否定性的起源，可参见胡塞尔:《经验与判断》，邓晓芒、张廷国译，生活·读书·新知三联书店 1999 年版，第 109 页以下。
③ 参见 J. Derrida, *Le problème de la genèse dans la philosophie de Husserl*, p. 68。
④ J. Derrida, *Le problème de la genèse dans la philosophie de Husserl*, p. 67.
⑤ 这样的狂妄，德里达后来也意识到了，他对自己的行为作了一个无情的判断："坚定的厚颜无耻"（l'impudence imperturbable）。（参见 J. Derrida, *Le problème de la genèse dans la philosophie de Husserl*, p. vi）
⑥ J. Derrida, *Le problème de la genèse dans la philosophie de Husserl*, p. 68.

德里达的这种狂妄部分地是由于他在当时还没有见到胡塞尔的相关文本。例如在1966年出版的《被动综合分析》中，胡塞尔已经谈到了与每一个当下感知须臾不可分离且内在于其中的"空乏"意向结构：

> 每一个当下的感知阶段在其自身中都具有一个部分是充实意向、部分是空乏（leeren）意向的结构，因为在每一阶段中我们都有本真的显现（Erscheinung），这便是被充实的意向（erfüllte Intention），可这种充实是逐步进行的，因为未被充实性的内在视域（Innenhorizont）以及可以确定的未确定性（bestimmbaren Unbestimmtheit）已经在此。此外，一个完全空乏的外在视域（Aussenhorizont）也隶属于每一个阶段，这一视域有充实的倾向，因此它在这一过程中便以一种空乏的前预期（Vorerwartung）的方式向前进的方向延伸。①

这种空乏的意向是永远无法完全被充实的，它是一切"充实"或"失实"的基础。我们甚至可以说，它才是"零"或否定性的真正起源。

德里达对"零"的思考虽然看起来直接受到弗雷格的启发，但他真正的理论支撑却是海德格尔的存在论思想，德里达对此也直言不讳："海德格尔的存在论推翻了意向性的现象学，'烦'（l'angoisse）是源始性的……正是虚无（une néant）奠基了逻辑否定的可能性。"② 根据海德格尔的存在主义学说，德里达直接把数字"零"划入本体论之中。

解决了"零"的生成性问题，"统一性"问题也就迎刃而解了。就像"零"必须首先作为本体论的存在然后才能在算术和逻辑中发挥

---

① E. Husserl, *Husserliana*, Band XI, Den Haag, Martinus Nijhoff, 1966, S. 8.
② J. Derrida, *Le problème de la genèse dans la philosophie de Husserl*, p. 67.

作用一样,"统一性"首先必须已经在此,然后杂多性才能被整合为统一性。

  统一性如何能在经验的——心理学的运动中被构成?它难道不也是一个不是被产生的概念或先天本质?难道不是它的存在奠基了算术的此后的生成?一系列的感知行为和抽象都绝不可能根据一个连续的运动而抵达客观的统一性。无限的杂多性(la multiplicité)只有通过一次突然的跳跃或对生成变化进行中断的非连续性,或者至少从心理学生活中抽身出来,才能结合为统一性。①

我们能看出,德里达依然从海德格尔的存在论哲学和胡塞尔后期的先验现象学思想出发批判"统一性"的心理主义生成之不足。

第八节　心理生成主义所面临的困难之三:"某物一般"的生成

  困难之三是"某物一般"的生成问题。在《算术哲学》时期的胡塞尔看来,经过抽象的"某物一般"加上"集合联想"便构成了数的发生。例如,Jupiter、天使与矛盾,本来是风马牛不相及的,但是只要取消它们各自的具体内容,不考虑它们各自的现实差异,就是说,把它们抽象为"某物一般",然后再通过心理学的"集合联想",我们便获得了"三"这个数字。

  德里达对胡塞尔的"某物一般"理论做了两处批评,第一处:

  如果人们检查数的生成的终极理由,人们就会发觉,给算术

---

① J. Derrida, *Le problème de la genèse dans la philosophie de Husserl*, pp. 68-69.

的统一性提供可能的正是"某物一般",因而看来使之诞生的正是抽象。然而在这里,这种可能性是先天的。如果人们想演绎或者构造"某物一般"的可能性,那么他必须已经设定了某种另外的客观性一般。这种客观性的基础不可能是经验的或心理学的。①

显而易见,这种批评还是从先验性出发的。这种批判的立足点对德里达辩证法思想的先验性维度的形成意义巨大,正是通过从胡塞尔后期先验现象学的角度对其早期思想所进行的批判,先验性才顺理成章地进入到辩证法之中。

但胡塞尔是个纯粹的心理主义者吗?当德里达认真考察胡塞尔的文本时,他不得不"惊讶于胡塞尔描述的灵活与仔细"②:尽管数字起源于抽象,但胡塞尔反对唯名论。因为数字不可能是抽象的符号,否则我们就看不出它为什么能够返回到具体的统一性,为什么构成杂多性(比如"三")的每一对象不能被"三"所指示(désigné)。因此可以做出结论:数字不是概念。这样的结论使胡塞尔的思想与弗雷格的反心理主义和Mill、Sigwart的心理主义区分开来,同时也使胡塞尔的生成观与心理主义的生成观发生冲突而与现象学的描述倒有相近之处(因为现象学的描述尊重现象的含义),但是无论如何,这种灵活而仔细的描述还不是真正意义上的现象学描述。只有当胡塞尔发觉,这一心理行为尽管是现实的,但不能产生含义的明见性,它仍由另一主体所构造,只有当他把心理学主体的行为"中立化"时,我们才达到现象学的水平。

胡塞尔的独创性在于,他既否认从经验出发寻找数字的本质,也否认在经验之外实现算术的本质。一方面,数的本质是先天的,另一

---

① J. Derrida, *Le problème de la genèse dans la philosophie de Husserl*, p. 72.
② 参见 J. Derrida, *Le problème de la genèse dans la philosophie de Husserl*, pp. 72-74。

方面，数的本质又是具体的、能够被直接感知的。"抽象"和"直接感知"的综合拯救了生成的优先性。

德里达的第二处批评正是针对这种拯救的：

> 由于缺乏本质直观、先验还原和本质还原，胡塞尔的"答案"显得十分脆弱和矛盾：怎么可能既否认数字的概念性特征、只观察"数字本身"（nombres en soi/Zahlen an Sich）同时又坚持认为数字原初地是由具体对象以及从这些对象出发产生这些数字的抽象的心理学行为这两者所"携带"的？这些数字"本身"在哪里？算术本质的构造性源泉在哪里？数字是不是生成的产物？①

于是，德里达从描述现象学和先验现象学出发把胡塞尔这一时期的"答案"判为"混乱"。

总括起来，德里达对胡塞尔《算术哲学》的批判依赖于四个方面的思想：依赖于胡塞尔本人的自我批判，特别是依赖于胡塞尔的中后期思想；依赖于海德格尔的存在论思想；依赖于德里达式的辩证法；依赖于弗雷格等人的心理主义批判。这里需要挑明的有两点，第一，在论证上对弗雷格的依赖具有一定的非法性，因为近来的研究成果表明胡塞尔在《逻辑研究》中实现的从心理主义到反心理主义的突破并不依赖于弗雷格的批判②；第二，德里达式的辩证法虽然在这里的批判中所起的作用不太明显，但随着分析和批判的深入，辩证法的地位将会越来越重要，这一方法所创造的奇迹也会越来越多。辩证法赋予德

---

① J. Derrida, *Le problème de la genèse dans la philosophie de Husserl*, p. 75.

② 参见倪梁康：《会意集》，东方出版社 2001 年版，第 279 页。不过关于这一点，国内学者的意见并不一致，例如张祥龙先生就坚持认为，胡塞尔在写《逻辑研究》时接受了弗雷格的批评。（参见张祥龙：《朝向事情本身——现象学导论七讲》，团结出版社 2003 年版，第 105 页）

里达这样一种奇特的穿透力①，当胡塞尔强调心理体验的重要性时，德里达指出其先验维度之不足；而当胡塞尔专心致志于先验现象学时，他又竭力证明经验性和"世间性"的不可或缺。

---

① 马里翁在谈到德里达对胡塞尔的误解时也指出了同样的原因：德里达的误解不是一般的失察，而是过于关注把对立面（l'antithèsis）引入到胡塞尔论题（thèsis）中的结果。（参见 Jean-Luc Marion, *Réduction et donation: Recherches sur Husserl, Heidegger et la phénoménologie,* Presses Universitaires de France, 1989, p. 26）

第二章　描述性现象学的"生成"

第九节　从生成向生成中立化的过渡

　　德里达认为，心理生成主义的内在困难是导致胡塞尔在《逻辑研究》第一卷中放弃心理生成的最主要原因。尽管放弃得很彻底，但解决问题的逻辑框架仍在心理主义与逻辑主义之间被提出，只是在《逻辑研究》第二卷中，胡塞尔通过对"体验"（vécu）的现象学中立化、通过对观念的发现才第一次超越心理主义和逻辑主义之间的两难选择。这是一次成功的超越，但它为此付出的代价是心理学生成或"世间"生成的中立化，可是，意味深长的是，这种中立化反而带来更大的无奈和悖论，甚至使"成功的超越"面临失败。要想解决心理学生成的中立化所带来的问题，先验生成的提出成为必然。但这又带来了新的难题：先验生成如何与心理学生成或"世间的"生成区分开来呢？先验生成难道能逃脱心理学生成曾经遭遇过的困难？从德里达的辩证法的视角出发，胡塞尔为这两种生成的区分而做的努力，其成效是值得怀疑的。德里达一连串的疑问其实已经暗示了他的答案：

　　　　于是，生成的中立化被用来超越心理主义与逻辑主义之间的辩证的不可还原性。为什么有可能轮到这种中立化囿于新的辩证法之中？为什么将来回到生成的观点从现象学的第一批因素开始就不可避免？在何种意义上对"世间的"生成的拒绝或中立化蕴含着对先验生成的揭示，而先验生成，在经过必要的修正之后，又将提出同样的问题？一言以蔽之，为什么在"世间的"生成与先验生成之间做出根本区别（从 1900 年到 1920 年一直在进行）显得困难重重？①

在本章中，德里达竭力证明的是，胡塞尔试图中立化生成，但这一努力带来了两个效应：第一，导致悖论或不可能性，带来了新的问题；第二，导致新的生成即先验生成的发现。

第十节　生成中立化所带来的问题之一：难以还原的客观时间

我们知道，胡塞尔在《内时间意识现象学》的开篇便提出"客观时间的排除"这一作为进入现象学时间之前提的思路，但德里达对胡塞尔排除客观时间的做法提出了质疑：

> 如果我们像胡塞尔一样承认：原初的'现在'只有通过时间与其本身的被动综合、通过过去的直接滞留才能呈现；当下只有在对已直接构成的过去的彻底更新中呈现时才是构造性的；它扎根于自身并只有在被动连续性的基础上才会与先前的要素一起作为"当下"而呈现——那么我们就有权询问：在被构成的过去与客观的时间（这一时间把自身强加于我，而且在没有我的主动介入下被构成）之间有什么根本的非连续性？②

---

① J. Derrida, *Le problème de la genèse dans la philosophie de Husserl*, p. 108.
② J. Derrida, *Le problème de la genèse dans la philosophie de Husserl*, pp. 111-112.

德里达的质疑最核心之处在于，滞留与客观时间之间没有本质性区别。它们都是时间化运动自身的结果，与主体自身的介入和努力没有关系。如果这一前提成立，那么我们就不可能排除客观时间，因为排除了客观时间就等于排除了滞留，可按照胡塞尔的说法，没有滞留的"现在"是不可能自身呈现的。

德里达的这一套质疑逻辑一直持续到《声音与现象》时期。在这一时期，他反对胡塞尔在滞留与回忆之间做出的异质性划分，继续坚持滞留与回忆之间的连续性观点。① 不过需要指出的是，德里达在这里对胡塞尔的质疑表明他对现象学还存在误解。我们都知道，"客观时间"这个词本身就是根本违背现象学立场的，客观时间作为一种超越的存在必须在进入现象学的开端处被悬置。德里达的这一提法在后来发生了根本的变化，他不再使用"客观时间"这种说法，而代之以"非原初性"（non-originarité）、回忆和代现（représentation/Repräsentation）等概念，这表明德里达对现象学的理解日趋成熟。

我们再来考察一下德里达的质疑理路。德里达已经变换了一个视角，即从先验之维向经验之维的转换，因为他已经开始关注客观时间了。不过，这种关注并非是对外在经验和世界的一维性认同，德里达这样做的目的是为了引出生成概念的不可避免性。他指出，虽然内时间是"我属的"（mienne）时间，具有"为我"而在的意义，可它像客观时间一样，也是已构成的时间。这就是说，主体与世界都是已构成的。可胡塞尔在《内时间意识现象学》中只"排除"世界和时间的已构成的客观性，这显然是不充分的。这是一种"静态的"构成分析，且仍具有心理主义与历史主义的性质。②

德里达在这里的意思是，胡塞尔的这种排除不够彻底，既然要排

---

① 参见雅克·德里达：《声音与现象》，杜小真译，第85页。另参见本书第三部分，"第十二章：对自言自语的解构（2）：'眨眼瞬间'"。

② 以上参见 J. Derrida, *Le problème de la genèse dans la philosophie de Husserl*, p. 112.

除客观时间，为什么不把已构成的"我属的"时间一起排除掉？只有贯彻一种彻底的排除性和还原性，就是说，只有把连主体在内的世界全部排除，生成问题才会呈现。但是，即使是这种不彻底的还原，胡塞尔做得也是不成功的。我们知道，对客观时间的还原必然意味着对材料事实（faits matériels）的还原，德里达认为，胡塞尔在对事实进行还原时，走向了双重的失败[①]：一方面，如果把"意识"领域的本质类比于"某物"（chose）领域的本质，那么，每当一个体验（vécu）被构成时，它就变成纯粹经验的人为性（facticité）。只要体验时间的展开必然预设了某种已构成因素的滞留，那么，我们同样在内时间意识内部引入了"事实"（fait）。另一方面，如果我们只考虑这一体验的不可还原的原初性并不再把已构成的体验类比于已构成的世界，那么，本质还原将变得不可能。没有了任何基础，存在与本质在意识领域之内将无法区分。经验生成或本体论的生成难道不是已经蕴含在时间体验的分析之中吗？德里达指责胡塞尔没有意识到这一点。

这是德里达在本书中第一次比较明晰地从经验事实的角度对胡塞尔的本质还原进行反驳，这一观点贯穿该书的始终并一再得到深化。德里达这一批判视角看上去似乎与此前的角度恰好相反，但实际上，这正是德里达灵活运用他自己的辩证法的地方。这种灵活运用的主旨意在证明：胡塞尔无法中立化生成问题。

第十一节　生成中立化所带来的问题之二："原印象"是现象学的辩证法还是本体论的辩证法？

在胡塞尔看来，"原印象"是持续性的客体由以开始"形成"的那个"源点"，可是这个"源点"的特殊性在于，离开了这个"点"本

[①] 参见 J. Derrida, *Le problème de la genèse dans la philosophie de Husserl*, p. 118。

身的之前（"前摄"）和之后（"滞留"），所谓纯粹的"源点"是不存在的，"原印象"也就成了一种抽象。从正面来说，时间客体的构成是从作为"感性原素"（sensülle Hyle）的"原印象"（Urimpression/impression originaire）出发的，但恰恰是由于滞留与前摄把前后相继的"原印象"联结起来，时间客体才成为一个客体。这里顺便指出的是，所谓的"时间客体"与已经被排除的"客观时间"没有关系，它不是指自然态度中属于现实世界的"实在"（real）客体，而是指反思态度中的"实项的"（reell①）客体，它属于意向活动的存在方式。我们需要特别注意，现象学的实项性与自然的实在性是根本不同的。

既然绝对的原初性已经是一个综合，而且是一个先天综合——因为它先天蕴含了"滞留的变异"（胡塞尔语），那么，德里达的辩证法在这里似乎失去了用武之地。如何批判胡塞尔的这种先天综合思想呢？德里达承认，原印象具有时间的厚度（densité），因为我们不能把原印象还原到实在的纯粹的点。但他接着指出，胡塞尔的问题在于没有把这个先天综合看成存在论的，而是看作现象学的。我们能感到德里达的海德格尔面即将出现。

果然如此！德里达首先站在海德格尔的立场上向胡塞尔发问："难道现象学的先天综合不是由于基础本体论的先天综合才成为可能的吗？难道它不是比意向相关项的体验更为原初吗？"② 接着他便表明了自己的立场：

> 在某种意义上，由于构造性的时间意识，"实项的"声音才以客观统一性的方式被建立起来。这个统一性是意识的产物。可是，也正是由于它的显现类似于在它的存在本身中已被构成之物的显

---

① 关于"reell"的翻译及其进一步解释，可参见倪梁康：《胡塞尔现象学概念通释》，第400页。

② J. Derrida, *Le problème de la genèse dans la philosophie de Husserl*, pp. 120-121.

现（在意向相关项的一切综合之前），意识根据一种我们可以称之为直观的态度才使这种原初的构成成为经验。①

海德格尔与胡塞尔的分野在德里达的身上非常醒目地表现了出来！如果胡塞尔能够反驳的话，他一定会指出，这一立场是反现象学的。因为，在胡塞尔看来，认为客体的统一性在意识的意向性之外和之先就已经存在，这是一种典型的值得批判的"自然态度"。另外，从逻辑学的角度看，这也是一个悖论。

德里达显然也意识到胡塞尔可能的反驳，因此他从以下三个方面为自己的立场做了详尽的辩护②：第一，如果说声音在感觉上或原素（hylétique）上的被给予性并非由主体活动所构成，那说明在主体的主动性中包含着被动性和被动生成。第二，当胡塞尔一方面承认"印象先于一切滞留的先天必然性"，而另一方面，他又肯定滞留原初地提供了意向性的明见性特点，那么，难道他在被动接受的"感性原素"（datum hylétique）的形式下又引入了他想排除的超越性客体（l'objet transcendant）吗？第三，胡塞尔认为，一方面，在内在印象中，我们具有内在体现；另一方面，在感知中，超越的体现贯穿着（à travers / durch）这些显现。胡塞尔还认为，这种在意识中构成的超越的显现由另一个统一体——显现的客体（les objets qui apparaissent）——所构造。德里达据此指出，贯穿这些已构成的显现的正是显现的、已构成的客体本身（l'objet lui-měme）。它不仅是显现，它还是一切显现的起源和基础。意向分析的终极基础——滞留或"第一回忆"——在它的综合中蕴含着对这种客体的被动直观。此外，很明显，意向性意识不可能是纯粹的，它只是在这样一个体系中

---

① J. Derrida, *Le problème de la genèse dans la philosophie de Husserl*, p. 121.
② 参见 J. Derrida, *Le problème de la genèse dans la philosophie de Husserl*, pp. 121-122。

作为一个要素被引入。德里达得出结论说，所有这些都使得一切现象学成为不可能。

海德格尔与胡塞尔的分野在德里达的身上再一次醒目地表现出来！德里达直接从胡塞尔的"显现的客体"过渡到"客体的显现"，而"客体的显现"只不过是海德格尔"存在之显现"的另一种表达方式而已。但若从纯粹现象学的立场来看，这两个术语之间有着天壤之别，从前者直接过渡到后者是非法的。如果这种过渡在日常生活中已经成为一种不证自明，那仅仅是由于主体的"先验成就"（transzendentale Leistung）使然。在胡塞尔的视域内，如果我们从"显现的客体"往前回溯，我们所得到的原初存在将不是德里达所谓的"客体本身"（l'objet lui-même），而是"感性原素"。"感性原素"是胡塞尔进行现象学悬搁的极限，它一方面具有"纯粹材料的特性和功能"（胡塞尔语），另一方面又作为一种最为宽泛意义上的感觉而位于意识之中，按K. Held 的说法，它属于意向活动的层面①。如果细究起来，它还可以进一步被划分为"原素感觉""动感感觉"以及"感觉态"等方面。事实上我们这时已经接触到意向活动的边界了，再往前迈一步，我们就越界了，这就不是现象学的了。可是德里达越过了这个界碑，这是一次极为危险的跨越，差一点导致从康德水平上的倒退，如果不是海德格尔对他进行挽救的话，就是说，如果不是海德格尔事先把存在与存在者区分开来的话②。

正是根据海德格尔的基础存在论，德里达指责胡塞尔没有把他的先验唯心主义奠基在时间性的存在论之上或存在的时间性之上（德里达认为这正是海德格尔开始的地方）；正是根据自己的辩证法思路，

---

① 倪梁康：《胡塞尔现象学概念通释》，第 400 页。
② Burt C. Hopkins 从另一角度表达了相同的见解："德里达对'反思'的理解以及由此对现象学还原的理解是一种微妙的'自然主义'；或者如果你愿意，也可称之为'本体论'。"（参见 Burt C. Hopkins, "Husserl and Derrida on the Origin of Geometry", *Derrida and Phenomenology*, p. 72）

德里达指责胡塞尔的不彻底性，这种不彻底性表现在描述的摇摆性之上①：在《内时间意识现象学》中我们不知道现象学的时间从哪里开始。胡塞尔一会儿说原印象是"绝对的未变样"（non-modifié absolu）——如果是"未变样"，那么滞留或前摄的变样是如何可能的？一会儿又说，每一新的"当下"（présent）是可能的原印象的内容。可是这种先天可能性似乎应是空的、形式的，它并不相应于任何具体的体验，只是一个"极限点"（point limite）而已——这与不变样的原印象发生矛盾。

德里达认为这种描述的"轮番出现"（l'alternative）还表现在其他方面："纯粹时间之流的绝对'主体性'一会儿是先验意识，一会儿是实际的时间性'本身'，一会儿是构造多种多样的时间体验所由之开始的活动，一会儿又是一切时间的现象学变样的基质（le substrat）。"②

胡塞尔的摇摆和繁杂在德里达看来恰恰是辩证法的证明，只不过胡塞尔不愿承认罢了。胡塞尔一方面认为"感知"与"原初回忆"之间是连续的，与回忆有断裂，另一方面又认为"理想性的当下"（le présent idéal）即"理想性的极限"（limite idéal）与"非当下"（non-présent）之间又是协调的、连续的，这说明了什么呢？这说明被构造性与构造性、当下与非当下、原初时间性与客观时间性是辩证地交织在一起的，这说明辩证法就是一种"原综合"（la synthèse originaire），这说明"辩证法在胡塞尔那里只会是'现象学的'"③，不仅如此，它还说明生成是不能被中立化的，因为生成关涉经验、客体、世界和"世间"的对象。

胡塞尔就是这样的摇来摆去吗？胡塞尔连自己分析过程中的自相矛盾也不自知吗？很明显，在胡塞尔这里是决不能允许辩证法来阻碍

---

① 参见 J. Derrida, *Le problème de la genèse dans la philosophie de Husserl*, p. 127。
② J. Derrida, *Le problème de la genèse dans la philosophie de Husserl*, p. 128.
③ J. Derrida, *Le problème de la genèse dans la philosophie de Husserl*, p. 123.

问题的进一步深入的。另外,应该承认,德里达的上述分析非常精彩,符合地道的辩证法的要求。那么,问题出在哪里呢?出在德里达身上!德里达严重地误解了胡塞尔的思路!德里达把"原印象"等同于感知,但胡塞尔在《内时间意识现象学》中是在两个层面上使用"感知"概念的:其一是"感知—滞留"所组成的"为在"层面,其二是由"感知—回忆"所组成的"外在"层面。忽略了这两个层面的划分,自然就会觉得胡塞尔的描述自相矛盾①。德里达对原印象和感知的误解一直持续到《声音与现象》时期,看来德里达误解的种子在此时就已经播下了。

第十二节 生成中立化所带来的问题之三:自由、绝对主体性及其限制

自由,是我的回忆和代现的自由,回忆和再现是我的绝对的权力。胡塞尔指出,"体验的当下化(la présentification/Vergegenwärtigung)先天地位于我的'自由'的权限之内"②。没有这种原初的自由,任何回忆和代现的明见性都是不可能的。

但德里达却另辟蹊径,他把自由与滞留辩证地连在一起来思考,这种做法带来了新的结论③:我的"自由"的权限是什么呢?是还原的自由。可是这种自由先天地受到滞留的时间必然性的限制。彻底的自由即进行抉择的绝对源泉,是一切现象学的先天基础。可这种自由本身,由于不是抽象或形式,由于重新发现了一种具体的回忆而返回到一种世界"自身"呈现的感知,这使得这种自由本身成了时间性的并

---

① 关于德里达误解的详细说明,参见本书第三部分第十二章第四十八节"胡塞尔的内时间意识与德里达对'滞留'性质的论证"。
② 转引自 J. Derrida, *Le problème de la genèse dans la philosophie de Husserl*, p. 124。
③ 参见 J. Derrida, *Le problème de la genèse dans la philosophie de Husserl*, pp. 124-126。

由滞留提供可能。从这样的自由出发，任何时间的先天明见性以及它的具体变样的明见性都是不可能的。

　　自由必然地受到滞留的阻碍，就是说，自由受到了时间化运动的抵抗。这样的自由是何物呢？它位于何处？它在时间之中，还是在时间之外？胡塞尔的回答是，自由与绝对的主体性既不在时间之中，也不在时间之外，这一原初构成的领域似乎摆脱了一切本质与逻各斯，这一领域究竟叫什么呢？胡塞尔说："对所有这些东西来说，我们还缺乏名称。"①

　　"既不……也不……"，这是一句难解之谜②，德里达从辩证法的角度对胡塞尔的这个谜语进行了破译③：一方面，自由与绝对的时间性不在时间之中。因为如果它是时间的产物或被构成的因素，那么，时间之流的变异的多样性便不可能呈现，这让我们又落入到自然的、实证的时间之中；另一方面，它们也不在时间之外。原因有二：第一，在还原时它们受到滞留的必然性的限制；第二，我不可能不使我的自由的行为成为一个时间性的行为。破译之后，德里达顺理成章地得出这样的结论：由于胡塞尔没有提出连接绝对主体性与绝对时间性的绝对原初综合，因此他摇摆于这一综合的两极之间。实质上，主体性是自我时间化的时间，时间是作为主体性自我完成的主体性。德里达蛮有把握地指出：

　　　　我们可以推测到胡塞尔在把这种辩证时间的绝对主体性与单

---

　　①　胡塞尔：《内时间意识现象学》，杨富斌译，华夏出版社 2000 年版，第 77—78 页（需要说明的是，这里对中译的标题做了改动，因为从现象学的角度看，标题中的"inneren"应译为"内"而不是"内在"，后者容易引起心理学主义甚至人类中心主义的歧义）。另参见 J. Derrida, *Le problème de la genèse dans la philosophie de Husserl*, p. 126.

　　②　德里达对这种表述方式钟爱有加，这可能是他一直没有彻底放弃先验性的一个标志。他对"痕迹""延异"和"弥赛亚"等概念都采用了这种"既不……也不……"的表述模式。

　　③　参见 J. Derrida, *Le problème de la genèse dans la philosophie de Husserl*, p. 125.

子式的"本我"进行调和时将要遇到的困难。①

如果时间和主体性的统一已经是综合的、辩证的，那么这个"本我"如何能够被设想为一切体验的统一呢？主体原初地是作为同一（Méme）与它者（l'Autre）的张力而出现的。在"本我"的绝对内在性的深处建立超越之物的先验交互主体性的主体似乎已经呼之欲出了。

自由受到限制，绝对主体性也受到限制。德里达认为，这两极之间的辩证的矛盾才是绝对"基础的"并位于一切含义的起源处。就绝对主体性而言，意向性意识的最终基础不是在"我"（Je）的深处而是时间和他者，这两种存在形式无法还原为本质，它是自我显现的唯一可能的条件。

回到时间和他者，意味着抛弃静态的描述性现象学而转向生成的现象学。

第十三节　生成中立化所带来的问题之四：现象学的"剩余"与"全部现象学的崩溃"

现象学的"剩余"是对世界进行排除的结果。胡塞尔问道："如果整个世界，包括我们自己和我们的一切我思都被排除，剩下来的还有什么呢？"② 他的回答是，我们将抵达一个新的存在区域、一个关于个别存在的区域。这个区域就是"纯粹意识"或"先验意识"。

可是这样一来，德里达所关心的生成就不再是被中立化了，而是作为经验事实的领域被排除了，这说明了什么问题呢？德里达认为③，

---

① J. Derrida, *Le problème de la genèse dans la philosophie de Husserl*, p. 126.
② 胡塞尔：《纯粹现象学通论》，李幼蒸译，商务印书馆1996年版，第99页。着重号为原作者所加。
③ 参见 J. Derrida, *Le problème de la genèse dans la philosophie de Husserl*, pp. 137ff.

这说明此时的现象学还未超越经验主义与批判主义（le criticisme）之间的传统争论，这说明，意识作为本体论的区域仍然是已构成的，这说明胡塞尔仍然停留在心理主义的经验主义之中。只要胡塞尔还在心理主义的名义下维持着意向性，那么现象学就还没有超出意向心理学的范畴，纯粹的"我"（Je）就仍然囿于"我思"形式而没有被体验为原初创建性的"我"。一言以蔽之，原初的构成性或生成性的领域仍未发现。由于这一领域尚未被发现，实际上我们仍处于《逻辑研究》第一卷的水平上（第一卷仅限于无时间的、被构成的本质世界并要求返回构造性的主体性），这儿的意识"本质上"是时间性的，但它涉及的时间性是以先天本质和"无时间性"本身为主旨的。逻辑主义的不足未得到满足，先验形成（devenir）的起源与运动还是在静态构成的本质学（eidetique）的水平上被描述的。

本来至此可以结束，无须进一步讨论，因为这里的思路与我们此前介绍的大同小异，但胡塞尔的一段话却引起了争议：

> 作为一种确定意义上"绝对的"存在的先验意识王国，通过现象学还原对我们产生了。①
>
> 虽然我们已"排除"了包含一切物、生物、人、我们自己在内的整个世界。严格说，我们并未失去任何东西，而只是得到了整个绝对存在，如果我们正确理解的话，它在自身内包含着、"构成"着一切世界的超越存在。②

德里达首先反驳了利科对这段话的解释，利科认为，"这个主要阶段标志着还原的一个转折点，它产生了'剩余'……它在自身之内

---

① 胡塞尔：《纯粹现象学通论》，李幼蒸译，第 183 页。
② 胡塞尔：《纯粹现象学通论》，李幼蒸译，第 136 页。

'重新取回'了实在性（la réalité），这和实在性已无法与揭示'世界意义'的先验构成相分辨。"① 德里达立即针锋相对地指出："可是这样的说法不大可能发生，而且与围绕它的分析内容不一致。"② 德里达是怎样进行分析的呢？德里达认为这里涉及两个世界的区分问题。我们一方面有内在体验的世界，这是一个绝对无疑的、"相即性的"③（adäquate）感知王国；另一方面，我们有容易受到怀疑的外部感知的世界。这两个世界的本质区分在于"内感知"与"超越感知"的不同：前者是相即的，它能直接地把握对象的全部，因为感知者与被感知者相互一致；而后者与此不同，按胡塞尔的说法，"物质存在绝非某种按其所与性是必然所需的东西，反之，在某种方式上它永远是偶然的"④。德里达孜孜不倦地提出的问题是，具有绝然性的内在体验如何与具有确然性甚至是偶然性的超越世界同时协调一致？从体验的纯粹之流出发如何构造时间的客观性？德里达对胡塞尔的答案非常不满，他特别引用了胡塞尔的原话：

> 作为思维者的我的体验流，不论它尚未被把握到什么程度，不论在已逝去的和在前方的体验流领域内未被认识到什么程度，只要我在其实项的当下中注视着这个流动的生命，并因此把我自己把握为这个生命的纯主体［……］，我就无条件地和必然地说：我存在着，这个生命存在着，我生存着：cogito（我思着）。获得这一明见的基本可能性属于每一体验流和自我本身。⑤

---

① M. Ricoeur: note 2 du traducteur. 转引自 J. Derrida, *Le problème de la genèse dans la philosophie de Husserl*, p. 140。
② J. Derrida, *Le problème de la genèse dans la philosophie de Husserl*, p. 140.
③ 关于 adäquate 的翻译和解释，请参见倪梁康：《胡塞尔现象学概念通释》，第 9 页。
④ 胡塞尔：《纯粹现象学通论》，李幼蒸译，第 127 页。着重号为原作者所加。
⑤ 胡塞尔：《纯粹现象学通论》，李幼蒸译，第 127 页。又参见 J. Derrida, *Le problème de la genèse dans la philosophie de Husserl*, p. 143。

德里达的不满在于，绝对的内在性和直接的明见性并未对时间客观性的主体提供任何保证，也就是说，从内在性和明见性直接走向客观性是非法的，这里面缺少的是意向性（当然不是心理主义意义上的意向性），只有它才能原初地触及"亲身"被给予的客体。在《纯粹现象学通论》中，时间的客观性原初地是以意向相关项的意义出现的纯粹意识流的一部分，这是该书所有困难的首要原因：世界没有在它的"实在性"（réalité）中被考虑，而是在它的意向相关项的价值中被分析。胡塞尔在《纯粹现象学通论》中从未面对过实项的（réel）基质与意向相关项的意义之间的问题——但正是这一问题规定了意义的生成问题。实在的世界被还原为对意识而言的原初含义，我们可以想象实在世界与客观世界的不存在而不会影响意识的意向性，可这并不能使我们走向"实在的"客体的存在。意向相关项的客观性取代了"实在的"客观性，同样，世界的时间通过"时间客观性"的中介与内在时间保持一致，但它已不是实在的时间而是与意向相关项的（noématique）时间相关联的原初的时间。

应该承认，德里达此处的不满是有充分理由的，胡塞尔从自我的体验流出发，固然能保证内在性、明见性和严格性，但却无法保证客观性。从"我"出发，无论如何走不到客观性。即使从定义上来看，"客观性"也必然要排斥"我"的存在和介入。《纯粹现象学通论》一书的困难恰恰在这里！胡塞尔最终的理想当然是为自然科学提供最高的严格性和客观性，可是在方法论上，胡塞尔不可能从客观的、外在的超越之物出发，否则从一开始科学便失去了严格性。如何处理明见性、严格性与客观性之间的关系呢？德里达的回答是极为独到、极富启发性的！被给予的对象不应该成为意向对象，而必须进入到意向活动之中，成为意向活动的一个不可分割的组成部分，换言之，只有经过了此番改造后的意向性才摆脱了心理主义的特征而具有了先验现象学的地位①，只有这样的意向性才能确保明见性、严格性和客观性的统一，当然，也只有这样的意向性才能走向生成——这正是德里达竭力要证明的。

不过，事情远比想象的要复杂，胡塞尔对意向性的改造其实早在《逻辑研究》时期就已经开始进行："在实项意义上的内容是对最一般的、在所有领域中都有效的内容概念在意向体验上的素朴运用。"② 我们看到，胡塞尔已经开始把被给予的对象或实项内容置于意向体验（虽然还不是意向活动）之中而没有把它归入意向对象的范畴，但这种归入似乎不是非常的坚定和明确，我们在《纯粹现象学通论》中也能看到，胡塞尔仍然从意向相关项的角度描述感性材料和现象学的时间，例如在谈到"感性材料"时，胡塞尔说，"另一方面我们将用关于'相关物'学说来证实这些说法的充分适当性"③，而在谈到现象学时间与"客观的"即宇宙的时间之间的区别时，他指出，"前者是在一个体验流内的（一个纯粹自我内的）一切体验的统一化形式"④。这或许是由于胡塞尔当时正处于静态现象学阶段的缘故。

但德里达在此并不想守在纯粹研究的本分上，他的年轻气盛让他做出了简单的、狂妄的断言，他要的是"全部现象学的崩溃"⑤：如果我们对意向性做最大胆的澄清，最大限度地发展意向性的范围并使之原初地、直接地把握"实在的"（réelle/real）存在，那么这个把握本身必然是"实在的"，这样的意向性行为其实是一个"实在的"行为，是一

---

① 这是德里达对胡塞尔未来思想发展的一个非常重要的指认。K. Held 先生指出，"实在之物与观念之物对立于实项之物，前者是两个意识相关物领域，后者则属于意向活动的方面。"倪梁康先生甚至发现，在某种意义上说，胡塞尔的"实项的"既与"意向的"相对立，也与"超越的"相对立。（参见倪梁康：《胡塞尔现象学概念通释》，第 400—401 页）
② 胡塞尔：《逻辑研究》第二卷第一部分，倪梁康译，上海译文出版社 1994 年版，第 436 页。着重号为引者所加。
③ 胡塞尔：《逻辑研究》第二卷第一部分，倪梁康译，第 215 页。
④ 胡塞尔：《逻辑研究》第二卷第一部分，倪梁康译，第 203 页。着重号为原作者所加。
⑤ 参见 J. Derrida, *Le problème de la genèse dans le philosophie de Husserl*, p. 147。

个"事实"(fait),而这将会导致全部现象学的崩溃。

第十四节　生成中立化所带来的问题之五:纯粹之"我"与"现显"① 之"我"的内在困境

在现象学的还原之后只剩下纯粹之"我",纯粹之我是什么样的存在呢?胡塞尔有一段著名的表述:

> 在完成此还原后,我们在作为一种先验剩余物的多种多样体验流中根本未遇到纯粹自我,不论把它看作各种体验中的一种体验,还是看作体验的一个真正组成部分,后者随着它为其一个部分的体验一道出现和消失……它的"目光"通过每一现显的我思指向对象。这种目光射线是随着每一我思而改变的,它随着每一新我思重新射出,又随其一道消失。然而自我是某种同一物……作为在体验的每一实际的或可能的变化中某种绝对同一的东西,它在任何意义上都不可能被看作是体验本身的实项部分或因素。②

德里达认为这段话非常重要,因为他从这里又看到了辩证法的"闪光"。他指出,这样的"纯粹之我"似乎是纯粹形式的,我们看不出它如何能与多种多样的具体体验相一致或同时发生。③ 我们无法想象,它"同时"是纯粹的本我(ego)又是具体的个人,特别是"同时"既是它自身又作为意向性而存在。胡塞尔意识到这些危险,不再认为这

---

① Aktuell,胡塞尔用语,李幼蒸先生译为"实显的",倪梁康先生译为"现时的"。李译强调了这一概念与"潜能"(dynamis)的对立,而倪译侧重于这一概念所包含的"当下性"和"原本性",这里姑妄译为"现显的"。

② 胡塞尔:《纯粹现象学通论》,李幼蒸译,第 151 页。又参见 J. Derrida, *Le problème de la genèse dans la philosophie de Husserl*, p. 149。

③ 参见 J. Derrida, *Le problème de la genèse dans la philosophie de Husserl*, pp. 149-150。

个"我"是纯粹形式的可能性的条件,他规定道:"在该自我处呈现出一种独特的——非被构成的——超越性、一种在内在性中的超越性(transcendance)。"① 可是这种纯粹的自我究竟是什么呢?它具有两种相互矛盾的可能性:第一,它是一种纯粹被体验的先验之物(une chose transcendantale purement vécue),它有不再成为体验总体的危险并有可能强制我们走向"经验主义";第二,它是非被体验的先验源泉(une source transcendantale non vécue),它摆脱了单纯的经验主义,但有仅仅成为形式的、空洞的产物的危险。这两者之间的矛盾是永恒的。② 于是德里达得出这样的辩证结论:体验的构造性起源既在体验之中又在体验之外,既在时间之中又在之外。

正如我们以前所指出的那样,德里达不仅认可,而且是很赏识这一辩证法的,但德里达觉得应该把这一辩证法建立在存在者的生成之上才是可以理解的:"这一辩证法只有在生成的视角中才是可能的。"③ 德里达在此想暗示的是,胡塞尔一日不走向先验生成,他的理论矛盾就一日解决不了(当然他还要进一步指出,即使走向先验生成,矛盾依然存在)。

德里达在此还有一个观点值得注意,这就是他对"现显意识"(une conscience actuelle)的探讨。他抓住了胡塞尔的这一句话:

> 内在的存在无疑在如下的意义上是绝对的存在,即它在本质上不需要任何'物'的存在。超越之'物'的存在是完全依存于意识的,即并非依存于什么在逻辑上可设想的意识,而是依存于

---

① 胡塞尔:《纯粹现象学通论》,李幼蒸译,第152页。又参见 J. Derrida, *Le problème de la genèse dans la philosophie de Husserl*, p. 150。

② 关于这一问题的详尽论述,可参见 Eduard Marbach, *Das Problem des Ich in der Phänomenologie Husserls*, Marinus Nijhoff/Den Haag, 1974, 1-6 Kapitel。

③ J. Derrida, *Le problème de la genèse dans la philosophie de Husserl*, p. 150.

现显的意识的。①

然后问道:

> 于是我们可以说纯"我"的现显性由非它本身的东西所赋予吗?难道这一点没有使现显性成为一种基本的逻辑的意识——这一意识仅仅是经过外在的介入、通过施加于它的客体以及添加给它的时间才成为具体的、现显的——吗?②

德里达接着指出,如果我们相反地把这些归于纯粹之"我",那么我们在此就会产生出"一种纯粹地并唯一地是主动性的意向性"(une intentionnalité purement et exclusivement active)。这一意向性可能是《纯粹现象学通论》中的深度倾向,但如此一来,意向性的完整性和辩证性就受到了肢解(mutilée)。

我们看到,分析到这一步,胡塞尔在《纯粹现象学通论》中的"深度倾向"恰好与德里达的"先验框架"不相吻合。我们几乎可以预见到德里达接下来对胡塞尔的意向性所进行的批判③:在这一限度内,我们甚至可以说纯粹主动性的意向性是意向性的对立面。因为我们不再能理解为什么主动性的意向活动(noétique)还需要意向相关项(un corrélat noématique),以及为什么这一相关物能够奠基于在感知中"亲身"被给予的对象之上。纯粹主动性的感知对胡塞尔来说应该毫无意义,在感知中直观应该原初地"看"并"接受"对象的具体呈现,这使我们返回到这一原初的给予(donateur)的行为。

---

① 胡塞尔:《纯粹现象学通论》,李幼蒸译,第134页。着重号为原作者所加。又参见 J. Derrida, *Le problème de la genèse dans la philosophie de Husserl*, pp. 150-151。
② J. Derrida, *Le problème de la genèse dans la philosophie de Husserl*, p. 151.
③ J. Derrida, *Le problème de la genèse dans la philosophie de Husserl*, p. 151.

很明显，德里达从客体、经验、对象的"世间生成"出发，也就是从意向性的被动性方面出发，企图对胡塞尔的现象学进行纠正补偏。

第十五节　生成中立化所带来的问题之六：胡塞尔的"漏洞"——"原素"（hylé）地位的两难

德里达找遍了《纯粹现象学通论》中的文字，发现胡塞尔谈论"原素"的地方很少。但是他还是发现了一处自认为最晦涩、最困难的话：

> 我们把最广义的体验理解作可在体验流中发现的任何东西；因此不仅是意向体验，即在其充分具体性中进行的现显的和潜在的思维行为，而且也是在这一体验流和其诸具体部分中的实项的（réel/reellen）内在因素中可能出现的任何东西。①

也就是说，在体验流及其诸具体部分中的实项的内在因素并不是意向性。德里达对这句话发出了连珠炮似的询问：

> "实项"的因素如果不是意向性体验，那会是什么？它们在哪里、什么时候、通过什么而被构造？它们难道不是由意向性如其所是地、原初地作为意向对象（noémes）而被构造出来的吗？它们难道不是构造性的原动力（le moteur）本身？可是一种构造性而非意向性之物难道不是在第二性的位置上构造意向性的？意向性只是一个产物吗？这不可能，因为它与现象学的基本原则相

---

① 胡塞尔：《纯粹现象学通论》，李幼蒸译，第106页。又参见 J. Derrida, *Le problème de la genèse dans la philosophie de Husserl*, p. 152。

冲突。那么它究竟是什么？难道我们不应该走向更为原初的构造领域以便我们在另一个层面上重新把握作为构造意向性的被动性起源？①

德里达在一连串的追问中已经表明了自己的立场，不过，他还是对此做了细致入微的分析②：德里达首先提请我们特别注意，感觉材料（les data de sensation）作为体验，不是超越的"现实性"（réalité）中的感觉的材料本身。感觉的原素和质料（matiére）内在于"我思"（cogitato），它对立于属于超越性的感觉对象。换言之，感觉的原素在被意向性激发之前，就已经是体验了。否则不可能让一个"非实项的"（irréelle）的意向性去激活一个"实在"（réalité/real）之物。于是，正是作为体验但非意向性的原素被意向形式所激活。但什么样的明见性使我们能做出这样的决定呢？只有当我们从这一因素出发——在其中意向性的立形（morphé）已经激活了原素，我们才有权把原素规定为体验，可是在它的纯粹性中，我们看到，原素不是意向性的。

这就是德里达所抓住的胡塞尔的漏洞，原素在这里处于一种模棱两可的位置。我们来看胡塞尔的一个例子③：在对一张白纸的知觉体验中，我们通过适当的目光转向发现了这个感觉材料——白色。这个白色不仅不可分割地属于该具体知觉的本质，而且是作为一种实项的具体内在组成成分属于知觉。但白纸仅仅是一种意向性的载体，它本身并不是对某物的意识。根据上面的分析，我们看得出，一方面，白纸内在于意识和意向性，它的存在是由于意向性的"立形"的激发，就是说，它后于意向性的存在；另一方面，胡塞尔又声明它"并不是意向性"，甚至"它本身不是对某物的意识"，这里，胡塞尔其实是在暗

---

① J. Derrida, *Le problème de la genèse dans la philosophie de Husserl*, pp. 152-153.
② 参见 J. Derrida, *Le problème de la genèse dans la philosophie de Husserl*, pp. 153ff.
③ 参见胡塞尔：《纯粹现象学通论》，李幼蒸译，第 107 页。

示，原素先于意向性的存在。说某物同时先于又后于意向性①，这不是一种矛盾吗？

德里达对胡塞尔这一时期的思想产生了重重困惑②：某物之为侧显（esquisse）或再现的东西既不同于被侧显物本身，又不是对某物的意向，那么这一在超越的实在与意向性之间的中介究竟是什么？从本质上来说，难道意向性不应该省掉这个中介吗？由于对原素的体验与事物之间的关系不是意向性的，仅仅是立形才使我们在原素中"认识"一个事物的构成（figuration）。那么，原素的质料在自身之中肯定未得到规定吗？这显得不可思议。

在我看来，这里没有什么"不可思议"的地方，承认二元性就会使矛盾消失。胡塞尔正是这样说的："无论如何，感觉的原素和意向的立形之间的这种突出的二元性和统一性，在整个现象学领域内（'在整个'，意思是在永远应保持的被构成的时间性层级内）都起着支配作用。"③胡塞尔自己承认，他没有从意向活动—意向相关项的二元性和统一性出发进一步澄清这一含义的生成，他只是接受了如此这般的二元性或复数的统一性④。但德里达责备胡塞尔的是："胡塞尔没有力求弄清楚，这个统一性是二元性的基础呢，还是相反。特别是，胡塞尔没有说明在二元性中什么是原初的，在综合中什么是先天的——是非意向性的原素呢，还是意向性的立形。"⑤如果从先验现象学的立场来看，这一责备是有一定的道理，但胡塞尔已经明确限定："这个层级不下降

---

① David Wood 对这一问题只说对了一半，"在胡塞尔的框架内，我们可以说，原素的（hyletic）层面是一个无意识的层面，这一层面自身并不构造意识"。（David Wood, *The Deconstruction of Time*, p. 76）

② J. Derrida, *Le problème de la genèse dans la philosophie de Husserl*, pp. 155ff.

③ 胡塞尔：《纯粹现象学通论》，李幼蒸译，第 214 页。

④ 陈立胜先生也指出，在《逻辑研究》和《纯粹现象学通论》中，"原素"概念的地位和作用表示胡塞尔的意向性分析仍带有浓厚的静态结构分析的特征。（参见陈立胜：《自我与世界——以问题为中心的现象学运动研究》，广东人民出版社 1999 年版，第 41 页）

⑤ J. Derrida, *Le problème de la genèse dans la philosophie de Husserl*, p. 157.

到组成一切体验时间性的最终意识的晦暗深处，而是把体验看作内在反思中呈现的统一时间过程。"① 从这里我们能很明确地看出，胡塞尔对自己的立场是经过反思的，他暂时容忍自己停留在对意向活动及其现象的纯粹描述之上。真正让人"不可思议的"倒是德里达的这个责备。二元性、统一性与综合不正是德里达一直在寻求的理论归宿吗？他要证明的，不就是胡塞尔每一次对纯粹性、严格性、单纯起源性的努力都是枉费心机吗？作为一个辩证论者，德里达有什么资格向胡塞尔要求二元性中的"基础"和"原初"？！如果德里达不是从胡塞尔的先验之维出发，胡塞尔在这里所提供的答案不正是德里达一直在寻找的辩证法吗？

我们还可以从另外一个角度对德里达进行提问：他如此地钟情于辩证法，为什么不允许胡塞尔在原素的位置这一问题上也"辩证"一番呢？

德里达似乎意识到我们的责难，他对胡塞尔的心理做了一番揣测。他不太有把握地说："胡塞尔可能设想——而这似乎很有道理——把绝对的、唯一的原初性一会儿赋予这一个，一会儿又赋予那一个，这样做恰恰阻碍了人们对全部构造过程的认识。"② 尽管如此，德里达还是认为，胡塞尔的二元性只是一种悖论和矛盾的混合体，与辩证法无关。因为，第一，如果意向性从原素中派生出来，那我们就仍囿于意向心理主义的领域；第二，如果相反，原素来自于意向性，那我们便仍然停留在主体之内，甚至导致主观主义的唯心主义，它甚至不能从本质上与意向的心理主义相区分。接着，德里达亮出了他真正想说的东西："为了摆脱这一危险，应该让二元性成为原初构造性；应该由二元性构造意向相关项——在它本身作为相关物自我构造起来之后；一言以蔽

---

① 胡塞尔：《纯粹现象学通论》，李幼蒸译，第 213—214 页。
② J. Derrida, *Le problème de la genèse dans la philosophie de Husserl*, p. 157.

之,应该由二元性在设定统一性的同时构造统一性,这就是我们称之为辩证法的东西。"①

德里达的"似乎"似乎是强加给胡塞尔的,德里达的这一印象也许来源于胡塞尔对这一问题从不同角度的描述。不过,从上述分析中,我们也能看出,德里达对辩证法的贯彻是非常彻底的,他想做的就是要把二元性推向极端,把它置于本体论的基础之上。

事实上,德里达的确在这个方向上做了努力,他尝试着把形式归于质料,以解决胡塞尔关于原素的"漏洞":

> 意向活动已经是时间性的,已由原初综合所构造。纯粹的形式本质上已经是质料的(matérielle),就原素与立形而言,时间性的原素在立形明确地介入之前已经"被被动地赋予形式",只有这样,立形才能与质料相遇并"激活"它,这仅仅是由于时间的综合在此前的时刻已经得到被动的实行。②

看得出,存在论与辩证法在德里达那里缺一不可。

第十六节 生成中立化所带来的问题之七:"无限性"与"无定限性"的混淆

每时每刻,我们的时间都被不同的对象充斥着,同一对象也以不同的方式向我们呈现,即我们看见它、回忆它、期待它、欲望它、拒绝它,等等。但同时我们又有这样一种感觉,我们的这种体验是从不间断的,且都是"我的"的体验。正如胡塞尔所说:

---

① J. Derrida, *Le problème de la genèse dans la philosophie de Husserl*, p. 157.
② J. Derrida, *Le problème de la genèse dans la philosophie de Husserl*, p. 171.

> 每一单一的体验，如喜悦体验，均可开始和结束，因此界定了其绵延。但是体验之流不可能有开始和结束。每一作为时间性存在的体验都是其纯粹自我的体验。①

现在的问题是，如何调和时间体验的多样性与时间的统一性？这种统一性不是抽象，也不是康德意义上的时间观念。在康德看来，时间是事物之所以能在知觉中同时存在或继起存在的可能性条件，是"感性直观之纯粹方式"②。而胡塞尔的时间体验是一种具体的体验，德里达感到困惑的是：

> 我们看不出每一体验本身在其内在性中是如何能够原初地意识到它是从属于无限时间的。③

让我们回到《纯粹现象学通论》第 83 节看看胡塞尔所做的回答，这一节也是德里达引用最多的章节之一。胡塞尔指出：

> 整个关联域本质上不会由一单一的纯粹目光给予或能被给予。尽管如此，它也可在某一个虽然是本质上不同的方式中被直观把握，即在内在直观的无限进程方式中被直观把握。④

显然，胡塞尔认为这一无限性是可以被直观地把握的，但他同时也暗示了，对无限性的直观与对空间对象的直观本质上是不一样的。胡塞尔在这里巧妙地使用了体验边缘域来表述这种特殊类型的直观。

---

① 胡塞尔：《纯粹现象学通论》，李幼蒸译，第 205 页。
② 康德：《纯粹理性批判》，蓝公武译，商务印书馆 1982 年版，第 55 页。
③ J. Derrida, *Le problème de la genèse dans la philosophie de Husserl*, p. 165.
④ 胡塞尔：《纯粹现象学通论》，李幼蒸译，第 208 页。着重号为原作者所加。

任何一个事物在被我们注意时，都存在一个或明或暗地被注意到的边缘域，当我们的目光移向这一较暗的区域时，它的周围又会出现同样一个模糊的边缘域，这种进程可以无限地进行下去。那么，通过这种方式我们直观到的究竟是什么呢？

> 从一个把握到另一个把握的连续进程中我们现在以某种方式也把握住了作为统一体的体验流。我们并未将其作为一个单个体验来把握，而是以一种康德意义上的观念的方式来把握。①

同以前一样，德里达仍然从生成和辩证法的角度对胡塞尔的这一思路进行了批判。德里达注意到了胡塞尔对无限总体的直观这一表述，他也区分了两种无限性："l'infini"（无限性）与"l'indéfini"（无定限性）。这种区分是有一定道理的。胡塞尔试图把握的是无限的（infini）总体，是超越的统一之"我"，但他采用的证明方式却是边缘域的无定限的（indéfini）转换。只有从这种"无定限"出发，胡塞尔才能向我们提供对"无限"的明见性的可能性。德里达不无嘲讽地说道：

> 尽管没有对链条的无限（infinie）总体性的现显的（actuelle）直观，但却有对这一链条的总体性的无定限（l'indéfinité）本身的直观。②

德里达在这句话的后面特别加了一个注释，指出，对无定限的直观能不能导致对可能的无限性的直观，这是一个非常大的原则性问题，它涉及胡塞尔唯心主义与存在哲学的分野。德里达说，胡塞尔想捍卫

---

① 胡塞尔：《纯粹现象学通论》，李幼蒸译，第208页。着重号为原作者所加。
② J. Derrida, *Le problème de la genèse dans la philosophie de Husserl*, p. 169.

时间性之我（moi）的内在的、单子式的纯洁性，这样做是徒劳的。胡塞尔假装深化对这一时间性的研究，实则是为了逃避时间性的辩证的性质。

我们看到，由于德里达从辩证法的角度对待时间，他自然反对胡塞尔单纯从无限性和明见性出发界定时间之流，而对自己的这一论点，他不仅从存在哲学的"死亡的存在论上的可能性与必然性"那里汲取有力的支持，而且也直接介入到胡塞尔的时间分析中以求获得证明。在德里达看来，胡塞尔对无限性的体验和直观不管具有怎样与众不同的本质，只要它不是外在于绵延本身的形式概念，它都应该作为被体验的现在而呈现给我们或自我呈现，就是说，它应该具有现显性（actualité），而胡塞尔告诉我们："现显的（actuel）现在必然是和始终是（demeure）某种点状之物：这是一种不断更新的质料的持存着的形式。"① 德里达紧紧地抓住了胡塞尔的这个"点状"概念，从辩证法的角度证明了它的特殊的存在方式②：如果这个点状的界限从来不能被实在地体验，那它就是一个先天概念，就是说，它是一个非时间的或已构成的观念性；如果相反，它能被体验，它就不可能是点状的。纯粹的点状是对连续性的否定，也是对时间体验的明见性的否定。然而，如果没有这种体验的纯粹点状，连续性的明见性也是不可能的，这会使现象学的各种时间变异（现在、过去、未来）都失去其明见性和原初区别。还有比这更辩证的描述吗？

对于胡塞尔把这一无限的"体验流"当作"康德意义上的观念"来把握，德里达反而从中引申出辩证法的结论，这恐怕是胡塞尔本人也始料未及的。德里达向胡塞尔提出的问题是："对还不在此之物的直观如何可能？非存在和缺席（l'absence）如何可能直接地、具体地被

---

① J. Derrida, *Le problème de la genèse dans la philosophie de Husserl*, pp. 167-168. 着重号为引者所加。又参见胡塞尔：《纯粹现象学通论》，李幼蒸译，第 205 页。

② J. Derrida, *Le problème de la genèse dans la philosophie de Husserl*, pp. 168ff.

理解？"① 胡塞尔在上面把l'infini转换成l'indéfinité，刚才我们已经在点状之物中引入了否定，这一切都迫使我们使用概念作为中介，胡塞尔对康德意义上的观念的求助便是一种极好的明证。实际上，纯粹之我已经是质料与形式、体验与"现在"、具体的现显性与其无定限的可能性的综合，这种综合总是早已（déjà）在此。

到此为止，我们已经描述了德里达对辩证法的坚定信念及其在胡塞尔现象学批判上的娴熟运用。但我们还需要特别指出的是，德里达正是在这里首次触及到"延迟"思想。谁都知道这一思想在德里达理论发展中的重要地位。可以这么说，没有"延迟"的发现，德里达便永远停留在辩证法的领域之内，无法从中超拔出来。"延迟"思想与"差异"观念一起所构成的新概念"延异"（différance）正是德里达解构主义独具一格的旗帜。通过下面的分析我们将会看到，这种触及是如何地一触即发但又触而未发。

德里达在谈到胡塞尔的"体验流"时指出，体验的无限之流不可能自我呈现，因为无限性具有一个特殊的维度，这就是"未来"：

> 譬如说，这种完全是前述谓的纯粹时间有可能采取绝对未规定的未来形式，然而，一种未来形式就其本身而言在起源上绝对不可能为意向性所抵达。②

笔者是屏住气息阅读这段话的，"延迟"思想在此一触即发，德里达只要再往前走一步，哪怕是很小的一步，"延迟"思想在此就会提前八年发现了。只要他稍稍再做一步推论：无限性也好，无定限性也好，都是不断地朝向未来的。体验之流无限向前，统一之我便无限地

---

① J. Derrida, *Le problème de la genèse dans la philosophie de Husserl*, p. 170.
② J. Derrida, *Le problème de la genèse dans la philosophie de Husserl*, p. 166.

后退。体验不息，直观不得。可惜的是，德里达只获得了一个与此相平行的结论：“它（指意向性——引者注）只能抵达在内在体验中已经得到整合的意向相关项的构成物。”① 德里达在此与"延迟"思想失之交臂②。

---

① J. Derrida, *Le problème de la genèse dans la philosophie de Husserl*, p. 166.
② 有趣的是，这种"未完成性"和"不可抵达性"，这种"延迟性"，胡塞尔在离德里达引用过的原文不远的地方也提到过，不过他更多地是从空间性或边缘域的角度说的："根据我们的考察，我们也可得出如下本质上正当的和明证的陈述，即没有任何具体的体验可被看作是在完全意义上自足的体验。每一体验在一个按其种类和形式来说并非任意的，而是被规定的关联体中都'需要补充'。"（胡塞尔：《纯粹现象学通论》，李幼蒸译，第 209 页。着重号为原作者所加）

第三章 先验现象学的"生成"：
先验性与世间性

第十七节 从静态的结构描述向动态的生成分析的过渡

德里达由于从先验现象学的高度回溯性地追踪胡塞尔现象学的发展，所以他一直都在证明胡塞尔从静态的结构性描述过渡到动态的生成分析乃势所必然。德里达说，胡塞尔在1919—1920年的课程中开始讨论生成逻辑学，此后直到他的生命的终结，他一直都把生成问题看作是他反思的中心，"胡塞尔对先验研究的忠诚绝不会中止"[①]。概括起来说，德里达在本章中所讨论的"生成"有两点显著的特征：

第一，胡塞尔此处所讨论的生成与《逻辑研究》以及《纯粹现象学通论》中所排除或"中立化"的生成毫无共同之处。前者是先验的生成，后者是一种经验的、心理主义的生成。

第二，比胡塞尔更进一步的是，德里达心目中的生成还是一种本体论的生成。生成的形成（devenir）不再由先验三体的主动性所构造，相反是它构造了"本我"（l'ego）本身。现象学的领域不再由意向活动—意向相关项这一结构的内在体验所规定，对本质的理论观察者而言它不再是直接透明的。要想完成对生成的研究，必须与本体论或与

[①] J. Derrida, *Le problème de la genèse dans la philosophie de Husserl*, p. 178.

基础关系本体论保持联系。"自我产生的先验主体不再是一种理论意识而是一个存在。"① 在德里达看来，胡塞尔不愿迈出的正是这一步，他"从未谈到向初始本体论的过渡"②。

德里达主要的研究文本是胡塞尔的《经验与判断》。

第十八节 "非实项的内在性"的"不可还原的悖论"

当我们的目光朝向判断时，任何一个追求明见性的人都会遭遇到这样一个两难选择：如果我们只关注"作为意识之产物的判断"，我们就只能把这种产物当作先天之物接受下来，这种先天之物先于一切生成，没有时间性和空间性，它是一切事物得以形成的前提。我们在此走向康德主义；如果追究它的起源，我们便回到了心理主义。心理主义虽有讨论生成的要求，但它不可能澄清原初含义，它总是把逻辑结论当作前提自觉或不自觉地接受下来，甚至当作进一步推理的依据，这就犯了丐词错误。胡塞尔曾明确指出：

> 当我们进行合逻辑的思索时，知识连同其"逻辑的"处理方式便早已发挥了它的作用；我们早已在作出判断，构成概念，进行推理，现在它们都是我们的知识所有物，这种所有物本身对我们是预先给定了的。③

胡塞尔在此独辟蹊径，为我们提供了一条现象学的解决之道：

> （生成的问题）不是指最先的（历史的和在个体本身中具有相

---

① J. Derrida, *Le problème de la genèse dans la philosophie de Husserl*, p. 179.
② J. Derrida, *Le problème de la genèse dans la philosophie de Husserl*, p. 179.
③ 胡塞尔：《经验与判断》，邓晓芒、张廷国译，第30—31页。

应意义的历史的）发生，也不是在任何意义上的认识的发生，而是使知识像判断从其原始形态中、从其自身被给予性的形态中起源的那样一种产生——这种产生总是在不断反复地任意重复同一个东西并得出同一个知识。①

这就是说，为了描述判断的发生以及述谓的明见性，我们只有从在前述谓的明见性中被给予的这和存在者出发。可是这种"被给予性"不是随便怎样给予都行的，它应该是在"自身被给予性"（Selbstgegebenheit/la "donnée en personne"）的明见性中的呈现，而不是在一种简单的想象或回忆的当下化中（Vergegenwärtigung/présentification）的呈现。

德里达根据胡塞尔的意思把问题域分成两个层面：自身被给予的对象的明见性与述谓行为的明见性，后者奠基于前者即对象的明见性。推而言之，存在一种述谓的生成，它发生于前述谓的明见性的世界，可这一生成从未被形式逻辑和心理学研究过。

德里达的这一说法符合胡塞尔的基本思想，但对于判断的性质，胡塞尔给出了一个特别的规定："这不是实项的或个体的内在的东西，而是非实项的内在的东西，是超时间性的东西。"② 就是说，判断其实也是一种意向相关项，对判断的体验，就像对意向相关项的体验一样，也是内在的、非实项的体验。德里达正是在这里，在"非实项性"这一术语上与胡塞尔发生了分歧。

德里达说，明见性在某种意义上必然是一种非实项的体验，没有这一点，它就会与被构成的实在性混为一谈——这将使真理变得不可能。可是，如果生成在非实项的体验之内实现自身，那么它就会与存

---

① 胡塞尔：《经验与判断》，邓晓芒、张廷国译，第38页。
② 胡塞尔：《经验与判断》，邓晓芒、张廷国译，第38—39页。

在者相分离并被剥夺了自己的基础——这又会使我们重新囿于《纯粹现象学通论》中的观念主义。如果相反,胡塞尔似乎也想这样,生成不从含义、本质和述谓出发,而是从存在者本身的前述谓的实在性出发,那他就必须承认认识的跳跃,即从被给予的明见性向范畴判断进行过渡的必然性。①

  但是,这里的矛盾在胡塞尔看来似乎并不存在。胡塞尔认为自己开辟了一个新的领域,这就是对象的现象学的存在方式②,它既不同于逻辑主义的存在,也不同于心理主义的存在,含义、本质和述谓的存在其实既非逻辑之物,亦非心灵之物,更非纯粹的自在之物,而是一种介于逻辑主义和心理主义之间、本体论与认识论之间的存在,这种独特的存在区域似乎还未引起年轻的德里达的关注③。我们在此可以很清楚地看出,德里达用海德格尔的基础本体论对康德的"物自体"思想进行了改造。德里达一方面保留了逻辑学与心理学之间、本体论与认识论之间的根本区别,另一方面又从海德格尔出发把现象学的存在置于一种基础本体论之上。

  德里达紧紧抓住这一矛盾并从其中发现了一种"不可还原的悖论"(irréductible paradoxe)④。为了能够提供同一性的知识,判断必须具有一种"非实项的内在性",必须是一种"超时间之物"(überzeitliches/supratemporel),可与此同时我们又在大谈判断的生成。难道"超时间"还会生成?这就是我们在所有层面都会撞见的不可还原的悖论:既是"超时间"的,必无生成;既有生成,必在时间之中。德里达认为,这也是康德尝试的全部意义。有没有另外一种可能呢?既然"超

---

  ① 参见 J. Derrida, *Le problème de la genèse dans la philosophie de Husserl*, pp. 183-184。
  ② 关于这个问题的精辟论述,参见倪梁康:《现象学运动的基本意义——纪念现象学运动一百周年》,《中国社会科学》2000 年第 4 期。该文把现象学定位于三个"之间":逻辑学与心理学之间、实证主义与形而上学之间、思辨哲学与诗化哲学之间。
  ③ 实际上,德里达直到"'生成与结构'及现象学"时期(1959 年)才认识到这一点。
  ④ 参见 J. Derrida, *Le problème de la genèse dans la philosophie de Husserl*, p. 184。

时间"已经与生成切断了关联,那么作为逻辑形式或超时间的范畴,它会不会与使之成为可能的生成相比是一种先天呢?可这又让我们回到了偶然性和心理学。

德里达通过对胡塞尔的仔细阅读发现,胡塞尔的意思是把这种超时性看作是一种"全时性"(Allzeitlichkeit/omnitemporalité):生成的活动独立于心理学的时间性而扎根于先验的时间性之中,但这样一来,"超时性"或"全时性"便成了一般时间性的一个变样,成了一种特殊的时间性。

虽然这是胡塞尔后期的一个相当深入合理的看法,但德里达仍然从他的辩证本体论出发对胡塞尔的"全时性"进行了批判和改造。德里达振振有词地指出,准确地讲,为了使超时性或全时性成为时间的一个单纯的特征,那就不应该仅仅在前述谓的要素中面对时间,还应在先验之我(ego)的非实项的体验的内在性之外面对时间,否则我们就不能理解它如何与存在者的时间相一致,它为什么会成为述谓的无限沉淀之场所——这种沉淀是指在历史的超个人的传统中提供出来的沉淀。原初的(originaire)时间比内在性体验的时间更为基础,它就是为现象学的时间提供可能的东西。①

我们发现,德里达的辩证法在与现象学的较量中似乎有所发展,它不仅像以前一样拒绝纯粹的内在性和实项性,要求接纳外在性和实在性,而且拒绝单纯的个人或"本我'之维,要求进入到超个人的历史和传统之中,面对在历史发展中沉淀下来的共在性的存在。不过,对德里达来说,拓展这一主题是八年以后在《起源》中发生的事情了。

---

① 参见 J. Derrida, *Le problème de la genèse dans la philosophie de Husserl*, pp. 184-185。

第十九节　暧昧和可疑的"生活世界"

正如我们一再指出的那样，德里达一直运用辩证法从经验和先验两个方面检查胡塞尔的现象学。但是，如果胡塞尔对某些概念的描述恰恰符合于德里达的辩证法理路，这时，德里达该作何反应呢？"世界"或"生活世界"概念就是一个典型的例子。

胡塞尔对这两个概念的规定具有强烈的辩证法色彩。一方面，"世界是信仰的唯一宇宙"，"在其总体性中总是已经在确信中被动地被给予"①。德里达也承认，在《经验与判断》中，述谓纯粹由对它进行奠基的前述谓的存在所规定，它不再由先验主动性所构造。另一方面，胡塞尔认为，"在一切认识活动之前，每次都先已存在有一个作为普遍基础的世界；而这首先表明它是无所不包的被动的存在信念的基础，是任何单个认识行动已经作为前提的基础"②。德里达对此所做的说明也是正确的③：如果我们为了在先验构成中为逻辑奠定基础而必须回到这个世界，那么很明显，主动性和被动性概念必须在它们的先验含义上被理解。"生活世界"是一切前述谓的明见性的场所，不是像我们通常试图表达的那样，是一个已构成的、先行的、规定性的世界，在这个词的严格意义上，它就是所谓的主体的先验主动性。

按德里达的道理来说，这个"世界"概念正是辩证法思想的体现。它既是被动的存在，是主动性的前提，又在自身之中包含着先验主动性的根苗。从感知的角度来说也是这样，即使在最纯粹的被动感知中，也存在着主动性的构造，例如侧显就是如此。胡塞尔本人对"生活世界"也举出各种例证，这一世界不仅包括逻辑作用的世界、作为可

---

① 胡塞尔：《经验与判断》，邓晓芒、张廷国译，第47页。
② 胡塞尔：《经验与判断》，邓晓芒、张廷国译，第45页。
③ 参见 J. Derrida, *Le problème de la genèse dans la philosophie de Husserl*, p. 186.

能判断之基质的对象的预先被给予性领域，也包括不是专指认识态度和判断态度的经验世界以及与某种习惯（Habitualität）相关的日常世界。① 从这些例证中，我们能看出，生活世界是一个主动性与被动性相互交织在一起的世界。

德里达在这里应该满意了！但他的表现，如他自己后来所说，却是一种"特异反应"（idiosyncrasie）②。他一定要把这种辩证的描述看成是一种概念上的"模棱两可性"（ambiguïté）③：一方面，"世界"在其现显的（actuelle）实在性（réalité）中是前述谓的，它早已在此，在这种原始的本体论结构中，它是一切含义的前构成的基质；可是另一方面，它又是一切判断之可能基础的无限总体性观念。在这里，作为基质的存在的现显性与先验经验的无限可能性相互对立。德里达在两点上指责胡塞尔：其一，这将导致生成问题重新出现；其二，我们怎么可能从一方面作为"基质"的世界过渡到另一方面作为"无限总体性"的"世界"呢？

德里达的质问使他退回到前辩证法的素朴思维。正是这一思维使他做出了更为重要的推理和结论。他认为，如果前述谓的具体存在者在先验主动性之前没有任何自身含义、在自身中没有任何可理解的规定性，那么，我们看不出，意识如何能把它呈现出来或对之意向性地加以认识。如果先验本我（ego）被动地加以接受的东西只是未经规定的基质，那么意识所提供的含义就有可能与主体的构造混为一谈。观念化是概念的中介，内在于基质中的本质不可能为观念化奠基，有的只是一种关系或与对象相关的主体的、心理学的、人类学的

---

① 参见胡塞尔：《经验与判断》，邓晓芒、张廷国译，第 70 页。倪梁康先生对胡塞尔的"生活世界"概念作过精确的定义，可资参照："生活世界"是一个"非课题性的、奠基性的、直观的、主观的世界"。（参见倪梁康：《现象学及其效应》，生活·读书·新知三联书店 1994 年版，第 132 页）

② J. Derrida, *Le problème de la genèse dans la philosophie de Husserl*, p. vi.

③ J. Derrida, *Le problème de la genèse dans la philosophie de Husserl*, p. 187.

状况。我们在此所具有的只是一种主观主义、人类学等等的意向性的派生。对被动接受的对象含义的直接抵达只是一种本质上的"人为的"（factice）制作，"这些东西（指本质——引者注）不为基质所固有，仍是概念"，这将导致"现象学的根本意向受到损害"。①

对现象学而言，这也是一个相当重要的结论——如果这一结论成立的话。不过，应该指出的是，德里达的理解似乎有些错位。主体世界的概念、范畴和判断与基质无关，这恰恰是胡塞尔着力批判的。本质不为基质所固有，这正是自然科学的通病。胡塞尔曾明确说过，自然科学的发展是以遮蔽生活世界、遗忘自身的源泉作为代价的：

> 从一开始我们经验的世界就是借助于"理想化"而得以阐明的，这时我们再也不能看到，这种导致精密的几何空间、精密的物理时间、精密的因果律以及导致将我们经验的世界看作是这样自在地被规定了的世界的理念化，恰恰已经是认识方法的、建立在我们直接经验的预先被给予性基础之上的一个结果……这个精密科学用来把握存在者宇宙的宇宙，无非是一件披在生活世界之上的理念外衣……"这件理念外衣使得我们把只是一种方法的东西当作真实的存在"。②

说得不能再清楚了！胡塞尔的理想就是要寻找到一条通向生活世界的道路，"回溯到经验的明见性"就是要"回溯到生活世界"③，先验现象学的目标就是要"消除遮蔽生活世界的观念化"，以挽救欧洲科学和欧洲人属的危机。

但德里达认为，胡塞尔的上述声明"看来与范畴直观的信条相抵

---

① J. Derrida, *Le problème de la genèse dans la philosophie de Husserl*, p. 188.
② 胡塞尔：《经验与判断》，邓晓芒、张廷国译，第61—62页。
③ 胡塞尔：《经验与判断》，邓晓芒、张廷国译，第58页。

触"，一切述谓都是概念的形式化，是科学理性的工具，所谓的逻辑的先验生成只是一种人为的制作（la confection），它掩盖了赤裸裸的前述谓的存在，这导致了"令人失望的结论"①。

令人失望的还不止这些，按照德里达的思路，连"世界"这一观念的形成也成了问题。胡塞尔认为，我们必须"回溯到被动的存在信念领域"②、回溯到"素朴经验与有根基的经验"，而"任何素朴的经验，或者说，任何带有一个素朴基质之存在意义的经验，都是感性的经验"。③但德里达据此认为，胡塞尔把前述谓的世界看作是一个纯粹的现显性（actualité），是自身封闭的，由此看来：

> 我们不可能从原初被动的信念出发来把世界构造为述谓的无限可能性或者把世界看作作为这种可能性而显现，在此存在一个世界的观念或概念，它或者先天地先于被动信念，或者是"素朴"经验的复杂化以及生成的产物，不管怎样它都只是一种方法上的观念化、一种有用的形式化。④

德里达接着认为，在第一种假设中，我们上了形式主义的当，这个先于原初"意见"（doxa）的"先天"是抽象的，它并不奠基于感性的前述谓的明见性之上，它是前生成的观念性，正是它才使一切（"世间的"、经验的、后天的）生成成为可能。我们在此滑向了康德主义。

在第二种假设中，世界本身作为无限视域，作为非规定性或可规定性，必然奠基于一种素朴的、感性的、现显的明见性之上。它自身将成为述谓的复杂化、形式的一般化以及观念的外衣，同样，被构造、

---

① J. Derrida, *Le problème de la genèse dans la philosophie de Husserl*, p. 189.
② 胡塞尔：《经验与判断》，邓晓芒、张廷国译，第 70 页。
③ 胡塞尔：《经验与判断》，邓晓芒、张廷国译，第 72 页。着重号为原作者所加。
④ J. Derrida, *Le problème de la genèse dans la philosophie de Husserl*, p. 191.

被产生的世界的无限性也是一个经验性的后天。这是一个虚假的无限性，它是感性有限性的概念否定性的产物，这种有限性在存在与时间中都先于那种虚假的无限性，它不具有无定限的（l'indéfini）否定性的性质。形式逻辑的工具并不具有任何原初性，这种唤醒观念的生成仅仅使它被添加到原初存在之上。

世界无论是先于还是后于被动信念，其存在形式都是值得怀疑的。德里达总结道，在这两种情况下，绝对的生成与原初性都彼此互斥。[①]一方面，如果说世界是一切可能的生成经验的先天场所，那么我们不仅无法与康德意义上的观念相区分，也不可能在体验的直观中把握这样的世界。另一方面，如果世界在直观中被感知——这种直观可能是对原初感性世界的直观，那么我们绝对不可能规定这样一种必然性，依据它，一种生成的过程能使对个体的感觉过渡到视域的无限总体性。

从上面的叙述中我们可以清楚地看出，凡是胡塞尔从心理主义或逻辑主义进行论证的时候，德里达一定从另一方面进行反证，而在胡塞尔偶尔采用辩证思维的时候，德里达反而将其归结为悖论。我想，这也许就是德里达责备自己的所谓"特异反应"吧——就是说，德里达在胡塞尔开创的每个方向上都打上问号。这也算是未来的大师在年轻时代的朝气和勇气。

由于退回到前辩证法的素朴思维和"特异反应"，德里达觉得下面胡塞尔的这段话有点"出人意料"（surprenante），因为"这些话与他所有关于前述谓的、感性的明见性信条相背离"[②]："我们这个世界对我们来说只是一个我们可以用来研究一般可能世界的结构和在主体的源泉中的起源的例子。"[③]我们知道，世界一般被描述为述谓沉

---

① J. Derrida, *Le problème de la genèse dans la philosophie de Husserl*, p. 192.
② J. Derrida, *Le problème de la genèse dans la philosophie de Husserl*, p. 194.
③ 胡塞尔：《经验与判断》，邓晓芒、张廷国译，第66—67页。着重号为原作者所加。又参见 J. Derrida, *Le problème de la genèse dans la philosophie de Husserl*, p. 194。

淀的最终基质，而它现在却变成了一种偶然性，变成了一个我们研究"一般可能世界"含义的一个例子，成了由先验主体性所揭示的真理的场所。其实，胡塞尔的这段"出人意料的"话是在意料之中的。生活世界的确是一切观念、范畴和判断都必须回溯的目标，但胡塞尔并不是一个极端的经验主义者，他不可能以对世界的直观为理论的最终归宿，他的理想并不是确定世界、历史和科学的生成，而是为人类的知识寻找最坚实的基础，很显然，纯粹的经验只是一种确然性，它不可能提供这样的基础。胡塞尔必须同时诉诸先验性，只有在这里才有绝然性和必然性，只有它们才能为自然科学和人文科学奠定可靠的地基。

第二十节 "否定性"的起源

一个红球呈现在我们眼前，在经过了一段时间的感知之后，我们得出了一个规定：这是一个"均匀的红色、均匀的球形"之物，这一规定在感知中不断得到充实。假如这时我们突然看到了球的背面，发现球的背面是绿色的、凹陷的，我们会有什么样的意识呢？我们会说，"噢，不是红色的，是绿色的"，"不是球形的，是凹陷的"。

这是胡塞尔给我们提供的关于否定性起源的例子，他就此做出了这样的结论：

> 对对象的知觉兴趣可以延续下去；对象得到进一步的观察，它进一步被这样地给与，使得它能够被观察，然而，产生出来的并不是那些期望意向的充实，而是失实（Enttäuschung）。①

---

① 胡塞尔：《经验与判断》，邓晓芒、张廷国译，第109页。着重号为原作者所加。又参见 J. Derrida, *Le problème de la genèse dans la philosophie de Husserl*, p. 195。

这就是说，否定已经成为一种判断，否定性已经成为缺席对象的属性，这一对象在前述谓的"中心兴趣"的名义下仍然存在着。既然未经变样的实证性信念是原初的，那么可以说，像其他的述谓判断一样，否定只是生成的逻辑产物，它也应该在由先验逻辑所构成的形式逻辑的层面上被理解。但德里达指出，这里蕴含着极大的危险：

> 首先，一个否定的述谓不可能必然地与一个肯定的基质相联系，从未经变样的确定性出发的否定的生成缺乏一切本质必然性，这有变成心理主义偶然性之产物的危险。①

胡塞尔其实已经事先考虑到了这种批评，他着重指出："否定并不是述谓判断才有的事情，而是在其原始形态中就已经出现在接受性经验的前述谓领域里了。"②

德里达注意到胡塞尔的这一表态，但他仍然以细腻的笔触分析了胡塞尔这段话所包含的悖论③：胡塞尔告诉我们，正是在信念的被动性领域以及原初的信念领域中否定才会自我构成，否定不是产生于逻辑的确信（certitude），而是诞生于先验主动性。胡塞尔还告诉我们，这种主动性从根本上讲就是一种接受性或被动性，它采取的是一种不可还原的对世界的信念这一形式。可这样一来，我们便会得出下面的结论：尽管否定从属于前述谓的领域，但它仍拒绝了全部的原初性，因为对基本的确信而言，否定既是副现象的（épiphénoménale）变样又是前批判的变样。胡塞尔也的确是这样说的，"它永远是在一种坚持下来的信念确定性的基础上，最终是在普遍的世界信念的基地上，所作的

---

① J. Derrida, *Le problème de la genèse dans la philosophie de Husserl*, p. 195.
② 胡塞尔：《经验与判断》，邓晓芒、张廷国译，第 111 页。着重号为原作者所加。
③ 参见 J. Derrida, *Le problème de la genèse dans la philosophie de Husserl*, p. 196。

一种局部的涂改（rature）"①。这样，"否定"就处于一种非常尴尬的位置：介于"前述谓的接受性"与"逻辑主动性"、先验被动性与先验主动性、被动意见（doxa）与变样了的确信（certitude）之间。德里达指出，由于胡塞尔的哲学只是想从理论先验主体出发描述否定这一现象，这一哲学一旦必须诉诸具体的、存在的态度时，它就会采纳心理学的术语，如失败（l'echec）、失实（la déception）等。它们不具有任何先验性，只是一种纯粹的经验性而已。

无疑，德里达在这一问题上的分析是深刻的，但他的理论平台也是很清楚的。他对胡塞尔的不满是由于胡塞尔的不彻底性，就是说，胡塞尔没有把否定性直接奠基于本体论的基础之上。否定性既非心理学的亦非逻辑学的，它并不奠基于一种态度或活动之上，它具有自身的原初含义，它奠基于虚无之上，正是虚无和死亡才产生了否定。在这里我们一眼就能看出，德里达的理论平台是海德格尔的基础本体论。

特别值得一提的是，德里达运用海德格尔的否定观反过来对胡塞尔的现象学方法及其结论本身进行了质疑，这是年轻的德里达的难能可贵之处。它表现在以下两个方面。

其一，现象学的基本方法实际上以否定为前提。我们知道，意向性、述谓判断、前述谓判断、感知以及中立化等，都是胡塞尔的基本概念和现象学运作方法，但德里达发现，它们的存在是以否定性为前提的。

> 没有否定或失实（la déception）的可能性，意向或意向相关项就是不可能的。中立化原初地不也是一种"失实"吗？就是说，"自我"（Je）摆脱了（se déprend）人为性（facticité），但同时并

---

① 胡塞尔：《经验与判断》，邓晓芒、张廷国译，第112页。又参见 J. Derrida, *Le problème de la genèse dans la philosophie de Husserl*, p. 196。

没有否定其存在。述谓的判断难道没有预设了对前述谓感知的某种否定（即把它归于一个或多个概念之下）？从被动性到先验主动性的过渡难道原初地不是一种否定？①

这里一连串的质问有力地证明了"否定性"所具有的特殊的地位和价值。

其二，胡塞尔由于缺乏对本体论意义上的否定性的洞见，他在《经验与判断》中关于时间性所得出的结论仍然是静态的。胡塞尔确实说过：

> 当我们把握"这一个声音"的时候，我们并不是指向那种暂时性的且连续变化着的当下（此刻振响着的阶段），而是通过当下在其变化中一贯地指向作为统一体的声音，这个统一体本质上就体现在这种变化、这种现象之流中。②

德里达指出，这里的意思是，这种预先提供给我们的被动性的声音统一体在其时间性中已经是被构成的了。由于这种时间的统一体奠基了一切个体的、感知的或其他的基质（substrat）的呈现，我们可以说，一切基质及其统一性的生成，都已经是完成了的。德里达在此基础上指出，胡塞尔的结论"令人失望"（décevant），因为我们从未遇见生成，时间性再一次被置于从属地位，它没有介入到否定的原初性之中。然而，在一切意向行为、一切还原以及一切述谓的主动性中，对否定的在场进行奠基的正是原初的时间性，为什么呢？

---

① J. Derrida, *Le problème de la genèse dans la philosophie de Husserl*, p. 197.
② 胡塞尔：《经验与判断》，邓晓芒、张廷国译，第128—129页。又参见 J. Derrida, *Le problème de la genèse dans la philosophie de Husserl*, p. 198。

正是因为每一个绝对的当下是对滞留中的过去因素的否定和同化，正是因为这一滞留本身与前摄直接相关，这一前摄既保留同时又否定了作为过去了的未来的当下，正是因为一切意向性的运动都是由这种时间的辩证法所构成，因此否定在这里才作为对一切生成的本质激活而显现。①

第二十一节　理论兴趣与非沉思的兴趣

理论兴趣与非沉思的兴趣之间的关系，就是通常我们所谓的理论与实践之间的关系。胡塞尔与德里达两人对这一关系的思考非常强烈地表明了他们在价值取向上的区别。

德里达认为，我们在前述谓领域首先获得的是一种已经"完成"了的感知兴趣，这种"完成"自身必然具有一种生成，可是"胡塞尔故意把它置于一旁。在我们看来，把非沉思的兴趣这种意识导入到理论兴趣之中的这种运动仍被遮蔽"②。胡塞尔虽然有过确切的生成研究计划，但在事实生成之前都停顿了，然而，一切凡不能抵达生成的事实性（l'effectivité）的哲学都被迫停滞于形式唯心主义之内。

德里达在这里已经对胡塞尔理论上的必然性走向做出了定论，这种定论从基础本体论和辩证法出发来看是有一定道理的。但胡塞尔真的是故意把生成置于一旁吗？他对沉思的（contemplative）旨趣使他对非沉思的旨趣视而不见吗？就让我们来看看胡塞尔本人的论述："具体地生活在周围世界中并热衷于自己的实践目的的自我，首先决不是观察性的自我。"③胡塞尔其实很清楚实践旨趣在认识和行动中的重要性和先在性，但他并没有不假思索地赞同实践第一、价值第一、旨趣第

---

① J. Derrida, *Le problème de la genèse dans la philosophie de Husserl*, p. 198.
② J. Derrida, *Le problème de la genèse dans la philosophie de Husserl*, p. 203.
③ 胡塞尔：《经验与判断》，邓晓芒、张廷国译，第83页。

一等口号，而是中肯地指出：

> 随后对直接经验的世界、对我们的生活世界的结构的哲学沉思却表明，当观察性的知觉揭示出世界的结构并将之作为主题时，它就应当获得一种标记，这些结构也在到处为每一种实践态度奠定基础，虽然它们并非从头至尾都被看作主题。①

观察性的态度反而是实践态度的基础！理论态度具有无可争辩的特权！这让我们想起"前理解"，也让我们想起"理论先于观察"。

由此看来，德里达在此对胡塞尔存在严重的误解。胡塞尔从未故意把一个重要的理论问题置于一旁不闻不问，我的解释是，胡塞尔首先关注的并非是生成问题，而是科学的严格性问题②。不过，有意思的是，德里达对胡塞尔结论所做的批判性引申，却使他又一次差一点发现了"延异"：如果我们承认胡塞尔的结论，就是说，理论态度或者说哲学思义（die philosophische Besinnung）虽后于实践态度，但却是其基础，那么，我们也可以说，这一态度正是彻底的意识之觉悟（prise de conscience）的绝对的出发点，但很明显，这一绝对的起点只有在哲学的绝对终结处才能成为哲学课题化的对象：

> 由于哲学的反思总未完成，看来尽管有胡塞尔的决心，走向原初的道路本质上永远注定要失败。这种辩证法的不确定性阻止

---

① 胡塞尔：《经验与判断》，邓晓芒、张廷国译，第83页。着重号为引者所加。
② 倪梁康先生对胡塞尔的哲学观的阐述在此恰好可以作为佐证："将这个哲学观加以展开，它便意味着，一方面，向最终论证、最终奠基的回溯被理解为向认识主体的'意义给与'之成就的回溯……另一方面，在获得了经过最终论证的真理之后，哲学的任务还在于，将这种真理付诸实践并且根据这种真理而承担起主体性的责任和义务，这也是一门哲学伦理学和价值论的中心任务。在对哲学的这一理解中无疑包含着胡塞尔对理论与实践的奠基关系的理解。"（参见倪梁康：《会意集》，东方出版社2001年版，第289页）

了使现象学系统化并予以奠基的全部"第一哲学",看来这一点目前还没有引起胡塞尔的不安。①

这是一步极为独特的引申,再往前迈出一步,就能自然而然地得出"延迟"这一重要的解构概念。但可惜的是,德里达再一次与他的未来思想擦肩而过。

让我们再回到德里达的误解。发生误解的根子在于德里达对胡塞尔现象学的目标在视域上的错位,正如我们已经说过的那样,胡塞尔处心积虑的是科学的严格性问题,而德里达对这一问题做了一个微妙的位移,把它转变成生成问题,分歧随之产生。

我们深入地看一下这个问题。德里达认为,既然胡塞尔号称从简单之物开始,那就不应该从对现成之物的静观开始,因为现成之物本身就是已经完成的构造领域,这一领域虽然在方法上离我们最近,但在现实中却离我们最远,它最为复杂、最具"沉淀性"(sédimenté)。德里达给我们提供的建议也是从简单之物开始走向复杂的实际生成。德里达的所谓"简单之物"是什么呢?从德里达对胡塞尔研究的局限性的评价中,我们可以推测到他的答案:

> 因此,胡塞尔就仍局限于相对表面的研究层次上,他既没有考虑生活世界("在这一词的最综合的意义上")的总体历史生成,也没有考察这样被规定的现象学与实项的(réelle)自然或它由以出发构造对象的诸科学之间的可能的关系或相符性。②

从这里我们可以看出,德里达所谓的"从简单开始走向复杂的实

---

① J. Derrida, *Le problème de la genèse dans la philosophie de Husserl*, p. 204.
② J. Derrida, *Le problème de la genèse dans la philosophie de Husserl*, p. 205.

际生成"这一思路实际上就是要求现象学应充分考虑它自身与各门具体科学之间的关系,以诸科学为参照对象,对生活世界的发生发展做出符合历史自身演进的说明。

虽然胡塞尔认为,在分析前述谓的世界时,"首先就应以对静止的、不动的对象的知觉为准,而不应将那更难分析得多的关于运动的知觉和对运动的存在物的判断扯进来"①,但他同时也清醒地认识到,即使是最简单的直观对象,也蕴含着复杂的前提因素,"在我们的分析由之出发的那一点上,已经是以各种各样的构造性层次和作用为前提了"②。我们的问题是,既然胡塞尔在此遭遇到"各种各样的""前提"的阻挡,那他为什么不像德里达那样转而求诸"生活世界的总体历史生成"以及现象学与诸科学的"相符性"呢?理由很简单,这样做能够得到生成及其历史性,却失去了严格性。所以,在某种意义上,当德里达指责胡塞尔"把生成问题再一次置入括号"③时,他的指责是对的;但当他说,胡塞尔的"方法论的准备(propédeutique)事实上背叛了一切生成哲学的前提"④,这便是一种严重的误解。

第二十二节 纯粹目的论观念的"二难选择"

德里达认为,胡塞尔在《笛卡儿的沉思》中做出了革命性的转变:胡塞尔非但没有把现存科学、事实以及提供给我们的观念置入括号,而且指责笛卡儿没有关注他那个时代的科学理想性(l'idéal)的问题。⑤

---

① 胡塞尔:《经验与判断》,邓晓芒、张廷国译,第85—86页。着重号为原作者所加。
② 胡塞尔:《经验与判断》,邓晓芒、张廷国译,第87页。
③ 全文为:"Au moment où Husserl prétend en traiter, le problème génétique est donc une fois de plus mis entre parenthèses." J. Derrida, *Le problème de la genèse dans la philosophie de Husserl*, p. 206.
④ J. Derrida, *Le problème de la genèse dans la philosophie de Husserl*, p. 207.
⑤ J. Derrida, *Le problème de la genèse dans la philosophie de Husserl*, p. 218.

德里达的这一陈述有欠准确，胡塞尔虽然确实指出过笛卡儿未加注意的问题，但他并没有因此而解开科学及其事实的括号，它们仍处于中立化之中。胡塞尔说得很明确："首先，我们将使我们迄今所深信不疑的东西（包括我们的一切科学）都矢去作用。'①——我们看不出这里面有什么革命性的转变问题。胡塞尔其实是把他的意向活动－意向相关项范畴贯彻到科学的演化过程之中：

> 如果我们用彻底批判的立场来看，那些事实上已给予的科学只是些人云亦云的科学的话，那么根据上面所说的，它们一般的目的观念，在同样的意义上就成了一种纯粹的假定。因而，我们还不知道这种观念是否终究能得以实现。然而，在这种形式中，在一种不确定的、易变的一般性中，我们确实具有这样的观念；所以，我们也就有了哲学的观念，一种我们不知道它是否或如何才能实现的哲学的观念。②

科学及其历史事实的存在仍然是值得怀疑的存在，但科学中所包含的意向及其观念确是清晰可辨的，这就像笛卡儿的怀疑一样，虽然我可以怀疑一切对象，但怀疑本身无法被怀疑。当然，应该指出的是，胡塞尔这样做的目的也不是探讨科学的生成问题，而是出于"为科学奠定绝对基础的总目标"③。

尽管在理解视域上存在这些错位，但德里达对现象学所提出的质询依然是非常尖锐的：

胡塞尔认为："没有什么能阻止我体验（erleben）科学的努力

---

① 胡塞尔：《笛卡儿的沉思——现象学导论》（以下简称《笛卡儿的沉思》），张宪译，台湾桂冠图书股份有限公司1992年版，第9页。
② 胡塞尔：《笛卡儿的沉思》，张宪译，第10—11页。
③ 胡塞尔：《笛卡儿的沉思》，张宪译，第10页。

（streben）和活动……通过逐渐的深入，我们就能穿透科学努力的意向并在我们面前展开真正科学的一般目的论观念的构成性因素。"① 德里达引用了这段话并正确地指出，激活科学的事实因素的纯科学的意向仍被掩盖着（在单纯的历史学家或科学家眼里），通过现象学的还原即"悬置"科学活动的事实性，埋藏在事实或实在的结果深处的意向现在在其纯粹性中如其所是地被认识，成为意识的课题化或意向相关项的对象。因此，胡塞尔自信能够揭示一切科学的构造性运动。但德里达旋即问道，尽管这种说法很迷人，可"我们仍然有权利怀疑它的可能性。我们如何能如其所是地'体验'（vivre）一个意向或一个纯粹目的论的观念？……从意向性的角度来看'科学努力'的主体，其地位怎样？它本身是原初的吗？它作为一个事件突然来到历史之中，这种趋向是绝对的吗？"②

德里达指出，如果我们把它描述为先验经验的先天特征，那么这将使我们重新落入先验心理主义的怀抱。唯有一点可以肯定，它为一切生成变化提供可能性，但它本身没有历史和生成，它本身不在原初明见性中"亲身被给予"（donnée en personne）。德里达特意为这种无限的目的论观念设计了一个"二难选择"：

> 或者，它是一切明见性的条件，自身决不具体、单数地呈现，可是我们根据什么来谈论这种明见性的原初性呢——这一条件先于这个明见性并奠基它？或者，单纯、具体的明见性是真正原初的，那么根据定义，无限观念就不在直观中被给予，它仍然是复杂性和上层构造（superstructure），仍然是概念的产物。由于失去

---

① J. Derrida, *Le problème de la genèse dans la philosophie de Husserl*, p.219. 又参见胡塞尔：《笛卡儿的沉思》，张宪译，第12页。译文有改动。

② J. Derrida, *Le problème de la genèse dans la philosophie de Husserl*, p. 220.

了奠基的特征，它就转变成一切经验一般的述谓。①

德里达在这里给现象学出的难题也是胡塞尔现象学最困难的问题之一，它本质上涉及"智性直观"的可能性问题，诸多学派对此都有涉及，但未成统一定论②。德里达对这一难题也没有做出正面的回应，但他对这一难题做了引申，这使得"延迟"概念几乎呼之欲出了。

德里达之所以能够做出引申，其秘密在于把事实和存在引入到胡塞尔的科学意向性之中。德里达说，时间的被动综合总是先于主动综合，它是事实与意向、存在与意义的先天综合。③在活生生的现在（le Présent vivant）中所滞留的对过去因素的意向既是已构成的存在，又是构造性意向即前摄，因此，对纯粹目的论意向的把握本质上与实在科学的已构成因素联系在一起，这一已构成因素同时也是它的基础。如果说生成的意义是生成的产物，那么这将导致无限的前进或后退，同时被"推迟"（se prolonge）的还有本质直观。

如果我们对德里达的引申做一下反思，我们不仅会发现德里达已经悄悄地把基础本体论偷运到胡塞尔的意向活动—意向相关项之中，而且我们还会看到一个有趣的现象：德里达其实已经对这一难题表明了自己的态度。在这个"二难选择"中，德里达倾向于前者，就是说，本体论的、辩证的无限总体性自身并不显现，但它是一切显现的前提条件，一切生成及其意义最终都必须回溯到它，尽管它是无限后退的。

---

① J. Derrida, *Le problème de la genèse dans la philosophie de Husserl*, p. 217.
② 国内学者倪梁康先生对此做过专门的梳理并从胡塞尔的现象学视角对"智性直观"问题做了极富启发性的澄清："于是我们可以这样来定义'智性直观'：它是一种其范畴意向须以感性材料为基础，但却无法在感性材料中得到充实的直观。"（参见倪梁康：《"智性直观"在东西方思想中的不同命运》，《社会科学战线》2002 年第 1、2 期）
③ 参见 J. Derrida, *Le problème de la genèse dans la philosophie de Husserl*, pp, 221ff。

第二十三节　"主动生成"说的两个困难

我发现这里有一个非常有趣的现象，胡塞尔从严格性出发，德里达从生成出发，但他们的思路在"被构成性"和"综合性"上突然相交。一方面，我们看到德里达的表述："迄今为止，在我们寻找生成的最终源头中，我们遇到的只是一些已被构成的因素；事实、本质、意向相关项的时间、意向活动—意向相关项的相关物以及先验活动等都以原初时间的层面为前提。"① 另一方面，我们也看到胡塞尔的类似表述："因为，迄今为止，我们忙于讨论意识与对象的意向关系、我思与我思对象的意向关系，所以，只有那种综合实现在我的面前。"②

从这一交叉点出发，考察德里达与胡塞尔理论兴趣的走向，将会使我们更加清楚地看到他们之间的差异。

在这一交叉点上，胡塞尔对自己提出的问题是：

> 什么东西具体地构成这种为我而存在和如此存在（Für-mich-sein und So-sein）；所涉及的是哪一种现实的和可能的意识？这种意识的本质又是什么？③

在这段话里有三个关键词：构成、意识和本质，它们代表了胡塞尔接下来的理论走向，"意识"代表研究领域，"构成"指的是研究视角，而"本质"则表示研究的原则和目标。这三者缺一不可，因此，胡塞尔既谈到"先验生成"（transzendentalen Genesis）和"发生现象学"（genetische Phänomenologie），也谈到"本质现象学"（eidetische

---

① J. Derrida, *Le problème de la genèse dans la philosophie de Husserl*, p. 223.
② 胡塞尔：《笛卡儿的沉思》，张宪译，第 84 页。
③ 胡塞尔：《笛卡儿的沉思》，张宪译，第 83 页。着重号为引者所加。

Phänomenologie），但他明确指出，"我首要的事情是要发展一门纯粹的本质现象学"①。道理很简单，胡塞尔首先所关心的是绝然性和严格性问题，生成问题必须从属于首要问题。

但德里达关注的问题与胡塞尔的思路显然有些错位，他认为，由于这些已构成的因素"都以原初时间的层面为前提"，"实质上我们尚未抵达严格意义上的先验生成"。②

看来，他只关注本体论意义上的生成问题，他缺少胡塞尔的另外两个维度：意识和本质（eidos）——当然这也是他不愿接受的。接着，德里达对胡塞尔的这两个维度进行了批评，由于此前已经从基础本体论的角度多次批判过纯粹"意识"的维度，在这里德里达把矛头直接指向胡塞尔的本质学（eidetique）。

德里达的批判理路非常独特，他首先肯定了本质学的意义和价值，甚至把它扩展成一切哲学的前提，然后他采用釜底抽薪的方法将其变为一种第二性的东西，并在此基础上提出了自己的"发现"。

德里达说，如果人们不从先天本质分析开始，人们就不可能声称任何严格性。③同样，根据经验或存在的原初性或某种先于生成的要素而对胡塞尔的本质主义所展开的任何批评，要想有意义，都必须预设一个已构成的本质学。如此一来，一切哲学的假设在其根基处都已准备好了现象学的第一个步骤，这就是说，哲学的绝对开端应是本质主义的。这一规则使形式主义、唯心主义或本质主义（l'eidétisme）成为一切现实的或可能的哲学的开端时的要素。可是，尽管一切反思都应开始于对这种唯心主义的采纳（否则它就永远处于混乱和非本真之中），但我们知道，本质学的因素（les moments eidétiques）由生成在此前构造，因而它是第二性的。这一切使我们只能把辩证哲学看作关

---

① 胡塞尔：《笛卡儿的沉思》，张宪译，第 91 页。着重号为原作者所加。
② J. Derrida, *Le problème de la genèse dans la philosophie de Husserl*, p. 223.
③ 参见 J. Derrida, *Le problème de la genèse dans la philosophie de Husserl*, pp. 225ff.

于生成的唯一可能的哲学。

应该说,德里达在这里对胡塞尔的批评很有道理,实际上胡塞尔自己对此也有清醒的认识,他认为现象学首先是一种静态分析,这一分析远离了普遍的生成以及本我的生成结构。1916年以后向"发生现象学"的转变便是一个证明。

在上述批评的基础上,德里达做出了进一步的引申,这种引申我们不妨把它称之为两个新"发现"。

其一,如前所述,本质学的要素是第二性的,对它的阐明只有从作为中介的生成出发才有可能。德里达在这里也正确地认识到,"它(指一切本质的现象学——引者注)所考虑的不是生成本身而仅仅是已经在世界的基础上建立起来的生成的现象学含义"①。现象学,如同一切唯心主义哲学一样,它的本质学的反思总是假定了一个已构成的本体论。但问题是,"如果唯心主义由时间存在的有限性所构成,那么,生成的纯粹普遍的本质学便是不可能的"②。因此,唯心主义,包括现象学,必须走向它的反面,即走向基础本体论。

这又让我们回到极为困难的"范畴直观"或"本质直观"问题,在胡塞尔看来,我们从"有限的存在"出发,经过"本质还原"和"本质直观",一定能够到达"纯粹普遍的本质学"。但从上文中我们看得出,德里达显然对"本质直观"持否定态度。

其二,德里达认为,胡塞尔在此本应走向生成的本体论,但他却在本质主义生成理论的道路上越走越远,但正是在这里,一种更为严重的不充分被掩盖了。

胡塞尔的生成的本质学包含两个普遍性原则:主动生成的原则和被动生成的原则。主动生成是一种主动的构造和意向性的激发与"再

---

① J. Derrida, *Le problème de la genèse dans la philosophie de Husserl*, p. 228.
② J. Derrida, *Le problème de la genèse dans la philosophie de Husserl*, p. 228. 着重号为引者所加。

造",它的出发点是"我",是同一性的、单子式的主体,"在主动的发生中,由于自我独特活动的体验,自我起着富有成果地构造对象的功能"①,它是一切含义的绝对的唯一源泉;而被动生成是某种预先被给予的东西,是"作为单纯的物(blosses Ding)而在此存在着(daseiendes)的对象"②,一般来说,这些对象都已经失去了其"精神的"或"文化的"特征,例如作为原本性而被给予的一把锤子、一张桌子、一件艺术作品等。

德里达认为,胡塞尔的"主动生成说"遇到两个困难③:首先,由于主动生成的一切要素从本质上讲都是构造性的,从这一点上看,本质还原便失去了其必要性,先验与经验之间的划分也没有任何意义。在这里我们遭遇到原存在的硬核(noyau),这一硬核与它的本质辩证地保持一致并抵制一切"想象的变更"和本质还原。其次,某些位于主动性领域内部的对象根本上是由主体的总体性所创建,这些对象由单子式的本我所构造这一明见性(l'evicence)本身暗示了它是由"他我"(alter ego)或多个"本我"(egos)在过去、现在或者未来所构成的,这样我们便在主动生成中引入了不可还原的被动性,这是一个致命的问题。

胡塞尔是否意识到德里达所提出的这些困难呢?答案是肯定的。第一,虽然一切源于先验生成,但经验对先验的覆盖却具有某种必然性,因此对日常观点进行本质还原是必要的。第二,胡塞尔曾非常谨慎地把主动性建立在被动性的基础之上,"总之,任何由主动性所建立起来的东西都必然要假定,作为最低层次的被动性预先地给予了某种东西。当我们追溯任何主动地建立起来的东西时,我们总会碰到被动

---

① 胡塞尔:《笛卡儿的沉思》,张宪译,第97页。
② 胡塞尔:《笛卡儿的沉思》,张宪译,第98页。
③ 参见 J. Derrida, *Le problème de la genèse dans la philosophie de Husserl*, pp. 229-230。

地生成的构造"①。正是由于对"原存在"和"被动生成"的认可，胡塞尔才会进一步强调本质还原的必要性以及先验与经验之间的划分所具有的意义，因为主动性虽然离不开被动性，但它并不停留在被动性上面，而是把被动性纳入其中，"在被动的直观中预先给予的物理东西（Ding，physical thing）继续在一个统一的直观中呈现出来"②。第三，胡塞尔对"他我"问题不仅没有回避，而且专辟一章做过深入的"沉思"（即"第五沉思：作为单子论交互主体性的先验存在领域的揭示"）。在沉思的一开始，胡塞尔便提出"其他的自我"这一重大问题：

> 其他的自我又如何呢？他们确实不是在我之中单纯的表象和被表象，不是在我之中可能证实的单纯综合的统一体；根据他们的意义，应该恰好就是他我。③

从德里达和胡塞尔两者的思路上的不同，我们可以看出德里达的理论支援背景与胡塞尔的相异性，如果说胡塞尔的支援背景是此前形成的现象学的目标和方法，那么，德里达一直固守着的却是他的"污染的"辩证法和海德格尔的基础本体论。

第二十四节 "被动生成"说与本体论

显然，胡塞尔和德里达都注意到被动生成的特殊重要性。但是，他们的出发点和目的地却是不一样的。对胡塞尔来说，正如我们所指出的那样，为了追求绝然性和严格性，他的出发点必然是主体或先验主体，就是说，必然从意向活动－意向相关项出发。掌握了这一点，

---

① 胡塞尔：《笛卡儿的沉思》，张宪译，第 98 页。
② 胡塞尔：《笛卡儿的沉思》，张宪译，第 98 页。
③ 胡塞尔：《笛卡儿的沉思》，张宪译，第 113—114 页。着重号为原作者所加。

我们就能理解为什么在胡塞尔看来被动性只是主动性的一个要素：

> 当这些精神活动制作它们的综合产品时，被动的综合仍然继续为它们提供各种"质料"（material）。在被动的直观中预先给予的物理东西继续在一个统一的直观中显现出来。①

对德里达来说，从辩证法和基础本体论出发，胡塞尔的"被动生成"的地位便受到了强烈的质疑。德里达的真实目的是想从"被动生成"中为现象学引入本体论并将先验单子论的"本我"以及全部的先验唯心主义还原为一种第二性的因素。德里达指出，由于这样的"质料"和被动性只是一个抽象的概念，它们无法回到任何原初明见性，所以，胡塞尔在这里仍囿于形式唯心主义。德里达逆胡塞尔的表述而问道：

> 为什么主动性本身不是被动性的一个变样？②

在德里达的眼中，被动综合应该是对纯粹存在的体验，是先于理论主体的先验构造，正是它使存在与客观性的硬核成为前范畴之物，但它本身不可能被还原到本质说明，而胡塞尔仅仅把它看作主动生成的可能性条件，甚至在《笛卡儿的沉思》第 38 节的第二部分中还暗中把它置入括号之中。

德里达还巧妙地利用"爱多斯"（eidos）与意向性之间的关系来论证被动生成在本体论上不可剥夺的地位。德里达指出③，如果 eidos 只有在被先天直观注视并成为意识主动性的意向相关项时才能如其所是

---

① 胡塞尔：《笛卡儿的沉思》，张宪译，第 98 页。
② J. Derrida, *Le problème de la genèse dans la philosophie de Husserl*, p. 231.
③ 参见 J. Derrida, *Le problème de la genèse dans la pℎilosophie de ℎusserl*, p. 231.

地显现，那么被动生成的本质学地位是什么呢？认为被动构成的客体的本质并非意向性地构成，这就把意向性限制在一种被动的运动中，这难道不是在主动中形式地包含了现实之物或"自身"与构造性意向性相异的东西吗？在这里，形式主义与唯物主义走到了一起。我们也可以说，现象学与本体论相互融合。

那么，现象学与本体论，或者说，形式主义与唯物主义，它们之间的关系是怎样的呢？我们发现，这时德里达的辩证法派上用场了。他认为，被动综合只有在它相对意向意识而言成为现象时才能作为综合出现。① 如果对象的统一性完全在被动性中被构造，那么任何先验主动性都是不可能的。基质（substrat）的实在的统一性，不管是时间的还是感知的，都不能代替对象含义的统一性。反过来，含义的统一性本质上须回到经验的或感知的基质的实在的统一性。因此，直观的这种统一性是原初综合的，只有通过一种前谓词的时间与现象学的时间之间的辩证法，它才是可能的。特别值得一提的是，德里达在此处的一个注释中对"原初综合的直观"做了一个颇有意味的引申：

> 直观的绝对统一性可能只是一种直观的纯粹形式而已，这一直观从本源上说可能不过只是一种"形式上的直观"；从本源上说，它不是对某物的直观。②

这句话也许是对"延异"的一种不成熟的表述。

借着辩证法所获得的结论，德里达对胡塞尔现象学的本体论匮乏进行了分析和批判。德里达注意到胡塞尔对被动综合所做的说明：

---

① 参见 J. Derrida, *Le problème de la genèse dans la philosophie de Husserl*, p. 233。
② J. Derrida, *Le problème de la genèse dans la philosophie de Husserl*, p. 233.

> 在明显的被动综合中，这一个物理的东西以它的一种形状及其他统一的诸特征显现出来。但恰好这种综合，作为具有这种形式的一种综合，在综合本身中表示出它的"历史"。①

他部分地引用了这句话并做了进一步的展开：在自身中展现的历史从定义上讲具有意向的含义，它是现象学的历史——我们刚才已看到，现象学的历史是以实项的（réel）历史为前提的。但是，当胡塞尔说由被动生成所设定的历史自身展开时，他已经中断了现象学与本体论之间的辩证法。在自身中展现的历史被先天地还原到现象学和意向性的含义，这一含义不再在真正的生成中诞生，而是先在于它并包含着它。在这个意义上，德里达评价道，"这样，我们虽然挽救了本质学的严格性，但同时却改变了或删除了生成"②。

德里达的分析自有其深刻之处，但从另一个角度来看，恰恰在这里暴露出了德里达与胡塞尔在视域上的根本区别，对此，德里达似乎有清醒的意识：

> 胡塞尔只对生成的已构成的产品的先天观念形式感兴趣。他正是从这里出发的。在这里，并非生成构造的先验行为为自身提供意义，而是先天可能性的条件与形式才使生成本身成为可理解的。③

如果德里达已经认识到，在现象学那里，生成学的研究是为严格性服务的，它永远处于从属的地位，那么，德里达就应该承认，胡塞尔删除生成以拯救现象学的严格性是有道理的。

---

① 胡塞尔：《笛卡儿的沉思》，张宪译，第98—99页。
② J. Derrida, *Le problème de la genèse dans la philosophie de Husserl*, p. 234.
③ J. Derrida, *Le problème de la genèse dans la philosophie de Husserl*, p. 236.

如果我们从德里达后来的解构主义立场往回看,这里的批评并无特别的意义,倒是德里达在认可胡塞尔结论的基础上有可能做出的引申,反倒有希望开辟一片新的天地。

德里达所认可的胡塞尔的说法是,"在那里,我们马上就碰到了支配知觉新综合的一种被动形成活动(它部分地先于所有的主动性,部分地在所有主动性本身中获得)的本质规律"①,然后从中分析出被动综合的特殊性质——未完成性。一方面,被动综合总已开始,因为它"部分地先于所有的主动性",因此它永远无法为主动性所穷尽;另一方面,被动综合从未完结,原因在于,它是"部分地在所有主动性本身中获得"的,就是说,部分被动综合的因素只有通过主动综合在意向性上的激发(animée)才成为可能,而主动性在意向上无论是回溯还是前摄都是无限的,这便导致被动综合永远无法结束。由于被动综合在这两个意义上是未完成的,由于作为历史主体的"本我"是无限发展的,也由于意向的回溯和前进在原则上是无限的,因此,我们无法把握含义的绝对性。

显然,从这里我们可以引申出两个结论。其一,含义的绝对性和原初性是幻想;其二,这一幻想之所以是幻想,并非因为它是荒诞不经的,而是由于绝对性和原初性的理想被遥遥无期地延迟了。从后来解构学的立场来看,得出这两个结论的确很容易,但对于此时的德里达来说,要迈出这一步真是太难了。

---

① 胡塞尔:《笛卡儿的沉思》,张宪译,第99页。译文略有改动。又参见 J. Derrida, *Le problème de la genèse dans la philosophie de Husserl*, p. 235。

第四章　生成与目的论

第二十五节　先验目的论出现的必然性

根据德里达的考证,哲学的目的论概念第一次在《笛卡儿的沉思》中出现,此后一直在胡塞尔的沉思中占据特殊地位,在《欧洲科学危机和超越现象学》(以下简称《危机》)和《几何学的起源》中以一种可证实的历史哲学的方式得到进一步的展开。

顺理成章的问题是,胡塞尔为什么要思考目的论问题?目的论概念在胡塞尔现象学中的地位如何?

现象学内部的学者一般认为,通过意识的流动,主体与自身形成"原差异",这便是自身觉知的前提,在被动生成中所孕育的联想已经是一种"朝向",这其中已经包含着目的论的含义。随着"原差异"和"朝向"的历史的展开,单子式的个体逐步走向"交互单子"的共同体和"大全单子"的共同体。因此,可以得出这样的结论,从某种意义上说,胡塞尔的全部现象学研究都致力于对主体性的自身构造进行描述[①]。

但德里达对此却另有一套看法。我们知道,目的必须在时间过程

[①] 参见倪梁康:《胡塞尔现象学概念通释》,第451页。

中展开，也就是说，目的必然具有自己的历史性。在德里达看来[1]，胡塞尔本来一直认为历史问题仅仅与经验科学相关，乃是"世间的"事件，只具有因果性，可是由于两个方面的困难，胡塞尔不得不走入先验目的论的领域：其一，由于被动生成悄悄地把已构成的世界重新引入到先验领域，这使历史的阐明成为必要；其二，从单子论的本我出发考虑其被动生成，这是非常之难的。被动生成缺乏由本我的主动性所产生的意向性含义，因此，为了拯救先验唯心主义，被动生成就不可避免地受到某种意向性的原初的激发，这就是先验目的论的作用。这两个困难看来不可克服，在这种情况下，胡塞尔的现象学中突然出现了"目的论"这一观念，以拯救先验唯心主义。

这样的先验目的论真的能够拯救先验唯心主义吗？它自身的生成与结构又是怎样的？让我们来看看德里达的分析。

第二十六节　目的论观念批判

在德里达看来，先验目的论不仅不能拯救先验唯心主义，反而适得其反。德里达主要从以下三个方面对目的论观念展开批判[2]。

第一，它违反现象学的"一切原则之原则"：被给予性和明见性原则[3]。先验目的论为了忠实于自己的使命，必须先于一切主动性构造、先于一切主体意识的觉醒，但问题是，这样一来，这个目的论本质上不可能在一个原初的明见性中被给予一个具体的主体，这样的意向性便有可能成为一种超主体的、超时间的或全时间的主动性。这会不会

---

[1] 参见 J. Derrida, *Le problème de la genèse dans la philosophie de Husserl*, pp. 247-248。

[2] 参见 J. Derrida, *Le problème de la genèse dans la philosophie de Husserl*, pp. 248ff。

[3] 胡塞尔曾对"一切原则之原则"有过明确的定义："每一种原初给与的直观都是认识的合法源泉，在直观中原初地（可说是在其机体的现实中）给与我们的东西，只应按如其被给与的那样，而且也只在它在此被给与的限度之内被理解。"（胡塞尔：《纯粹现象学通论》，李幼蒸译，第84页）德里达在下面的分析中重点抓住的是"被给予性"和"明见性"，是符合胡塞尔的本意的。

走向形而上学和先天形式主义？这难道不会推翻现象学此前的所有结论吗？连胡塞尔也有类似的担心。

德里达注意到胡塞尔的一个辩解："我们都有预感，在概念缺乏明晰性的地方，它能自我辩护。"① 但他随即指出，这种表述风格是胡塞尔非同寻常的（inhabituell）地方。德里达的意思是，讲究"明见性"的胡塞尔在观念生成上怎么会拿"预感"来代替"明见性"？换言之，无限使命的观念如何能在纯粹的有限性中自我构造？在某种意义上，难道无限性不是已经出现在人类的有限性之中了？如果是这样，它为什么还要在有限性中自我揭示？德里达据此得出结论：

> 只有抛弃本质学的观点（它无法探讨观念的生成）并转向新的本体论，才能忠实地描述、体验（因为它也事关理论的"使命"）或再体验这一生成。②

但是应该指出的是，德里达对胡塞尔"明见性"的理解具有局限性。如前所述，胡塞尔的明见性，不仅仅是对象直观的明见性，也是范畴直观的明见性，就是说，无限观念在范畴直观中是可以得到明见的直观的。乍一看，这种"明见性"与对象直观的明见性有些不同之处，它甚至掺杂了"预感"之类的东西，但即使像对象感知这样的明见性，其中不也包含着"侧显"的成分吗？我们应该特别注意的是，胡塞尔并不追求对完整对象的巨细无遗的"看"，他也不希望得到纯粹的、没有任何"污染"的"现象"，他追求的是本质和范畴的显现，是观念和意义得以生成和自身展现的绝然性的过程。

第二，德里达对目的论的形成和结构进行追问，目的论观念的起

---

① 引自 J. Derrida, *Le problème de la genèse dans la philosophie de Husserl*, p. 255。
② J. Derrida, *Le problème de la genèse dans la philosophie de Husserl*, p. 256.

源是什么？这一观念的先验主体是什么？它是在意向相关项（noéme）中被构成还是与主体自身的意向相关项的（noématique）运动相一致？德里达指出，胡塞尔的意思似乎是，目的论观念的明见性方式是一个绝对的例外，它是唯一一个不再奠基于它自身之外的他物之上的观念。

其实德里达的上述追问在现象学的领域内是有正面答案的。我们根据倪梁康先生的现象学研究[①]来对德里达的这几个问题做出尝试性的回答。目的论观念的先验主体正是主体性自身，这一观念起源于主体性的流动，也即意识的流动。它既在"意向相关项"（noéme）中被构成，同时也与主体自身的意向相关项的运动相一致，这是因为，意识的流动导致主体与自身形成"原差异"，从一开始，自我的本己自身便具有了自己的对立面，正是在此基础上所进行的"联想性时间化"才具有了目的论的含义。"原差异"的出现表明对目的论观念的意向活动是在意向相关项中进行的，但它同时又处于主体性自身之内。

第三，德里达对胡塞尔最有力的反驳体现在德里达对目的论与历史性、先验论与经验论之间关系的思考上。他说，这一目的论的必然性不应该受到经验事件的连累，它主宰着"世间"历史的构造本身，它自身在本质上是不可动摇、不会腐朽的。但甚至连胡塞尔自己也提出了一个基本的问题：目的论观念对某些主体来说，在历史的某些阶段，在世界的某些地方如何会遭到推翻、忽略、曲解、遮蔽甚至遗忘？先验目的论的"危机"如何可能？经验事件（如果它只是被构成的）如何"覆盖"并"遮蔽"其构造行为本身？

德里达还特别以胡塞尔对两种"欧洲"的区分为例说明了这其中所蕴含的矛盾。

胡塞尔在"维也纳会议"上指出，欧洲承担了纯粹先验本我与目

---

① 参见倪梁康：《胡塞尔现象学概念通释》，第451页。

的论观念的经验化身之间的中介作用,当然,这里的欧洲不是在"世间的"意义上(例如在地理学、政治学和经济学等意义之上)被理解的,从这里出发不可能严格地规定欧洲的本质统一性,而应从一个观念,从一个纯粹的、先天的含义出发去理解欧洲。然而同时胡塞尔又认为:

> 欧洲有一个诞生的地方……这个国家就是公元前7世纪—公元6世纪的古希腊……希腊人已经提供了哲学的规范,换个词,这个术语所表示的便是普遍的科学、一切世间的科学……这一原现象从精神的观点赋予欧洲以特征。①

德里达敏锐地觉察到胡塞尔在这里的自相矛盾:胡塞尔一方面认为哲学的观念不再由"现实的"经验的欧洲所产生,在这个意义上,事实的欧洲应置入括号。我们应该可以用亚洲或非洲代替欧洲,这当然符合"想象变更"的原则。可是另一方面,胡塞尔又精确地提到"公元前7世纪—公元6世纪的希腊""国家",这难道不是一种虚构或隐喻?它只关涉偶然的例证吗?肯定不是。它涉及的是实在的、不可替代的事实以及实际历史的必然性。这一切不能通过想象的变更、虚构或本质的还原而获得。

通过上面的分析,德里达得出了(或者不如说进一步证实了)他的结论。我们既不能像胡塞尔那样认为先验观念先于存在,因为这样会导致上述矛盾,也不能反过来认为存在先于观念和真理,因为,如果对真理的原初揭示后于存在的运动,这不又导致把这一存在看作纯粹经验的、现实的、心理学的吗?因此,先验与经验应原初地蕴含在

---

① 引自 J. Derrida, *Le problème de la genèse dans la philosophie de Husserl*, p. 250。

存在之中，这一存在完全"在世中"（dans-le-monde），但它向着存在的真理而敞开。正是在希腊人的存在中，这一"人类的现实性"才会出现，在其中本质与存在达到一致并在海德格尔的意义上使"存在分析"和"人类学"成为对象。于是，下面的结论便顺理成章，

> 至少就时间的同一辩证法以及存在与时间的同一个先天综合而言，目的论同样既是对历史的生产（production）又是历史的产物（produit）。①

在这里，德里达的理论基础尽显无遗。海德格尔及其"在世中"的思想已经从作为思考背景的后台直接走到了前台，先验与经验、存在与真理之间的辩证综合也成为强有力的思辨工具。

值得一提的是，这一思辨工具也赋予了年轻的德里达以嘲笑胡塞尔的"欧洲中心论"或"欧洲优越论"的勇气。胡塞尔说：

> 只有欧洲才有一个"内在的目的论"、一个意义，而印度或中国只是一个经验的、社会学的类型。欧洲具有精神形象的统一性。②

德里达针对这句话讥讽道：

> 难道说哲学的创立把处于地理学与历史学的延展之中的人类划分为两个家族（其中有一个家族局限于经验类型），一个包含欧洲人——他们先于欧洲精神的来临，另一个包含非欧洲人？这一

---

① J. Derrida, *Le problème de la genèse dans la philosophie de Husserl*, p. 249.
② 引自 J. Derrida, *Le problème de la genèse dans la philosophie de Husserl*, p. 253。

假设使人哑然失笑。①

德里达接着追问说，如果欧洲人在意识到哲学目的之前有一过去，这难道不会导致欧洲人与哲学目的之间的断裂吗？还有，对哲学的无限任务，欧洲人如何从不知过渡到知呢？经验主体性已经掩埋了原初的先验主体性，现在的我们如何严格地区分它们？既然先验可能性总已在此，揭示它们的行为是先验的生成还是经验的生成？去掉掩埋是一种历史的偶然吗？如果无限任务总已原初地在此或是一种可能性，那么，获得这种意识的行为本身便不是原初的，而这会毁掉这一目的论的基础。

在某种意义上，我们可以说，德里达的评述开创了后殖民理论的先河。如果胡塞尔还能够为自己辩护的话，那便是彻底放弃"欧洲中心论"思想，不再武断地把印度或中国仅仅看作是一个社会学的类型，仅仅保留他的初始理想：严格性和绝然性。这就意味着，自然科学也好，人类历史也罢，若要具备可靠的基础，都必须经过意识领域的洗礼，即通过本质还原和先验还原，使它们最终建立在先验观念和先验主体性之上。另一方面，如果我们放弃情感性的偏好，我们就能坦率地承认，本体论、逻各斯、终极目的论等形而上学观念完全为所谓的"欧洲精神"所独有，但并不因此就能推断出，"印度精神"或"中国精神"不及"欧洲精神"高大，晚期的德里达所持的正是这种态度②。不过，此时的德里达对此也是有所感悟的："他的反思主题仍是理论态度，尽管他已经认识到这一态度在本源上并非构造性的。他花了好些篇幅致力于理论态度的生活及其相关页。"③——这段话至少说对了一半。

---

① J. Derrida, *Le problème de la genèse dans la philosophie de Husserl*, p. 252.
② 参见陆扬：《中国有哲学吗？——德里达在上海》，《文艺报》2001年12月第4期。
③ J. Derrida, *Le problème de la genèse dans la philosophie de Husserl*, pp. 257-258.

第二十七节　原意向与后生成的"现象学循环"

自然科学与人类历史是怎样经过了意识领域的洗礼的呢？胡塞尔在《几何学的起源》中以对几何学的先验还原为例对此做了极富启发性的探索。胡塞尔指出：

> 我们的兴趣是回溯地追问最原始的意义，在这个意义中几何学第一次形成并作为传统千百年来一直在此但又不是对我们而在此，而且还处于活生生的继续运行（Fortarbeit）之中。[1]

这里的回溯不是追寻第一个几何学家是谁，不是询问第一个几何学原理是什么，更不是上溯到几何学产生的年代和事件，而是要明见地追寻到几何学的原含义和几何学在形成时的原意向。几何学的历史之路漫长曲折，其中不乏遗忘和断裂，该如何进行回溯呢？胡塞尔提出了非常独特的思路，即所有科学都具有一个来自沉淀的传统的运动，同时又总会产生和创造出新的传统和意义构成物（Sinngebilde），它们又成为进一步研究的工作材料（Arbeitsmaterialen），由此形成了一种历史视域（Horizont）和时间视域[2]。我们也可以反过来说，从当代科学的观念出发，以科学的意向性沉淀为桥梁，往回追溯观念之前的观念以及意向之前的意向，这样会形成一个不断后退的视域，借助于这一视域的运动，我们便有可能返回到科学（几何学）的第一次制作（Erzeugung），即返回到原意义和原意向。

德里达对胡塞尔的这一思路的把握总体上是准确的。他看到，在

---

[1] E. Husserl, *Husserliana VI*, Den Haag, 1954, S. 366.

[2] 参见 E. Husserl, *Husserliana VI*, S. 378。

维也纳会议之后，胡塞尔的全部文本（主要的研究文本有两个，《几何学的起源》和《形式的和先验的逻辑》，但只有前者才提出了这一分析的技术）都在发展一个同样的问题：从历史的-意向的分析出发，我们如何能"重新激活"（réactiver）意识之历史的行为和产物的原始含义？他也看到，从创造者的原初出发，生成并不包含一条因果链，它是一个"连续的综合"，在其中一切产物都在场并具有价值，它们形成了一个总体性。在每一个现在中，"总体的产物"（Totalerwerb）都是更高阶段生产的总的前提。

但德里达并不同意胡塞尔的这条思路。他说，如果一切想为一个命题提供奠基的研究者都必须在科学的总体性中穿过其中所包含的全部链条并抵达原前提（Urprämissen）的话，这将使科学的发展变得不可能，"实际上，在单纯科学活动的层面上，在这一活动的全部哲学的'意识'之内，'隐含的和间接的'再激活已经足够了"[①]。

初看起来，德里达在这里似乎仅仅从常识出发，认为科学的发展以前此的进步为前提，不必也不可能每一次都回溯到科学的原点。这一观点从常识上说，甚至从科学发展史的角度说，无疑都是正确的。实际上，胡塞尔本人也同意这种观点：

> 他在继续进行的现实的研究工作中必须穿过所有奠基性的无数链条直至原前提（Urprämissen）吗？他必须现实地重新激活全部链条吗？很明显，这样一来，像我们现代几何学这样的科学就会成为完全的不可能。[②]

但从哲学上说，德里达的这种说法恰恰背叛了胡塞尔的现象学思

---

① J. Derrida, *Le problème de la genèse dans la philosophie de Husserl*, pp. 262-263.
② E. Husserl, *Husserliana VI*, S. 373.

路，因为胡塞尔关注的并非科学的确然性发展，而是科学的绝然性基础。一切"隐含的和间接的"再激活都是不够的。

但德里达并没有囿于常识的批评，而是从哲学的高度对胡塞尔的这一理路进行了思辨性的考察①。要想完全地、直接地阐明再激活的过程，必须在态度上来一个彻底的转变。这个态度便是还原的态度：还原掉一切中介的因素、一切科学所构造的因素，即将几何学的传统以及智者的一切活动置入括号。可这种传统以及"传统性一般"正是再激活的先天可能性之条件。传统的沉淀必须被还原，以使我们走向原初的基础，可同时正是由于这一传统和沉淀，才使这一回溯成为可能。

乍一看，德里达此处所设立的二难选择很有说服力，但他对现象学的"还原"概念的理解有些偏差。"还原"的确是"加括号"，但它并不意味着把括号之内的东西删除掉或者规定为"虚无"。加上括号意味着把它中立化，即既不把它设定为存在，也不把它设定为非存在。另外，需要指出的是，在"还原"掉现实对象的存在之后，进入到意向活动之中并成为意向相关项的对象完全可以作为进一步思考的前提和中介。胡塞尔正是这样做的：

> 我们发现自己处于一种循环论证之中。对开端的完全理解只有从在其现显的（aktuell/actuelle）形式中被给予的科学开始并对其演化进行回溯性的考察才有可能，可是如果没有对开端的理解，这一作为意义之演化的演化也是沉默不语的。我们别无选择：只能是瞻前顾后，走一条"之"字形路线：在这种循环往复中，一个给另一个提供帮助。②

---

① 参见 J. Derrida, *Le problème de la genèse dans la philosophie de Husserl*, p. 263。
② 引自 J. Derrida, *Le problème de la genèse dans la philosophie de Husserl*, pp. 263-264。着重号为引者所加。

德里达援引了这段话，但对"现显的"这一概念的意义似乎未加关注，但我认为，这个概念极其重要，它直接关系到对胡塞尔这段话的解读。"现显的"以及与之相关的"现显性"概念决不能从现实存在的角度来理解，它与感知和意向有着本质的联系。倪梁康先生曾指出，"在胡塞尔的意向分析中，'现显性'概念占有中心位置"①。既然"现显的"这一概念属于意向分析领域，那么"在其现显形式中被给予的科学"自然能够得到存在上的设定，于是，由它作为回溯和"再激活"的中介也就不会产生任何矛盾了。由此可见，德里达所谓的"二难推理"是一个虚假的推理②。顺便指出的是，胡塞尔在此处所提及的循环（我们不妨称之为"现象学的循环"），不禁让人想起"解释学循环"。

但德里达也得到了自己的收获，这也是辩证法的收获。他从辩证法的角度对胡塞尔的上面这段话作了进一步的引申：

> 如果这一"之"字形方法是基本的，且不可取消，那么，当我们抵达最原初的构造性源泉时，被构成者总已在那里了。所谓再激活的先天可能性总会以某种在此存在的形式预设了一种被构成的传统。③

被构成的传统，其存在方式如何？德里达从时间构造的辩证法这一角度对这一问题做了回答："现在"或"活生生的在场"的原初性在

---

① 倪梁康：《胡塞尔现象学概念通释》，第28页。
② 实际上，德里达在八年后所写的《起源》中就已经认识到这一问题：胡塞尔在《纯粹现象学通论》第1节、第56节中仍把一切自然科学、精神科学放入括号，但应该注意，历史的"被给予性"是作为事实（Tatsachen）而非作为规范（Normen）被置入括号的。胡塞尔此时的历史仍是事实的历史（Tatsachengeschichte）。（Jacques Derrida, *Husserls Weg in die Geschichte am Leitfaden der Geometrie*, S. 57）
③ J. Derrida, *Le problème de la genèse dans la philosophie de Husserl*, p. 264.

其原初的、创造性的显现中奠基于预先已被构成的因素的滞留之上。①如果这一纯粹的事实性（即创造的原初时刻所预设的传统）不是由人的主动性所构造，那么，这一主动性的第一因素便是已构成的含义与预先被构成的（préconstitué）事实的原初综合。

原初性是什么？是综合，是含义和事实的综合。这是一个平淡无奇的辩证的答案，与此前的回答并无多大的不同。但德里达的可贵之处在于紧追不舍，继续推进自己的问题思路。他说，如果这一原初综合不可避免，

> 那么纯粹的原初性是什么？它是先验的还是事实的？如果先验性与事实性之间的综合是原初的，那么，"之"字形的回溯方法的必然性难道不是无定限的（indéfinie）？②

从"无定限"出发，德里达得出了什么结论呢？让我们来做一个概括。德里达的显性结论是，纯粹的原初性是纯粹的综合性，真正的原意向是后生成的（postgénétique），胡塞尔把历史的哲学规划（projet）与哲学的历史规划相混淆；但在得出显性结论的同时，德里达在此又一次于无意中触及到"延迟"思想。他从胡塞尔的"之"字形回溯方法领悟到，如果每一次向原初性的回溯，其结果只是回到更为原初的综合性，那么，回溯活动本身将会无限地进行下去，换个视角来说，第一次的生成、原初的意向将会被无限地延迟。

从这里我们不难发现，后面的结论虽是隐性的，但与前面的显性结论明显具有内在的关联，就是说，综合必然会一再地推迟纯粹的生成。只要德里达坚持先天综合的必然性和辩证法的不可替代性，"延

---

① J. Derrida, *Le problème de la genèse dans la philosophie de Husserl*, p. 264.
② J. Derrida, *Le problème de la genèse dans la philosophie de Husserl*, p. 264.

迟"概念成为课题是迟早之事。

应该指出的是，此时的德里达对这一隐性的结论并不自觉。他对未来的解构主义理论具有决定性意义的发现只是一笔带过，反而浓墨重彩地描述了胡塞尔现象学分析的局限性[①]：胡塞尔的构造仍在意向活动—意向相关项的层面上进行，我们已经发现它是一种静态的构成，它奠基于生成构造之上，唯有生成的阐明才能绝对地为实在分析与意向分析之间的区分奠定基础。一言以蔽之，德里达的意思无非是说，胡塞尔还没有达到生成的层面。

第二十八节　先验主体性的生成和运动

正如胡塞尔自己所言，《危机》是他"对处在紧要关头的科学形势和哲学形势的根源做目的论的—历史的思考，论证转向先验现象学之不可避免的必然性尝试"[②]。胡塞尔在这部引起广泛关注的著作中首先指出，欧洲人陷入了根本的生活危机之中，这一危机的表现就是科学的危机，科学的危机是科学所具有的生活意义的危机，它起源于普遍哲学理想的瓦解。哲学理想的瓦解与近代物理主义的客观主义的兴起相伴而行。为了恢复理想，恢复对人的意义和科学的价值的尊重，必须回到先验主体性，即回到先验现象学。

德里达对胡塞尔的整个先验现象学思路表示不满，他首先把精神危机与先验现象学对立起来。他指出，如果胡塞尔认为，人们把仅仅是先验主体性的产物的东西通过"客观主义"或"自然主义"的分离使它成为绝对的自主性，精神危机由此而滥觞，那么可以说，胡塞尔没有看出全部危机的历史意义，也没有忠于他的意向本身。胡塞尔把

---

① 参见 J. Derrida, *Le problème de la genèse dans la philosophie de Husserl*, p. 265。
② 胡塞尔：《危机》，张庆熊译，台湾桂冠图书股份有限公司 1992 年版，第 xxxi 页。

构造性的主体性当作解释危机与克服危机的原则，这使他把意向性局限于主动性的运动，这种局限让胡塞尔不得不拒绝这一可能性：通过某种本质的运动，哲学的观念可能被导向异化。

> 在最后的努力中，为了摆脱时间的辩证法，胡塞尔难道没有被迫放弃现象学的基础：先验意向性、回到实事本身、先天本质直观、含义和存在的先天综合等等？①

其次，德里达也质疑了胡塞尔对诸思想家所做的"意向性的精神分析"（利科语）。众所周知，胡塞尔在《危机》中对伽利略、笛卡儿、休谟和康德等人的思想进行了深刻的解剖并据此生动地说明了客观主义、自然主义、非理性主义与哲学的普遍使命和理想以及先验主体性和先验现象学之间此消彼长的过程。德里达按照胡塞尔的思路把这一过程重新描述了一遍，紧接着他便向胡塞尔发出质问：

> 为什么在今天哲学的任务才向我们清晰地显示出来？胡塞尔为什么如此这般地选择了这样的思想家来描述先验动机的形成变化？为什么这一哲学的历史在康德以及模棱两可的德国唯心主义之后便停止了？②

德里达在这里用询问代替了论证过程，直接得出了这样的结论：

> 看来所有这些事实的课题性含义都是纯粹偶然的。③

---

① J. Derrida, *Le problème de la genèse dans la philosophie de Husserl*, p. 273.
② J. Derrida, *Le problème de la genèse dans la philosophie de Husserl*, p. 280.
③ J. Derrida, *Le problème de la genèse dans la philosophie de Husserl*, p. 280.

德里达在这里的批判缺乏理论上的力量且有欠公允。第一，胡塞尔所关心的是当代危机的根源，德里达要求胡塞尔能够用他的先验现象学理论解释全部历史的危机和含义，这似乎超出了《危机》这部著作的主题。第二，胡塞尔在任何时候都没有放弃对意向性概念的使用，没有了意向性，现象学就会蜕变为实证主义或心理主义。客观主义或自然主义虽然拒斥人的作用和主体的意向性功能，但这并不能证明它真的排除了主体性和意向性的存在。胡塞尔明确指出：

> 当谈论"客观性"的时候不考虑经验这种客观性、认识这种客观性、实际地具体地造就这种客观性的主观性，这是一种素朴的观点……一旦我们注视到了这种生活，这种素朴的观点自然就不再可能站住脚了。①

在先验现象学内部，意向性和主体性的存在更是不可或缺的前提，一切科学及其历史的基础都是"人的生活"，而人的生活是一种有目的的生活，这种生活的核心是人的意识生活，也即"自我的意向的生活"。第三，德里达的质问从单纯的经验论立场出发，无法动摇胡塞尔作为危机分析的例证的深刻含义。不过应该指出，德里达对意向性的局限性以及对本质直观的批评还是有一定道理的：意向性与被动综合的矛盾，这一点，我们已在前文介绍过，这里不再赘述；至于"本质直观"，它的问题在于很难与目的论协调统一②。

造成这种批判状态的根本原因是德里达的理论背景与胡塞尔的有意识的叙述方法之间的冲突。德里达当时在理论上的重要的支援背景

---

① 胡塞尔：《危机》，张庆熊译，第104页。
② 《危机》的译者张庆熊先生在"译者的话"中也指出过这一问题："《危机》中强调的'目的论的历史的解释方法'又怎么能跟他以前所提倡的'本质直觉'的方法统一起来呢？"（胡塞尔：《危机》，张庆熊译，第xxvii页）

是海德格尔的存在主义，而胡塞尔在《危机》中已经暗含着对存在主义特别是海德格尔的《存在与时间》的间接批判。含义与实存、目的与历史、主观与客观、意向与生活、理想与存在都已在先验现象学的层面上得到展开和论述。

但是我们发现，一旦德里达接受了胡塞尔的总体思路，再利用自己的另一个支援背景——辩证法进行进一步阐发，胡塞尔的思想就会被引向新的道路。在先验现象学批判中，德里达至少有过两次这样合理的尝试。

第一次是对先验主体性自我丧失的必然性论证。胡塞尔也认为，危机就是对先验主体性的"覆盖"以及对哲学理想的"遗忘"：

> 一种被规定的普遍哲学及其方法的理想，造成了哲学的新时代和它的一切发展序列的开端，可以说，为他们奠定了最初的基础。然而，这种普遍的哲学的理想却没有能够在实际上进一步发挥作用，相反地，它遭遇到一场内部的瓦解。[1]

这种瓦解的根源在于人们在某一时刻把一个已构成的单纯的产物看作是绝对的原初性，由此导致观念的运动在危机中自我中断、自我堕落。这是胡塞尔在《危机》中的观点，德里达对这一观点并无多大的异议，但再往前走，他们的分歧就出现了："于是，与胡塞尔所说的相反，危机是历史的内在必然性。"[2] 德里达主要从两个方面加以论证[3]：其一，一切关注（attention）或意向都瞄准（visant）如此这般被构造的产物——这是一个关键时刻，在这里主体性不仅要冒自我丧失的危险，而且必然要自我丧失。因此，一切意向性本质上都包含客观

---

[1] 胡塞尔：《危机》，张庆熊译，第10页。
[2] J. Derrida, *Le problème de la genèse dans la philosophie de Husserl*, p. 274.
[3] 参见 J. Derrida, *Le problème de la genèse dans la philosophie de Husserl*, p. 274。

主义的假设和素朴性，这是由于它的综合特征，即它是对某物的意识。其二，更深地讲，这是由于使这一综合得以可能的时间性：一切时间性的构造在"活生生的现在"的原初性中本质上都包含被构造的过去的"滞留"了的沉淀。时间永远是对危机的推进或克服，在这里，被动构造的因素参与主动构造的原初运动。

第二次尝试是对"延迟"的无意识触及。之所以说是无意识，是因为德里达本来并不想把"延迟"作为一个课题提出来，也不想对它做出证明，他孜孜以求的是哲学的理想、观念和意义在原初性中的状态，他为此也设计了一个两难状况①：或者是，我们假定意义（le sens）已被构成，这样我们便有权回溯性地穿过所有历史以揭示这一目的论，这正是胡塞尔所做的。可这将导致两个危险：第一，这一哲学的被构成的统一性成了一个概念，它封闭于自身，不再向无限任务敞开，不再是意向性的运动。第二，这等于说我们已经暗中承认，由于被奠基于已构成的观念之上，哲学自身成为一个异化的因素，因为哲学所丧失的正是已构成的明见性和素朴性；或者是，哲学的观念是一种意向性的运动，它的统一性通过一系列不间断的异化和觉醒（prises de conscience）而无定限地（indéfiniment）自身构成。于是，一切哲学史的体系都是一种"解释"、一种总是不成熟的"假设"。从理论的眼光看，胡塞尔的步骤不应凌驾于具有自身含义的历史之上，它只是从自身出发的哲学构造与历史构造的一个单纯的环节。

不管我们是从这个两难状况所包含的意义来看，还是从德里达后来的哲学发展来看，唯一有价值的东西便是"无定限的自身构成"，从这里再向前迈出一步，便是被无限推迟的原初性和明见性："我们不停地走向原初性，但从未抵达。"②

---

① 参见 J. Derrida, *Le problème de la genèse dans la philosophie de Husserl*, pp. 281ff.
② J. Derrida, *Le problème de la genèse dans la philosophie de Husserl*, p. 282.

我们能感觉到"延迟"思想几乎已经呼之欲出,但德里达却指出:

> 只有本体论的生成才能产生并奠基一种现象学,但它仍在目的论本质的名义下遭到"中立化",这种本质自身应予以还原。①

从这里我们能看出,德里达耿耿于怀的仍是现象学缺乏本体论的基础,他指责胡塞尔的先验现象学仍然掩盖了先验主体在存在论上的(existentielle)"原初综合"。他满怀激情地号召"一种新的彻底的阐明"和"一次新的开始",然而,回溯性地来看,德里达却顺着胡塞尔的思路走了下去,只不过拐了一个弯。

---

① J. Derrida, *Le problème de la genèse dans la philosophie de Husserl*, p. 282.

小结　解构之第一要素的出现：差异

在《生成》中，没有任何迹象可以证明，德里达已经自觉地把"差异"原理作为他的最重要的发现而明确地提了出来。与此相反，德里达在全书自始至终津津乐道的是生成所具有的四重特征：有限性、必然性、本体性和先验性。他一会儿认为自己的使命是用辩证法来改造现象学：

> 同样，对本质的先天直观观念本身（这是一切现象学的主导原则）应完全转变为辩证法的光芒，我们每时每刻都在证明这种必要性。①

一会儿他又得意于自己为现象学奠定了本体论的基础：

> 现象学作为一种投身于理论意识之明见性的学科在方法论上是第一性的，但它事先需要一个完全的本体论。现象学是与时间相同一的原初综合存在之自身构造（l'auto-constitution）的一个因素。②

---

① J. Derrida, *Le problème de la genèse dans la philosophie de Husserl*, p. 237.
② J. Derrida, *Le problème de la genèse dans la philosophie de Husserl*, p. 214.

虽然"差异"原理已经蕴含在这三重特征特别是在辩证法和本体论之中,虽然这一原理仍然包裹在"先天综合""原初综合"等概念之内,但是,作为未来解构主义的重要的理论基石之一的"差异"原理并未得到彰显和强调。尽管如此,我仍然认为"差异"原理的自觉应用及其在应用中所吸收的新的维度是德里达在《生成》一书中最为重要的两个理论成就。

　　德里达对"差异"原理的应用是非常自觉的,甚至可以说是迫不得已的,因为他缺乏其他更为有力的论证工具[①],但对这一原理的重要性是后来才明确地意识到的。我们看到:第一,凡是胡塞尔提供的作为奠基和生成的纯粹性之物,德里达都会立即针锋相对地还原出作为奠基和生成的差异性之物。在德里达的眼里,存在与含义、经验与先验、外在与内在、理论兴趣与非沉思的兴趣、世间性与先验性、当下与非当下、本体与观念、空间与时间、主动与被动、历史与目的等中的任何一方都不可能独自承担起对生成或起源的阐明,唯有这些作为看似不相容的"差异"的双方的共在才能引领我们走出现象学的迷宫。第二,如果我们从德里达成熟期的理论回溯地考察,我们就能发现,不管是"有限性"和"先天综合"也好,还是"本体论"和"辩证法"也好,作为理论起步期的重要概念都已渐渐销声匿迹[②],而包裹在这些概念之内的"差异"思想却在并入"延异"之后成为解构学的奠基石。德里达在1990年为《生成》一书所写的"告读者"中也意识到这一点,意味深长的是,他用了一个与"差异"(différence)相近的词"差别"(écart):

---

　　① 德里达自己后来也承认,《生成》中的"论证显然看上去太贫乏,还原成了它的最简单图式"。(德里达:《德里达谈现象学》,张宁译,《哲学译丛》2001年第3期)
　　② 这四个概念中,前三个在《起源》中就已经不再使用,唯有第四个概念即"辩证法"概念的使用一直持续到《声音与现象》,但使用的频率也大为减少,在《声音与现象》中只出现过一次(参见德里达:《声音与现象》,杜小真译,第87页)。

> 问题总是涉及一种起源的原初复杂性，涉及一种单纯的初次污染和开始时的差别（écart），任何分析都不可能使之在现象中呈现或到场，也不可能把这一要素还原为瞬间的、自身同一的圆点。①

这里的"差别"（écart）尽管还没有达到"延异"（différance）的高度，甚至也没有达到《起源》中的"延迟"的视域广度，但他毕竟步履蹒跚地走出了黑格尔和海德格尔的理论辐射范围，尽管走得不是太远。对于年轻的德里达来说，这是一项了不起的成就，这一成就的取得得益于"差异"原理对先验性和时间性这两个维度的吸收。在对胡塞尔早期思想尤其是《算术哲学》时期思想的批判中，德里达主动采纳了胡塞尔的先验性维度，这便让先验性进入到"差异"原理之中；在对胡塞尔的内时间意识现象学的分析和批判中，"差异"原理也沾染了时间性的色彩，但这种沾染似乎是不自觉的，它仅仅变成了对本体论和有限性的强调，这种自觉性直到《起源》时期才得到实现。

---

① J. Derrida, *Le problème de la genèse dans la philosophie de Husserl*, p. vii. 着重号为引者所加。

[第二部分]

起源与延迟

引言 《几何学的起源》与"生成"问题的重提

时隔八年之后,即 1961 年,德里达为完成他的教授资格副论文再一次进入胡塞尔的现象学,这一次他不再像大学时代那样从先入之见出发对胡塞尔的全部著作进行神经质式的审查和颠覆,相反,他挑选了胡塞尔的一篇不太为人熟知的短文,把它译成法文并配上了长篇的导论,导论的篇幅是胡塞尔原文的六倍多,这篇论文以"胡塞尔《几何学的起源》引论"[①]为题于1962 年出版(1964 年该书获 J. 卡瓦耶奖)。

由于胡塞尔的这篇短文作为《危机》的附录三出版,问世后鲜有人关注,但德里达对这篇文章所具有的原创性给予了很高的评价[②]。其实,德里达很早就注意到这篇短文,早在《生成》中他便对胡塞尔在《几何学的起源》中所提出的新思路产生了浓厚的兴趣并作过专门的探讨。当时的德里达从基础本体论和辩证法出发,竭力证明的是起源的辩证性、综合性和差异性,这也是他得出的显性结论。这一次,德里

---

① 需要说明的是,本书采用的版本是德文译本(以后不再注明):Jacques Derrida, *Husserls Weg in die Geschichte am Leitfaden der Geometrie*, von Ruediger Hentschel und Andreas Knop, Wilhelm Fink Verlag, 1987. 另可参见中文译本,德里达:《起源》,方向红译,南京大学出版社 2004 年版。

② 德里达说:"从日期和主题来看,胡塞尔的这一沉思属于围绕《欧洲科学的危机与超越论的现象学》而收集起来的最后一组文献。由于它深深地扎根于这组文献之中,因此它的原创性很可能不是那么显而易见。"(Jacques Derrida, *Husserls Weg in die Geschichte am Leitfaden der Geometrie*, S. 33. 也可参见德里达:《起源》,方向红译,第 1 页)

达为什么要旧话重提？他以什么样的姿态进入其中？他得出了什么样的结论？

对于第一个问题，可能的回答是这样的。重提"生成"问题，或者说，从几何学"起源"的角度重提"生成"问题，这与德里达的理论取向密切相关[①]，可以说从大学时代开始，他就一直关注和思考生成和起源问题，从《胡塞尔哲学中的生成问题》到《起源》再到《声音与现象》，这是一条从未中断的线索，这已经成为德里达的理论个性。但问题在于，德里达将自己的理论关怀投射到胡塞尔身上，把胡塞尔毕生对严格性和绝然性的关注变成对生成和起源的兴趣，他甚至认为胡塞尔50年来一直忠诚不变的正是对"生成"的思考：

> 在1887年至1891年间，对算术的起源的描述采用的是一种心理学的生成术语。在经过五十年的沉思之后，《起源》在现象学的历史学这一框架内重新提出同样的方案。[②]

因此，我们甚至可以说，所谓"胡塞尔哲学中的生成"恰恰是德里达哲学的生成和起源。

至于另外两个问题，它们的答案正是第五章所要提供的。

[①] Paola Marrati-Guénoun 也持同样的见解："这一选择（指选择胡塞尔的文本《几何学的起源》——引者注）标志着与《生成》所思考的问题的连续性。"（Paola Marrati-Guénoun, *La Genèse et la Trace*, p. 40）

[②] Jacques Derrida, *Husserls Weg in die Geschichte am Leitfaden der Geometrie*, S. 38. 也可参见德里达:《起源》，方向红译，第5页。

第五章 "远程通信":从几何学的当下意义到它的"初次性"

第二十九节 胡塞尔向几何学源头进行回溯的思路

几何学创立至今,几千年的时间已经过去了,几何学也经历了几次大的飞跃,从欧式几何到非欧几何,从平面几何到立体几何再到黎曼空间等,几何学与其创立时相比,已经得到了极大的丰富和深化。面对这样的状况,胡塞尔为什么要提出追溯几何学的起源呢?这种追溯难道不是毫无意义的吗?如果有意义,该如何踏上返回的路途呢?

对于追溯的目的,胡塞尔指出:

> 我们想以历史沉思的形式实现对我们自身的当下的哲学状况的思义,并希望我们因此而最终能够获得哲学的意义、方法和开端,获得我们愿意并应当将我们的生命奉献给它的这一个哲学的意义、方法和开端。①

---

① Jacques Derrida, *Husserls Weg in die Geschichte am Leitfaden der Geometrie*, S. 204-205. 也可参见德里达:《起源》,方向红译,第175页。

但胡塞尔为什么偏偏选中了几何学并把它作为一个范例提出来加以研究呢？这是由于他看中了几何学的独特的存在方式——观念对象性（ideale Gegenständlichkeit）。胡塞尔在《逻辑研究》时期就曾指出："这些观念对象性不在世界的某处，也不在'天国'之中。"[①] 当然，它也不在几何学家的心中存在，"几何学的存在并非精神的、个人意识的存在，它是一种客观的在此存在着的实存（Existenz）"[②]。这种观念对象性既不存在于世界之中，也不存在于主体之中，但这并不妨碍它成为一种实存，那么这种实存究竟存于何处呢？胡塞尔的回答是，它的存在方式是先验性的，它一经诞生，便超越时空和经验，且具有可重复性（Wiederholbakeit），比如说："毕达哥拉斯定理，超越时代、语言、文字、人、时空。"[③] 因此，对它的存在地点的讨论必然要回溯到对它的诞生和起源方式的研究。

路漫漫其修远兮，返回的道路是畅通无阻还是荆棘丛生布满歧义？胡塞尔小心翼翼地选择了前者，而德里达则坚定地选择了后者。

胡塞尔的思路是[④]，第一个几何学家在原初明见性中对几何学的观念对象进行了第一次制作（Erzeugung），这样制作出来的对象不仅具有明见性，而且还具有客观的定在（Dasein）[⑤]。可是，由于时间化运动的缘故，客观的存在也不得不进入"滞留"（Retention）以至于最终消失。但这种"消失了的"过去的存在并没有走向虚无，在某一特定的时刻，通过某种特殊的方式，它又能够在主体的意识活动中被唤醒，并变得越来越清晰。通过这样的方式，我们便又能找回原始的"一致"

---

① 胡塞尔：《逻辑研究》第二卷第一部分，倪梁康译，第31节，第106页。
② E. Husserl, *Husserliana VI*, S. 367.
③ E. Husserl, *Husserliana VI*, S. 368.
④ 参见 E. Husserl, *Husserliana VI*, S. 370-371。
⑤ 为了使胡塞尔的"Dasein"区别于海德格尔的"Dasein"，这里姑且启用黑格尔这一术语的中译名。

（Deckung）性的观念明见性①。但是在这里还存在一个问题：在交互的语言理解的关系中，一个主体的几何学观念对象（原初制作物和产品及其原初后理解）仍然缺少持续的定在，仍然没有建立起完全的客观性，也就是说，我们仍未跨越主体以及主观明见的可能性，几何学的对象仍有随时遭到灭顶之灾的可能性。为什么呢？因为口语的传播是极其有限的，几何学家的死亡以及空间距离的远近都会影响到观念对象的定在性。胡塞尔发现，书写、记录的语言表达解决了这一问题，它使直接或间接的个人话语的告知成为可能，而且文字符号也像语音一样能够唤醒它的忠实的含义。因此，只要我们考虑到移情的功能以及作为移情共同体和语言共同体的共在人类（die Mitmenschheit），就能解决观念对象的"客观性"这一难题。

这是胡塞尔为我们描述的一条通向几何学起源的必由之路。德里达也踏上了这条道路，但他显得疑虑重重。

第三十节 德里达对这一思路的辨明与怀疑

德里达也认同几何学的与众不同的特征，他说：

> 这里要紧的恰恰是胡塞尔的与数学观念对象有关的直观具有绝对的构造性和创造性：对象或对象性在直观指向它之前并不存在。②

---

① 特别需要指出的是，胡塞尔在《几何学的起源》中区分了两种明见性：第一，"定理"的明见性："定理"（Sätze）作为一种原初的，产生于现实的、原初的活动的意义的再造变化而合乎意识地出现，它在自身之中指示着一种起源；第二，原明见性（Urevidenzen）：来自构造性活动，它通过"解说"的方式而不是将其带到原初明见性的方式运演几何学的观念。（参见 E. Husserl, *Husserliana VI*, S. 375）

② Jacques Derrida, *Husserls Weg in die Geschichte am Leitfaden der Geometrie*, S. 53. 也可参见德里达：《起源》，方向红译，第23页。

此外，通过认真的解读，他还指出了三个容易混淆之处，对胡塞尔的思路作了进一步的阐明①：第一，存在方式与起源意义。我们不再关注几何学的存在方式（die Seinsweise），这种存在方式只是在伽利略的思想中才有意义，但伽利略恰恰在这种关注中遗忘了几何学传统的起源意义。胡塞尔把对传统因素的"失明"（Blindheit）称之为"灾难性的疏忽"，而伽利略正是这一"疏忽"的始作俑者。因此，我们必须回到伽利略之前。第二，回到伽利略之前，并不是回到几何学的第一个假设、公理和理论。第三，回到伽利略之前就是回到几何学家的第一次创建行为及其意义，但这并不意味着要回到对第一次行为、经验和第一个几何学家的事实的（faktische）规定，即使在历史学或考古学的意义上发现了一切原初历史的状况，我们仍不能返回原初创建的本真意义。恰恰相反，一切经验的知、历史的知都以本真意义和起源意义（Ursprungssinn）为前提。

应该说，德里达对胡塞尔思想中易混淆之处的辨明是正确的。他接着稍微做了一点引申，以作将来进一步批判之用：其一，由上述辨明可知，在胡塞尔的眼里，"现象学意义上的起源这一问题的法定优先性是绝对的"②；其二，每一先验哲学在程序上的要求必然是：从业已构成的科学事实出发，向非经验的起源进行回溯③。

虽然同为先验哲学，德里达也肯定了胡塞尔对康德先验哲学的推进④——康德与胡塞尔相同的地方在于，他们都认为真理的诞生行为

---

① Jacques Derrida, *Husserls Weg in die Geschichte am Leitfaden der Geometrie*, S. 47-48. 也可参见德里达：《起源》，方向红译，第 14—18 页。

② Jacques Derrida, *Husserls Weg in die Geschichte am Leitfaden der Geometrie*, S. 51. 也可参见德里达：《起源》，方向红译，第 18 页。

③ Jacques Derrida, *Husserls Weg in die Geschichte am Leitfaden der Geometrie*, S. 51. 也可参见德里达：《起源》，方向红译，第 19 页。

④ Jacques Derrida, *Husserls Weg in die Geschichte am Leitfaden der Geometrie*, S. 52ff. 也可参见德里达：《起源》，方向红译，第 20 页以下。

(Geburts-akt)已先行规定了(vorzeichnet)全时性和普全性;即使我们对第一个几何学家一无所知,我们还是能最精确地把握第一次几何学证明的意义。但是,康德认为,对数学行为而言,留在概念之内已足够了,因为第一个几何学家的"构造"只是对已构造出来的概念的解释。在这一点上,胡塞尔与康德相左,他认为,康德的说法只适用于非原创性的几何学家,但不适用于处于奠基阶段的几何学和几何学家。康德之所以仍停留在非历史的形而上学之中,是由于他虽然有自发的本质还原,但他缺乏胡塞尔的"质料"(Materialen)或"先天偶然性"(Kontingenten apriori),因此,他的先验论仍然是形式主义的,仍然脱离了具体的历史发展。

胡塞尔对康德的推进是逐步完成的。在《哲学作为严格的科学》中,胡塞尔仍对历史主义进行抵制,在《纯粹现象学通论》中,胡塞尔把几何学置于纯粹科学之下,但没有从历史的角度讨论几何学的基础问题,而是把真理的原初奠基转让给真理性的上帝、笛卡儿的上帝。这说明他与康德以及笛卡儿相距并不远。这种一致性在对原初创建的历史行为的研究中才得以纠正。

为了推进到真理的原初构造,我们必须回溯到真实世界的创造性经验。胡塞尔在这里引入了事实常项,但这也给他带来了困难。德里达指出,"从权利上来说,不可更改的事实(那种本身绝不可能被重复的东西)在起源的历史中接替了不可更改的本质(那种可以被任意和无限地重复的东西)",这使得"'起源'或发生的概念再也不能在纯粹现象学的意义上被理解"。[①]

德里达在这里又不知不觉地滑到此前的思维惯性之中,他像他在

---

① Jacques Derrida, *Husserls Weg in die Geschichte am Leitfaden der Geometrie*, S. 61. 着重号为原作者所加。也可参见德里达:《起源》,方向红译,第 29 页。

《生成》中所做过的那样，从辩证法出发①，证明事实常项和本质常项的先天综合性：

> 在奠基性历史的深处，是意义与存在、事实与权利不可分割的场所。②

但这种辩证法究竟与胡塞尔的思路相距有多远呢？胡塞尔承认实在性和历史性的作用，但胡塞尔出于对绝然性和严格性的信念，只承认历史上的原初事实具有"唤醒"的作用：

> 在时空性中的多种多样的有限的结构（比如面、角、线等）还不是几何学的结构，它作为在实践中形成的、在思想中完善的构成仅仅是新型的实践的基础，从这里面新型的构成物被唤醒。很明显，这一新型的东西是一种观念化的精神制作，它唤醒了"纯粹的"思考，它在事实的人类和人类的环境的一般前-被给予

---

① 德里达的辩证法显然受到了唐·迪克陶的辩证法思想的影响。唐·迪克陶在他的著作《现象学与辩证唯物主义》中至少有三个观点得到德里达的注意和认同：第一，当胡塞尔在《几何学的起源》中把几何学的真理奠基于人类实践（Praxis）之时，他已经朦胧地预感到回到外在的、现实的存在和经验的、事实的历史是不可避免的；第二，但这并不意味着回到经验主义的历史主义是不可避免的，在辩证唯物主义中，我们所处的层面位于还原之后，但这种还原并没有删除现实的自然（wirkliche Natur），现实的自然在其发展中蕴含了主体性的全部运动；第三，但这种主体性运动绝不是主观主义，相反，胡塞尔在《几何学的起源》中正是他的"主观主义立场"阻止了他的哲学的进一步跨越。特别是唐·迪克陶的第二个观点值得关注，它能使我们避免这样一种常见的误解：辩证法以及后来的解构主义彻底铲除了胡塞尔的主体性思想。德里达从未抛弃主体性思想，在20世纪90年代以后，经过改造的"先验主体性"概念占据着越来越重要的作用。德里达专门用了一条长注叙述了唐·迪克陶的前两个观点。参见 Jacques Derrida, *Husserls Weg in die Geschichte am Leitfaden der Geometrie*, S. 61，也可参见德里达：《起源》，方向红译，第28—29 页；关于第三个观点，参见 Jacques Derrida, *Husserls Weg in die Geschichte am Leitfaden der Geometrie*, S. 86，也可参见德里达：《起源》，方向红译，第55 页。

② Jacques Derrida, *Husserls Weg in die Geschichte am Leitfaden der Geometrie*, S. 61. 也可参见德里达：《起源》，方向红译，第29 页。

性中具有自己的材料并从中创造出"观念的对象性"。①

从这里我们可以看出，胡塞尔既承认事实常项的作用，又关注先验主体的主动构造功能。我们可以说，虽然胡塞尔反对辩证思维，但他的沉思却不乏辩证色彩，我们可以像唐·迪克陶那样把现象学和唯物辩证法的相关部分联系起来，但如果我们在这里像德里达那样用辩证法来直接对抗现象学，似乎欠缺理论上的批判力度。

德里达一方面继续运用辩证法在空间上对现象学展开批判，就是说，在历史的源头处，先天综合必然存在；另一方面，他又发展出一条新的思路，从时间上对回溯历史的过程进行质疑。

胡塞尔为我们描述了一条返回几何学的源头之路：现在的几何学包含了几何学的全部历史沉淀，我们从最接近我们的沉淀物（定理、命题等）开始，挖掘出它在生活世界中的意义，从当下的意义前进到此前的意义，这是一条意义链，建立起这样一条意义链便打开了内在历史的意向空间，在这一空间中我们可以自由地、时间性地返回到原明见性和初次性（Erstmaligkeit），即回溯②到几何学的第一次创建行为。胡塞尔说：

> 因为哲学和特殊学科的真正的历史仅仅是对历史上当下被给予的意义构成的回溯，也即对其明见性的回溯，这一回溯沿着对历史进行回指（Rückverweisungen）的文献记录的链条，一直运行到对这一历史进行奠基的原明见性的封闭维度之中。③

---

① E. Husserl, *Husserliana VI*, S. 383-384.
② 应该指出的是，胡塞尔这里的"回溯"具有两个方面的含义：其一，沿着内在历史返回到几何学的第一次创建行为。这是胡塞尔的"回溯"概念的主要含义，也是德里达重点考察的含义。其二，把几何学的定理和公理直接回溯到当下的明见性，"回溯到泰勒斯（Thales）是多余的，它的意义就在于当下呈现的概念和定理之中"（参见 E. Husserl, *Husserliana VI*, S. 379）。
③ E. Husserl, *Husserliana VI*, S. 381.

德里达注意到，如果我们从几何学的现成的、当今的内容出发去追问它的起源，虽然这其中充满层层的沉淀物，但我们仍然必须赋予这种历史传统以一种透明性。穿过沉淀物进入到历史的内在意义之中也是一种还原，与静态的现象学还原相比，它是一种"具有无限微妙性和危险性的还原"①。德里达把这种还原和"回（溯的追）问"（Rückfrage）比喻为邮政和远程通信，并认为这一类比构成自己文本的比喻核心。实际上，这一比喻后来也作为核心的比喻构件进入到《明信片》和《签名事件语境》等文本中。

但是，透明性存在吗？邮政系统是健全的吗？远程通信始终安全吗？德里达认为这其中存在着巨大的危险：

> 如果我们把纯粹经验历史在哲学上的无意义以及非历史的理性主义的无能为力视为当然，那么我们就会衡量出这种系千钧于一发的严重性。②

---

① Jacques Derrida, *Husserls Weg in die Geschichte am Leitfaden der Geometrie*, S. 67. 也可参见德里达：《起源》，方向红译，第35页。

② Jacques Derrida, *Husserls Weg in die Geschichte am Leitfaden der Geometrie*, S. 67. 也可参见德里达：《起源》，方向红译，第35页。

第六章　本我的基础性地位质疑

第三十一节　德里达的"令人惊异的转变"

要想发信，首先得写出书信，就是说，写信人要把自己的真情实感变成文字。这是远程通信的第一步，就是在这里，德里达与胡塞尔分道扬镳。

正如写信人诉诸文字的是自己明明白白看到和想到的东西，第一个几何学家也是在一种明见性中"看见"几何学的观念的——按胡塞尔的看法，这里的"明见性说的只不过是在对在者原初的自身在此的意识中对在者的把握"①。"在者"是一种"前有"（Vorhaben），但它并非是一种理念或物自体，正如胡塞尔所指出的那样，它的原初的存在形式就已经以意向相关项的形式存在于本我之中了："对行为的主体来说，对前有的成功的现实化便是明见性，在这样的明见性中，被现实化之物比它的自身在此状态更加原初。"② 很明显，这个几何学家的第一次制作（Erzeugung）不仅具备了原明见性，而且还在这种明见性中拥有了最原初的存在。然而，在内时间意识的流逝中，第一个几何学家的"发现"和"拥有"会迅速地从当下进入"滞留"（Retention）以至

---

① E. Husserl, *Husserliana VI*, S. 367.
② E. Husserl, *Husserliana VI*, S. 367.

于消失。胡塞尔在这里面临两个问题（实则是同一问题的两面）：如何防止最初的成果（最原初的存在）被迫中断？如何从本我的主观性过渡到交互主体的客观性？这些问题是胡塞尔首先必须关心的，否则，以后的回溯将成为不可能。胡塞尔一再地问道：

> 进行创造的几何学家也能自明地表述他的内在构成物。但问题依在：这一点在他的"观念性"中如何据此而成为客观的？为什么内在地、精神地构造的构成物成为一种作为观念对象性的独特交互主体的存在？①

正如德里达指出"胡塞尔的令人惊异的转变"②一样，我们也可以说，德里达在此也存在一个"令人惊异的转变"：他没有立即进入胡塞尔的上述问题，而是把它当作自明性的前提接受下来，然后从这里出发，回溯性地对胡塞尔的这一段思路进行考察：

> 我们知道，一方面……文化构成物总是回溯到人的创建（Leistungen）……另一方面，传统是自我发展的，每一文化传统的总体性在每一瞬间都直接间接地是同时在场（präsent）的。③

德里达以传统的流传与自身发展问题为切入点，通过对作为传统的一个组成部分的科学以及哲学的流传方式与内时间意识的流动

---

① E. Husserl, *Husserliana VI*, S. 370.
② 德里达说："在这一点上胡塞尔首先发生了一个令人惊异的转变。他没有在初次性的模式中描述原始的意义发生本身，相反，他悄悄地、暂时地把它看作是已经实施了的并把意义看作是已经自明的。"（Jacques Derrida, *Husserls Weg in die Geschichte am Leitfaden der Geometrie*, S. 82. 也可参见德里达：《起源》，方向红译，第51页）
③ Jacques Derrida, *Husserls Weg in die Geschichte am Leitfaden der Geometrie*, S. 74-75. 也可参见德里达：《起源》，方向红译，第42—43页。

方式的比较和探讨，再现了从客观性返回个体主观性的道路[1]：科学与哲学的内容的流传方式与其他类型的文化和传统的流传方式并无二致。这种流传过程类似于胡塞尔在1904—1910年间在"内时间意识讲座"中从意向相关项的观点出发对内时间意识的流传过程所做的描述，尽管并不完全一致。在科学与哲学中，当下既不作为过去的中断也不作为它的效果（Wirkung）而出现，而是作为过去当下的滞留，即滞留的滞留（可依此类推）而出现。同时，滞留又是前摄的先决条件，但前摄是在绝对的活生生当下的独特、普遍的形式中被把握的。时间性的首要的绝对性是现在（Jetztheit/maintenance），可对于现在来说，只有在前摄的运动中，它才能在另一个活生生的当下、另一个原初的绝对性中保持自身并跨越作为逝去的当下的自身。这一点，我们可以称之为前摄和滞留的辩证法[2]。特别需要指出的是，对活生生的当下适用的东西也适用于构造性的历史的当下。但问题是，活生生的意识的滞留和前摄的权能（Vermögen）是有限的，它无法保证不间断的世代流传。怎么办呢？只有通过习惯或沉淀的形式（in habitueller oder sedimentierter Form）才能保存过去的意义、效果和行为，也就是说，只有在共同体的文化世界中才能克服个体意识的滞留的有限性。

我们可以看出，通过与内时间意识运动的比较，我们已经接触到个体意识与共同体意识、个人世界与文化世界以及先验之"我"与先验的"我们"之间所存在的巨大的鸿沟。德里达从几个角度对这一鸿沟作了描述[3]："世界观"（Weltanschauung）的观念是有限的，各个

---

[1] 参见 Jacques Derrida, *Husserls Weg in die Geschichte am Leitfaden der Geometrie*, S. 75ff. 也可参见德里达：《起源》，方向红译，第43页。

[2] 德里达对胡塞尔的时间运动的"辩证法"非常欣赏，在《马克思的幽灵》中他还在津津乐道于这种非因果的时间观。

[3] Jacques Derrida, *Husserls Weg in die Geschichte am Leitfaden der Geometrie*, S. 77ff. 也可参见德里达：《起源》，方向红译，第46页。

时代都不相同；科学的观念是超时代的，它代表着属于一切人类的绝对的、无时间的价值。经验文化（der empirischen Kultur）属于历史事实，它在历史中的意义沉淀并没有排斥无效生成；真理文化（der Kultur der Wahrheit）的观念性是绝对的、规范性的（normative）。对历史的总体化和综合并不发生在心理学的记忆之中，而是发生在"理性的记忆"（巴什拉语）之中——它们之间的距离也是"心理学的时间性"与"综合的意义关联性"之间的距离。

第三十二节　德里达与胡塞尔的分歧：如何跨越先验之我与先验之"我们"之间的鸿沟

有没有可能跨越这一距离呢？怎样跨越？德里达正是在这里与胡塞尔产生了严重的分歧。胡塞尔的思路是作为单子学的交互主体性：

> 我的"先验的线索"是那个被经验到的他者（the other），是在直接的意识中给予我的，就像我自己执着地检验属于他的意向相关项的—本体的（noematic-ontic）内容（纯粹作为我的我思相关物，其独特的结构还没有揭示出来）一样。[①]

胡塞尔可以说是不屈不挠地试图从单子式的"自我"出发构造出交互主体性来，这个方案也符合现象学的基本原则。但德里达正是据此对胡塞尔进行指责：从现象学上讲，先验的"我们"只是先验的"我"，共同体的（gemeimschaftliche）主体性仅仅是"自我主体性"（die egologische Subjektivität）的普遍处所，总体主体性只有在研究者之中并通过研究者才能负起责任，因此，胡塞尔仍把研究者本人（个

[①] 胡塞尔：《笛卡儿的沉思》，张宪译，第115页。

体主体性）看作是真理的绝对起源①。

德里达在指责之后并未对跨越的方法论思路提出新的构想，而是一下子斩断了胡塞尔推论的前件：根本不存在主观明见性，哪来的向客观性的过渡？即使存在，也是借自于客观性。于是，胡塞尔孜孜以求的从"自我"到"交互主体性"的过渡问题成了伪问题：

> 当胡塞尔说，一个被制作出来的意义首先对创造者的个人意识来说必定已是明见的，然后才可以提出它的（按时间顺序发生的、实际的）客观化问题，这就是虚构，这一虚构使观念客观性的性质成为问题，同时应该指出，它与自明性无关，实际上，并不是先有主观明见性，然后这一明见性成为客观。只有在存在观念对象性的明见性的地方，只有在这一明见性进入交互主体的循环之后，才会有几何学的明见性。②

德里达的思路是很清晰的：观念对象性③的性质问题是方法论思考的出发点，它是主观与客观的先天同一，它首先是主体间的，然后才是个体的。只有作为交互主体性的"我们"明见性地直观到它之后，作为单子的"我"才有可能"看见"并把它重新"创造"出来。

第三十三节　为胡塞尔一辩

可是胡塞尔的思路同样清晰：第一个几何学家从物结构

---

① 参见 Jacques Derrida, *Husserls Weg in die Geschichte am Leitfaden der Geometrie*, S. 79。也可参见德里达：《起源》，方向红译，第 48 页。
② Jacques Derrida, *Husserls Weg in die Geschichte am Leitfaden der Geometrie*, S. 85. 着重号为原作者所加。也可参见德里达：《起源》，方向红译，第 54 页。
③ 德里达在同一个层面上使用"观念对象性"（ideale Gegenständlichkeit）与"观念客观性"（ideale Objektivität）这两个概念。

（dinggestalten）上取下（abgehoben）的首先是弯曲的线条和凹凸的表面，出于偏好或实践兴趣，弯弯曲曲的线条会成为直线，粗糙凹凸的表面会成为平滑的表面，对面积大小的粗略估计会导致测量技术的发展。这时，这位几何学家（或者说哲学家）从实践的、有限的环境走向理论的世界观（Weltschau）和世界认识，就是说，把有限的时空放入无限的开放的境域之中。是不是这样就创造出几何学的观念对象性了呢？绝对不是这样！胡塞尔在这里特别指出：

> 但他并不因此就拥有几何学的空间和数学的空间，否则运用这种有限性作为材料就会产生新的精神产品。在时空性中的多种多样的有限的结构还不是几何学和运动学的结构，很明显，这些结构作为在实践中形成的、在思想中完善的构成仅仅是新型的实践的基础，从这里面新型的、类似前面提到的构成物被唤醒。[①]

与通常的看法相反，胡塞尔在这里提到的"第一个几何学家"以及代词"他"并不是指孤零零的个体，"他"属于"必然共在的人类"[②]。我们甚至可以说，"第一个几何学家"或者"第一个哲学家"是"共在性人类"的代表，他在"生活世界"中并不是孤独的个人行为，应该说已经具有了"交互主体性"。但胡塞尔关注的并不是这种几何学的"交互主体性"问题，他所关心的，也是他一生所关心的，是几何学乃至科学的绝然性的普遍基础问题。在生活世界中形成的即使是高度发达的经验型的计算和测量技术，也还是不能被称之为"几何学的结构"，这里存在着巨大的鸿沟，经验性的成就不能直接跨越这道鸿沟，它所能做的就是"唤醒""纯粹的思考"并从人类"普遍的预先被

---

① E. Husserl, *Husserliana VI*, S. 384.
② "die notwendig mitdaseienden Menschen", E. Husserl, *Husserliana VI*, S. 383.

给予性"（allgemeinen Vorgegebenheiten）中创造出"观念的对象性"。

从上面的分析中我们可以看出，德里达的批判显然没有击中胡塞尔的要害，他的观点虽然与胡塞尔直接对立，但这是一种对峙而非颠覆的关系。德里达直接采纳了海德格尔的此在的"共在性"观点，把交互主体作为不证自明的前提接受了下来，将胡塞尔的作为基础的"本我"观点弃于一边。这种做法在接近胡塞尔的思路的同时发生了一种不太引人注目的错位：从绝然性到客观性的偏移。

因此，我们可以得出这样的结论：德里达在这里没有批判，有的只是批判的张力和效应。

诚然，胡塞尔也非常重视"观念对象性"从主观性到客观性的过渡，但与德里达所谓的过渡根本不同：在胡塞尔看来，观念对象性不是柏拉图意义上的理念，也不是康德的"物自体"，它既不在世界之中，也不在世界之外，它的存在方式是先验性的，它首先通过"唤醒"而进入到"主体的精神空间"之内，但是，进入到个体的精神和意识中的"观念对象性"，时时刻刻受到遗忘、变形甚至死亡的威胁，缺乏持续存在和恒久交流的可能性。胡塞尔说：

> 现在还需要注意，在这种从一个人中的原初制作物到另一个人中的原初后理解的传达并没有完全建立起观念构成物的客观性。它缺少的是"观念的对象性"的持续的定在……①

也许，胡塞尔反复提到的这种"过渡"正是德里达发生偏移的原因。这种过渡的方式和可能性将在下文中得到详尽的讨论。

---

① E. Husserl, *Husserliana VI*, S. 371.

第七章　语言文字的"身体化"：与"充替"① 概念擦肩而过

第三十四节　"书写的现象学"

正如上文所述，胡塞尔花费了相当大的气力来解决"观念对象性"的持续存在的可能性问题。胡塞尔问道：

> 几何学的观念性是如何产生于原初的内在个人的源泉——在其中它在第一个发明家的灵魂的意识空间中被构成——并成为观念的客观性的？语言的身体化②（Verleiblichung）如何从纯粹内在主体性的构成物出发构造出客观之物？③

胡塞尔认为，这一问题的解决最终依赖于语言，依赖于记录和书

---

① "充替"（supplément）是"扩充"和"替代"的意思，关于这一概念的精确含义，请参见本书"第三部分"。
② 根据倪梁康先生的考证，"身体"（Leib）与"躯体"（Körper）是相对应的范畴。后者在胡塞尔的术语中基本上与空间事物相等同，它的核心是"广延"，有时也被用来指人的身躯，即人的物理组成部分；当"躯体"与意识联结在一起，从而构成人的心灵与肉体的统一时，一个他人的"身体"便得以被立义，即被构造出来。（参见倪梁康：《胡塞尔现象学概念通释》，第267、277页）
③ E. Husserl, *Husserliana VI*, S. 369.

写的语言，正是这种语言使观念构成物在同时代的诸个体之间以及历时代的诸民族之间的交流成为可能。

德里达觉得我们应该对胡塞尔这里的思路感到非常"惊奇"（staunt）：胡塞尔本来通过对语言、文化和历史的还原才解决了"事态"（Sachverhalt）的真理性问题，"现在似乎又回到语言，把它看作不可或缺的中介和绝对的观念客观性以及真理性自身的可能性条件"①。这不是又回到语言、文化和历史了吗？这不是有点造作吗？

其实，我们完全没有必要感到"惊奇"。胡塞尔首先关心的是几何学观念的绝然性和真理性，其次才是这一观念在时间上和空间上的可传递和可交流的性质，即它的客观性状况。如果我们把客观性和真理性分开（而不是像德里达那样让它们纠缠在一起），我们就能理解，为了寻求绝然性的几何学真理，必须对语言和文化进行本质还原和先验还原；为了使在个体中"被唤醒"的几何学构成物能够超越个体进行交流和传诉，必须把它诉之于言语文字。这里没有令人称奇的事件。

当然，德里达也从最初的"惊奇"中走了出来，但他走出的方式非常独特。他没有对此做出解释（他的解释已经包含着误解），而是对胡塞尔的还原方法作了一个反向的延伸：这个还原"让真理看起来不依赖于一切实际的文化和语言一般，然而在此一种合法的、先验的依赖性被揭示出来"②。在德里达看来，几何学的真理确实不依赖于任何民族的特定语言，但正是这种独立性使我们看到它与纯粹语言或先验语言密不可分，"如果没有纯粹语言化一般的纯粹可能性，真理的客观性也不可能构造自身"③，如果没有这种纯粹的、本质的可能性，几何学的

---

① Jacques Derrida, *Husserls Weg in die Geschichte am Leitfaden der Geometrie*, S. 101. 着重号为引者所加。也可参见德里达：《起源》，方向红译，第 71 页。

② Jacques Derrida, *Husserls Weg in die Geschichte am Leitfaden der Geometrie*, S. 102. 也可参见德里达：《起源》，方向红译，第 71 页。

③ Jacques Derrida, *Husserls Weg in die Geschichte am Leitfaden der Geometrie*, S. 102. 着重号为原作者所加。也可参见德里达：《起源》，方向红译，第 7 页。

构成物就会是不可言说的、纯粹个体化的（vereinzelt），就会完全束缚于单个人的心理生活之中从而既无法肉身化也无法传诉给他人。

这里的引申简直可以置于《声音与现象》的扉页。沿着这条思路往下，让解构主义浮出水面的扛鼎之作《声音与现象》的主体思路就会展现在我们面前：观念构成物属于意向相关项，这种意向相关项由先验语言所构成，这样的语言便是现象学的"声音"。从此，声音与在场、逻各斯一起遭到德里达的彻底解构。关于这一点，我们将在"第三部分"再做详细说明。

德里达在此处还没有发展出这样明确的构思，他在泛泛地讨论了语言及其视域之后便随着胡塞尔的思路转向现象学的"文字学"。他甚至断言，胡塞尔走向了"书写的现象学"（eine Phänomenologie des Geschriebenen）。

如前所述，在胡塞尔的眼中，作为口语的语言并不能解决观念对象性的持续存在问题，因为口语传递的范围非常有限，而且会随个人以及告知共同体的消失而不复存在。只有书写和记录的语言才能解决这一问题，真理寓居于书写和记录之中，后来的人类通过文字符号唤醒它所包含的真理和含义并重新激活意义构成物的原初存在方式。

德里达从中引出了文字的一个特点："根据其含义，可以放弃任何一个现实的阅读一般。"[①] 初看起来，德里达在这里似乎驱逐了现实的写作者和阅读者，但德里达实际上认为，主体（当然已经不是先验主体性意义上的主体了）不仅不能被放弃，而且是阅读和理解的必不可少的条件。如果缺少写作主体和阅读主体，如果我们不能理解文字中所包含的意向性，那么这些文字就会因失去灵魂（entseelte）而变成一堆混乱的字母和死去的符号。

---

① Jacques Derrida, *Husserls Weg in die Geschichte am Leitfaden der Geometrie*, S. 117-118. 也可参见德里达：《起源》，方向红译，第86页。

应该说，到此为止，德里达对文字的理解基本上没有偏离现象学。但正是在这里，德里达发现了一个独特的领域，一个"中间地带"，这是一个胡塞尔未曾加以详细考究的领域。这是一个一旦加以质疑就注定会有所发现的地带。

第三十五节　中间地带的发现

德里达紧紧抓住了胡塞尔如下的两个观点并做了一定程度的引申[①]：第一，胡塞尔在《几何学的起源》中一再指出，如果真理不能被说出或写出，它就不可能完全具有客观性和观念性，它就不可能对一切人都是可理解的，也不可能无限地增长下去。当然，这里所"说出"或"写出"的语言就是指各民族在实际生活中所使用的语言。但另一方面，真理并不是从这样或那样的事实性语言中获得其客观观念性的。这说明语言具有"可躯体化性"（Verkörperbarkeit）。第二，作为"躯体"（Körper）的语言，不管是文字符号还是图解符号，都是一具僵尸，只有通过意向性的灵魂赋予（intentionale Beseelung），它才能从一具僵死的"躯体"转变成一个生动活泼的"身体"（Leib）。这说明参与构成"精神身体性"（geistiger Leiblichkeit）的语言不再仅仅是帮助记忆真理的手段，文字也不再是观念性的单纯的外衣或指示："对观念性来说，图解的身体化的可能性或必然性不是外在的、事实的：它是内在实现的必不可少的条件。"[②]

从上面的分析中我们至少可以看出两个对立的层面：作为意向性的观念和存在与作为"躯体"的言语文字。但德里达却指出还存在一

[①]　参见 Jacques Derrida, *Husserls Weg in die Geschichte am Leitfaden der Geometrie*, S. 118ff。也可参见德里达：《起源》，方向红译，第 86 页以下。

[②]　Jacques Derrida, *Husserls Weg in die Geschichte am Leitfaden der Geometrie*, S. 118. 也可参见德里达：《起源》，方向红译，第 86 页。

个中间地带：

> 可是，在后者的躯体化之前还存在一个更进一步的（weitere）观念性阶段，胡塞尔虽然对此没有作过直接描述，但正如我们所意指的那样，我们可以在胡塞尔这一概念的严格意义上对它进行定位。[①]

那么，这是一个什么样的阶段呢？德里达说：它涉及的是一种形态学的（morphologisch）观念性，它具有模糊的（vage）形式或者类型，这种形式必定具有某种同一性，这样的同一性能够在语言的纯粹感性事实性中自我实现并一再地被辨认出来。[②] 如果没有这种一直被意向并被趋近（approximierte）的同一性（比如说字母和音素的同一性），那么，任何感性语言都是不可能的，也是不可理解的，更不可能由此指向更高的观念性。

德里达虽然对这一中间地带的性质和特征做了反复的描述，甚至把字母和音素的同一性作为一个明确的案例提出来，但他还是未能对这一地带做出准确的规定。直到六年以后在《声音与现象》中，德里达才把字母、书写与音素、口语分开并把前者从这一地带剥离出去，将其单纯而明确地规定为现象学的"声音"。这一中间地带也有了一个正式的名称："中项"（médium）。

中间地带的发现对德里达未来思想的演化具有十分重要的意义，但这一发现在理论上的支援背景依然是辩证法。德里达既不能忍受纯粹的意向性、精神性和观念性的存在，也不同意语言文字作为单纯的

[①] Jacques Derrida, *Husserls Weg in die Geschichte am Leitfaden der Geometrie*, S. 119. 也可参见德里达：《起源》，方向红译，第87页。

[②] Jacques Derrida, *Husserls Weg in die Geschichte am Leitfaden der Geometrie*, S. 119. 也可参见德里达：《起源》，方向红译，第87页。

实在性和躯体性而存在。胡塞尔提到的"身体性"概念显然具有浓郁的辩证法色彩，所以，德里达高度重视这一概念并以此为基础对胡塞尔的语言理论和符号学说进行了深入细致的批判。

第三十六节　单义性与"充替"概念的初露端倪

在《声音与现象》中，德里达的批判路线是从"声音"入手展开对纯粹意识和在场的批判的。与此相反，德里达在这里关注的不是声音而是书写，他试图从书写、文字出发进行讨论，他的研究得出了什么样的结论呢？

首先应该记住，"书写""文字"并不是指写出来的文字或者文本，而是指写的纯粹可能性。记住了这一点，我们就能理解，为什么即使发生世界大战、即使"符号躯体"（Zeichenkörper）遭到毁灭、即使真理有可能"消失"（verschwinden），甚至世界被彻底消除了，但是真理依然毫发无损，意义仍然健在，绝对的观念性（包括几何学的观念性）还是岿然不动，换言之，"内在的存在无疑在如下的意义上是绝对的存在，即它在本质上不需要任何'物'的存在"①。记住了这一点，我们就能理解，为什么德里达在此基础上对胡塞尔发出如下质问：

> 难道我们没有被教导：书写——只要它为真理的绝对客观性奠基或为这种奠基做出贡献——不单单是被构成的感性躯体，而且还是构造性身体、真理的此时此地的意向的起源？如果它既是事实性事件和含义的起源，又是躯体和身体，那么在躯体的灾难中它如何拯救它的身体性？②

---

① 胡塞尔：《纯粹现象学通论》，李幼蒸译，第134页。
② Jacques Derrida, *Husserls Weg in die Geschichte am Leitfaden der Geometrie*, S. 129. 着重号为原作者所加。也可参见德里达：《起源》，方向红译，第57页。

根据德里达的辩证法，我们基本上可以推知他的态度：现实世界如果遭到毁灭，含义和意向将无葬身之地；如果躯体遭遇灾难，身体也将不复存在。实际上，德里达在谈到先验意识与世界的毁灭之间的关系时已经相当明确地指出了这一点："这一沉淀的结构从规则上来说能活得比事实性的毁灭、推翻和（一言以蔽之）全部的'变更'更长吗？"①不过在这里，德里达容忍了胡塞尔的解决之道：在排除了所有躯体性的情况下，精神的身体性（geistiger Leiblichkeit）及其意向和含义也会受到内在的威胁，但不会遭到彻底的毁灭。这一威胁的表现形式就是对真理的"遗忘"（Vergessen）②。

容忍了"遗忘"，便认可了胡塞尔为恢复记忆所进行的努力。德里达这样做的目的显然是为了进一步打开现象学批判的空间，可下面的事实将向我们证明，批判的空间并未如德里达希望的那样被打开，但他在批判中却不知不觉地滑向一个新的地带。

从几何学的第一个观念开始至今，几何学已经经历了漫长的发展过程。几何学的每一次进步都是一个跳跃和裂缝，都使此前的观念沉淀下来，德里达把它形象地称之为"沉淀的地质学图像"（das geologische Bild）。重重叠叠沉淀下去的观念和含义永远处于被变形、被遗忘的危险之中，个人对原初直观生命的体验力也在逐渐衰退终至"失实"（enttäuscht），整个人类的危机与日俱增。具有责任心和使命感的哲学家的首要任务是"重新激活"（Reaktivierung）：他应该沿着语言文字的链条，重新激活已经沉入历史深处的意向，重新体验

---

① Jacques Derrida, *Husserls Weg in die Geschichte am Leitfaden der Geometrie*, S. 128. 也可参见德里达：《起源》，方向红译，第96页。

② 胡塞尔对"遗忘"这一概念曾作过生动的描述：对原初形成者（Gewordene）来说，对导出的法则的实践应用在现实中具有自明的可能性，这在实践中很快导致一种合乎习惯的运作方式。这一方式自然能够自我继承（即使在没有明见性的可能性中）。这使得数学在含义缺失（Sinnentlert）中逻辑地自我发展，人们最终不再能感觉到原始真理意义（Wahrheitssinn）的丧失。（参见 E. Husserl, *Husserliana VI*, S. 377-378） （belebt）已近乎忘却的观念，在"含义的直接的、现显的当下"（die unmittelbare und aktuale Gegenwart des Sinns）中拯救含义并再造含义。

但是，恰恰在这里蕴含了巨大的危险。观念和含义是借助文献记录而沉淀下来的，对它们的"再激活"和再造也必须借助言语文字的表达，可是由于我们无法摆脱"自由联想"以及由此而引起的语言表达的多义性①，这可能会使我们误入歧途且永无抵达原明见性的那一天。该如何防止危险、确保再激活的正确性呢？胡塞尔指出：

> 我们应该思考语言表达的单义性。通过认真谨慎地创造相关的词、句子和句法关系来确保必须单义地表达的成果……一切的科学表述应"一劳永逸地"说出来，应稳定地、永远同一地可重复，应该可以在明见性中用于进一步的理论和实践的目的。②

单义性似乎能解决这里存在的所有问题：能够保持观念的同一性而不变形，能够保证回溯的准确性，能够确保不同时代和地域的研究者之间的交流的合法性以及翻译的精确性，等等。但语言表达的多义性能够必然地被避免吗？胡塞尔思想的复杂性正在于此，他并没有简单地认为我们能够抵达纯粹的单义性、摆脱缠人的多义性，尽管单义性是他的理想。胡塞尔在《逻辑研究》中所进行的符号学探讨详尽地区分了偶然的多义性和本质的多义性，前者属于"客观的表述"，而后者则属于"本质上主观的和机遇性的表述"。例如，Hund 这个词，虽然既有"狗"的意思又有"小矿车"的意思，可这种多义性我们是完全能够避免的，因此可以说它是一种偶然的多义性；而"我"这个多义词的性质就不一样了，它在不同的情况下指称不同的个人，它的起

---

① 在胡塞尔看来，自由联想的构造"对采用固定的语言结构形式的精神创造物而言"，"始终是一个不断的危险"。（参见 E. Husserl, *Husserliana VI*, S. 372）

② 参见 E. Husserl, *Husserliana VI*, S. 372-373。

源是主体性的，它奠基于独特的意向和永远更新的经验之中，这是一种"机遇性的表述"，胡塞尔说它具有"不可避免的多义性"①。

德里达的做法是以其人之道还治其人之身。他紧紧抓住胡塞尔的"不可避免的多义性"观点，一方面对胡塞尔的单义性理想进行批判②，另一方面沿着"多义性"的思路继续往下探讨。这样的批判理路尽管建立在对胡塞尔思想的严重误解之上③，却于无意中让他瞥见未来解构主义的核心概念：充替和延迟。

绝对的单义性在德里达的辩证法框架内当然是绝对不能允许的。因此，德里达指出，绝对的单义性只有在两种模棱两可的情况下才是可想象的：在第一种情况下④，我们首先应该默认一个基本的前提——多义性是文化诞生的标志。接着我们再来考察一下单义性存在的可能性条件：被描述的实事不仅仅是一个绝对单一的、不变的自然对象，而且还是一个在者，其统一性、同一性以及客观性本身位于文化之前。即使共在的人们对单义性单词的共享把这个词带入到语言的关系与对立之网中，把单义性概念所包含的实事和感知带入到文化之中，这一语言和文化的网络仍然赋予单词以单边的、现实的意向或回忆。这显然与文化的多义性特征相矛盾，因此，单义性的假设是荒谬矛盾的。

德里达采用的论证方法是归谬法，但他所默认的基本前提值得推敲。他把文化的多义性当作自明的前提接受下来，这显然超越了现象学的边界而变成从胡塞尔的思路之外对胡塞尔所进行的批判。胡塞尔

---

① 以上介绍参见胡塞尔：《逻辑研究》第二卷第一部分，倪梁康译，第 26 节。

② Vincent Descombes 甚至认为，"实际上，自从德里达的第一部已发表的文本（《起源》）以来，他所做的事情不外是公开揭露哲学语言对单义性（univocity）的企图"。（参见 Vincent Descombes, *Modern French Philosophy*, p. 140）

③ 关于这一误解的分析，详见本书第四十六节："解构学上的第一个切入口：'作为机遇性表达的我.'"

④ Jacques Derrida, *Husserls Weg in die Geschichte am Leitfaden der Geometrie*, S. 137. 也可参见德里达：《起源》，方向红译，第 105 页。

当然也承认文化的多义性，但他的目标正是通过对非本质因素的还原以及意向和观念对象的引入而建立起一个单义性的发展或回溯的现象学流程。因此，我们可以说，德里达此处的批判有隔靴搔痒之嫌。

但德里达的与众不同之处也在这里，正是在这里，"充替"概念初露端倪。很明显，既然文化必然是多义性的，那么，胡塞尔的所谓的"绝对的单义性"一定在某一阶段受到充替。会是在什么时间、哪一阶段呢？德里达虽然没有明确指出来，但我们根据德里达的思路完全可以做出准确的预测：从起源和生成处。胡塞尔的内时间分析已经直接为德里达提供了理论上的依据，在当下与滞留及前摄的交互关系中，甚至在这种关系之前，充替已经不可避免地发生了。

虽然"充替"概念对未来解构理论具有极端重要的意义，但此时的德里达并未明确地意识到这一点，也没有对"充替"的方式和特征做出课题化的描述，他只是从生活进展的角度对这一决定性的问题轻描淡写地一带而过：

> 相应地，胡塞尔必须认可在纯粹历史性中增长着的、不断返回到新的生活中而得以增长的、不可还原的多义性。[①]

尽管如此，这仍然是德里达在文本中第一次对"充替"概念的触及。

在第二种情况下[②]，德里达采用"滞留"与'前摄'之间的关系来分析作为基础和条件的单义性与"新成果"之间的关系。他认为，含义的同一性、单义性的基础以及再激活的条件都是相对的，因为它一

---

① Jacques Derrida, *Husserls Weg in die Geschichte an Leitfaden der Geometrie*, S. 137. 也可参见德里达：《起源》，方向红译，第 105 页。

② Jacques Derrida, *Husserls Weg in die Geschichte an Leitfaden der Geometrie*, S. 137-138. 也可参见德里达：《起源》，方向红译，第 105—106 页。

直属于一个变动的关系系统并起源于一个对新的成果无限开放的"前有"（Vorhaben）。显然，生活不停地向前发展，新的设想和成果不断地涌现，这些随时随地都在影响、改变、充替着含义的同一性状况，这使得单义性的理想被无限地延迟下去。应该指出的是，德里达在此对其中所蕴含的"延迟"结论也未给予足够的关注。

第八章 对观念的"看"与"听":无限延迟的"终极创建"

第三十七节 地理学和亚结构

我们知道,几何学的观念对象来源于前几何学世界中的素材对几何学家或哲学家的唤醒。我们可以沿着几何学文献记录的路线通过对含义再激活的方式回溯到第一个几何学家的创建工作和几何学的原明见性,但是,物换星移,历史过去了这么久,我们对第一个几何学家当时的历史环境却不甚了了。前几何学的世界是个什么样子?几何学是如何从前科学的世界中诞生的呢?生活世界中的素材如何唤醒几何学的观念性?被唤醒的观念性,其存在方式是怎样的?

胡塞尔并没有对前科学的世界做出种种猜测和怀疑,相反,他"确凿无疑"地指出了在这一世界中本质存在的东西[①]:存在一个"物"(Dingen)的世界;所有的物必然有一个躯体性,尽管不是所有的物必然有单纯的躯体,因为必然共同在此存在(Mitdaseienden)的人不可被想象为单纯的躯体,另外,文化客体也不仅限于躯体的存在;纯粹的躯体具有时空的形态(Gestalten),它与"材料的"质性("stoffliche" Qualitäten)(颜色、温度、重量、硬度等)有关。此外,

---

[①] 以下参见 E. Husserl, *Husserliana VI*, S. 383-384。

由于实践的需要，某些结构的特性突出出来，这样的技术性实践就会一再地针对某些被偏好的结构并对它们加以制作和改进。

德里达高度重视胡塞尔的这段描述，他有点过分认真地把这段话分成五个部分，细加解释并做出简单的引申，以便为接下来的证明服务。德里达做出的引申有两个方面——"地理学"和"亚结构"①：第一，原始几何学家已经具有非精确的时空形态，已经能够从形态学类型过渡到对"模糊"本质的规定，这对于前几何学的描述科学来说已经足够了。我们可以把这一描述科学称之为"地理学"。第二，作为纯粹的形态学类型的"模糊"本质已经具有某种程度的观念性，我们不可能把它与多种多样的自然形态互换，例如，"圆形"（das Runde）就是在对自然形态的圆形进行不断改进的基础上而被构造的，它已完全不同于圆形物体的结构了，我们不妨把它称之为"亚结构"（Substruktion）。

但德里达紧接着强调指出，我们应该把这种属于"亚结构"的观念性与纯粹几何学的观念性小心地区别开来，前者属于感性范围（die Ordnung des Sinnlichen），而后者作为一个在笛卡儿唯理论意义上的概念行为同时摆脱了两种同源的权能：想象和感性（die Phantasie und die Sinnlichkeit）。

应该说，德里达对胡塞尔思想所做的简单引申抓住了问题的实质，他在这里所遭遇到的恰恰是胡塞尔在《几何学的起源》中的一个关键性思想：

> 当哲学家从实践的、有限的环境……走向理论的世界观和世界认识，他便把有限的已知和未知的时空放入开放的无限的视域

---

① Jacques Derrida, *Husserls Weg in die Geschichte am Leitfaden der Geometrie*, S. 164ff. 也可参见德里达：《起源》，方向红译，第134页以下。

之中。但他并不因此就得到几何学的空间和数学的时间，否则运用这种有限性作为材料就会产生出新的精神产品。①

前几何学的观念性是实践的、感性的、有限的、形态学的（或地理学的）、描述性的、确然的，而几何学的观念性则是理论的、理性的、无限的、绝然的。它们之间存在着一条巨大的、难以逾越的鸿沟，就是说，从直观经验中绝不可能产生出几何学的观念性。但胡塞尔同时也指出，这些直观经验或者说这些前几何学的"短暂的感性图像是以一种在现象学上可把握和可描述的方式作为单纯的理解辅助工具来发挥作用的"②，换句话说，几何学的观念性在感性观念性中发现了自己的"支撑物"（Stütze），感性是几何学观念性的"支架"（Träger）、"基质"（Substrat）和"底座"（Unterlage）。德里达也正确地认识到这一点："然而在这种情况下，基础并不是指奠基的东西。"③ 有必要补充一点的是，胡塞尔思想的意义不仅在于指出了几何学观念对象的特殊存在方式，而且也分析了这种存在方式在敞开自然界的同时，又把自然界更深地遮蔽起来，或者用胡塞尔的话来说，这种存在方式"已经用这个精密的世界偷换了我们经验的世界，而完全忽略了去追究其原始的给予意义的作用"④——欧洲科学的危机由此而发端。

第三十八节 康德意义上的观念及其显现的方式

上述分析告诉我们，生活世界的观念性对几何学观念性的唤醒是

---

① E. Husserl, *Husserliana VI*, S. 384.
② 胡塞尔：《逻辑研究》第二卷第一部分，倪梁康译，第69页。
③ Jacques Derrida, *Husserls Weg in die Geschichte am Leitfaden der Geometrie*, S. 177. 也可参见德里达：《起源》，第148页。
④ 胡塞尔：《经验与判断》，邓晓芒、张廷国译，第61—62页。

一种断裂和一次飞跃。德里达从这一点出发，合理地推论出两种观念化（Ideation）的区分①：一个是康德意义上的观念化，胡塞尔的用语常常是 Idealisierung；另一个是作为本质直观的观念化，即 Ideation。这两个观念化的区别在于：一个在创造（Schöpfung）中精确地构造对象，另一个在直观中非精确地规定对象，例如，原初的几何学的观念化让此前并不存在的本质呈现出来，然而一旦这一观念对象被构造，在已完成的几何学中本质直观就恢复了自身的权力。胡塞尔在《逻辑研究》中对这两种观念化所做的描述也有助于我们的理解：精确意义上的"观念之物"，如"观念的"点、面、空间构形或在"观念"颜色物体中的"观念"颜色种类等，是康德意义上的观念，它们是通过一种特殊的观念化（Idealisierung）而产生出来的；在直观被给予性上通过直接的观念直观（Ideation）而把握到的本质是"不精确的"本质，例如对树的感知就是这样，树的空间构形不是一个"精确的"或"几何学意义上的"观念之物。

我们在这里只关注前一种观念化，这是胡塞尔现象学中最困难的、最易受到攻击的问题之一。在介绍德里达的批判之前，我们不妨先来看看胡塞尔对观念化的看法。

当自我的目光朝向一个知觉对象时，这一对象在"注意性"的样式中向我们呈现出来，一同呈现的还有位于注视对象周围作为背景而存在的其他对象，这些对象并没有明确地进入到注意的中心，它们仍处于晦暗和模糊之中，胡塞尔把这种背景性的存在称为"非注意性边缘域"。意识和体验永远在流动着，当自我的目光朝向边缘域中的对象时，曾经作为注意中心的注视对象转而成为背景对象。随着纯粹目光朝向的不停变化，突出性与未突出性之间、明晰性与晦暗性之间也

---

① Jacques Derrida, *Husserls Weg in die Geschichte am Leitfaden der Geometrie*, S. 178-179. 也可参见德里达：《起源》，方向红译，第149页。

在不断地发生改变。在单个的体验中，我们直观到的是个别对象的观念性，我们能够对它进行充分的体验和规定，但在上述体验的流动中，在目光的不断过渡中，如果我们把这种体验流和目光系列本身作为一个统一体来把握，我们直观到的将会是一种完全不同的对象，它无法在当下的体验流中得到充分的规定，或者说，它只有在直观的无限进程中才能被直观地把握。道理很简单：直观、体验、意识和目光没有开端且尚未终结。胡塞尔对此有过明确的表述：

> 在从一个把握到另一个把握的连续进程中我们现在以某种方式也把握住了作为统一体的体验流。我们并未将其作为一个单个体验来把握，而是以一种康德意义上的观念的方式来把握。①

正是在这里，德里达与胡塞尔发生偏离并在这一偏离的基础上对胡塞尔思想做了大肆引申。

我们知道，胡塞尔对体验流有过清晰的划分②。他认为，每一现在体验必然有其"在前边缘域"（Horizont des Vorhin）和"在后边缘域"（Horizont des Nachher），这两个边缘域与现在体验一起构成"三重体验边缘域"。但在此三重性中，胡塞尔关注的是现在体验和现在意识："每一现在体验都具有一个体验边缘域，它……构成了纯粹自我的一个原初性边缘域。"③ 从"现在"这一维度出发，应该说符合现象学的根本规范，但问题是，体验流是一个无限的统一体，如何从现在过渡到无限呢？胡塞尔对此所做的回答非常典型地表明了现象学的使命和理想以及与其后学之间的区别。胡塞尔虽然承认"内在直观的无限进程"，认可一个"在全部三维上被充实"的纯粹自我，甚至承认每一体

---

① 胡塞尔：《纯粹现象学通论》，李幼蒸译，第208页。着重号为原作者所加。
② 参见胡塞尔：《纯粹现象学通论》，李幼蒸译，第206—207页。
③ 胡塞尔：《纯粹现象学通论》，李幼蒸译，第207页。着重号为原作者所加。

验对"补充"的需要①,但他仍然在《纯粹现象学通论》中做了"致命的一跃":

> 但是这整个关联域本质上不会由一个单一的纯粹目光给予或能被给予。尽管如此,它也可在某一个虽然是本质上不同的方式中被直观把握,即在内在直观的无限进程方式中被直观把握。②

到《几何学的起源》中,胡塞尔仍然持这一观点,只不过在表述方式上发生了一些变化。他还是认为:

> 历史学本身的首要之事是我们的当下。我们总是知道我们当下生活于其中的世界,知道我们永远被一个包含未知现实的、开放的、无止境的"视域"所包围。这种作为视域确信的知不是学会的、不是现实形成的,而是作为背景的倒退的知。③

这一"致命的一跃"曾引发诸多争议,胡塞尔之后的很多思想家,如海德格尔、伽达默尔、利科等人都对这一问题做过探讨④,即使赞成这里存在的断裂,他们也没有追随胡塞尔以"先验自我"为基础做这种"跳跃",德里达也是这样,他不仅对现象学的使命和理想的可能性产生怀疑,而且还从胡塞尔体系的内部出发对现象学做了改造和引申。

---

① 胡塞尔的"补充"性思想似乎对德里达解构主义的核心概念"充替"有一定的影响,尽管德里达从未承认过这一点。胡塞尔曾明确指出,"每一体验在一个按其种类和形式来说并非任意的,而是被规定的关联体中都需要'补充'"。(参见胡塞尔:《纯粹现象学通论》,李幼蒸译,第209页)
② 胡塞尔:《纯粹现象学通论》,李幼蒸译,第208页。着重号为原作者所加。
③ E. Husserl, *Husserliana VI*, S. 382. 着重号为引者所加。
④ 值得一提的是,国内学者倪梁康先生对"这一跃"的可能性进行了更进一步的归纳和探索。参见《"智性直观"其在东西方思想中的不同命运》,《社会科学战线》2002年第1、2期。

与胡塞尔关注时间的"现在"之维相反,德里达强调的是时间的"未来"之维[①]。德里达首先指出了胡塞尔所谓的"活生生的当下"这一术语的性质:活生生的当下是胡塞尔现象学的绝对物,就是说,我绝不可能走出它,因为一切在其中都有自己的起点;接着,德里达从"现在"之维出发,经过"滞留"的中介,引出"前摄"在体验的三维性上的特殊地位:很明显,活生生的当下具有"此时"(Jetzt)、"此地"(Hier)的不可还原的源始性和基础性,但是,按照胡塞尔的说法,"此时"(或者说"现在")必然保留了"作为绝对源初的过去当下"(als vergangene Gegenwart eines absoluten Ursprungs)的"过去了的现在"(das vergangene Jetzt),而这一"过去了的现在"如果没有"前摄"便是不可能的,因此说,前摄是滞留本身的形式。若是把德里达的这个推论简化一下,就是这样的:现在必然包含了滞留,而滞留之所以从现在中被挤出,是因为前摄向现在的挤入。显而易见,前摄同时渗透到滞留和现在之中,它为什么能具有如此特殊的地位呢?德里达为此提供了两点理由:第一,前摄作为原初构想(ursprünglicher Entwurf)所保留的是现在,这一构想又保留了另一构想,如此等等;第二,滞留本质上是现在的变更,这一现在总是运行到接下来的现在并向其奔去。从这两个理由,德里达得出了这样的结论:"活生生的当下的绝对性便是这一双重包裹的无限的现在。"[②]

可是,"无限"怎么可能在"现在"之中显现呢?绝不可能!德里达的回答是这样的:这个无限性的同一生(当然它也是时间化的条件)必定能够得到思考(muss *gedacht* werden),但它却不可能在当下中显现(erscheinen)或包含(enthalten)在当下之中。

---

① 以下分析参见 Jacques Derrida, *Husserls Weg in die Geschichte am Leitfaden der Geometrie*, S. 181-182. 也可参见德里达:《起源》,方向红译,第 150—151 页。

② Jacques Derrida, *Husserls Weg in die Geschichte am Leitfaden der Geometrie*, S. 181. 也可参见德里达:《起源》,方向红译,第 151 页。

第三十九节　三个影响深远的结论

我们在上面详细介绍了德里达的论证思路，我们从中能非常明显地看出海德格尔对德里达所施加的巨大影响。海德格尔在《存在与时间》中正是从时间的未来向度出发探讨"筹划"以及"向死而在"和"先行到死"等问题的①。德里达甚至也提到"死亡"问题，他说，"死亡不再被理解为含义而是被理解为一个在时间化运动之外的事实"②。奇怪的是，这是德里达在行文中突然冒出的一句话，事先没有任何伏笔，事后也没有再回到这一点上来③。我们只能把这一点解释为海德格尔思想在德里达著作中的回声。

德里达用一句话把他与胡塞尔之间在"观念化"这一问题上的分歧推到了极限：

> 尽管胡塞尔以最高的、最确定无疑的目的论的尊严看待观念，尽管他赋予构成观念之条件的东西以日益增长的关注，但他从来没有使观念自身成为现象学描述的课题，也没有直接规定它的明见性类型。④

这是一个大胆的断言，这是对现象学使命和理想的正式放弃！这一举措对德里达走向解构之路具有决定性的意义，因为从这个分歧出

---

① 参见海德格尔：《存在与时间》，陈嘉映、王庆节合译，生活•读书•新知三联书店 1999 年版，第五十三节。

② Jacques Derrida, *Husserls Weg in die Geschichte am Leitfaden der Geometrie*, S. 181. 也可参见德里达：《起源》，方向红译，第 152 页。

③ 在后来的著作（《声音与现象》《马克思的幽灵》等）中，德里达给予"死亡"以非常高的理论地位。

④ Jacques Derrida, *Husserls Weg in die Geschichte am Leitfaden der Geometrie*, S. 182. 着重号为原作者所加。也可参见德里达：《起源》，方向红译，第 152 页。

发，德里达直接得出了两个对他日后的理论建设具有深远影响的结论（此外还得出了一个隐性的结论）。

其一，"终极创建"（Endstiftung）被无限推迟。这是德里达第一次明确提出"推迟"或"延迟"概念，也许是因为这一概念初次出场，它在表述上还不具备后来在并入到"延异"之中以后所含有的普适性和准先验性的意味，德里达谨慎地对这一概念做了限制："对'终极创建'而言，根据其内容，它被无限地延迟，可是根据其规范性含义，它永远具有明见性。"① 从批判的语气上来看，"延迟"概念是躲在明见性背后出场的，但德里达随即对这种明见性表示了保留，他指出，它仅仅在"有限的"（endlich）和"形式的"（formal）的尺度内才是明见的。通过这样的方式，德里达从"明见性"概念② 中拯救出"延迟"概念。

其二，"听"观念。德里达认为，不存在观念的现象学绝非偶然，因为它不能身体性地（leibhaftig）被给予、不能在任何明见性中得到规定。③ 与通常的看法相反，观念是明见性的可能性，是它开启了"看"本身，它是"看"的不可见的中项，是每一直观的视域。

应该指出，德里达此处的意见虽然已经与胡塞尔相左，但他依然在胡塞尔的思想中发现了两处与自己相近的思路：第一处在"C组手稿"中。德里达通过对这组手稿的解读，高度赞扬胡塞尔冒着身处黑暗的危险，不再把观念置于显现（Erscheinen）之上或现象学的光芒之上，而是让观念永远地成为光芒自身的黑暗的源泉④。

---

① Jacques Derrida, *Husserls Weg in die Geschichte am Leitfaden der Geometrie*, S. 183. 也可参见德里达：《起源》，方向红译，第153页。

② 我们不妨把这两种明见性分别称为"内容的明见性"和"形式的明见性"，胡塞尔和德里达都承认后一种明见性，但对前一种明见性的可能性，德里达坚决予以否认，胡塞尔则与之相反。德里达仿照利科的做法，把这两种明见性的不同对应于康德对"直观"与"意向"的区分。

③ Jacques Derrida, *Husserls Weg in die Geschichte am Leitfaden der Geometrie*, S. 183. 也可参见德里达：《起源》，方向红译，第153页。

④ Jacques Derrida, *Husserls Weg in die Geschichte am Leitfaden der Geometrie*, S. 182. 也可参见德里达：《起源》，方向红译，第152页。

那么，德里达从中得出了什么结论呢？德里达没有停留在胡塞尔那几乎无所不包的体系之内，他断然迈出了决定性的一步：

> 因此，对观念本身的现象学规定是根本不可能的。这一点也许不仅意味着，现象学不可能在现象学的现象学中反思自身，而且还意味着，现象学的逻各斯不可能亲身显现，我们无论如何也不可能把它交给看的哲学，它只能通过可看之物才能被听见。①

第二处在《纯粹现象学通论》中。胡塞尔在这部著作的导论中谈到术语学上的考虑时，间接地肯定了康德意义上的"观念"（Idee）与"本质"（Eidos/Wesen）之间的区别②。德里达紧紧抓住这一点并作了如下的发挥：

> 我们甚至可以说，观念没有本质，因为对每一本质的显现和规定来说，观念仅是视域的敞开。作为明见性的不可见的前提，观念拯救了被见之物，但这样它就丧失了与看的关系——而看与概念艾多斯联系在一起（在柏拉图那里观念与艾多斯相适应）。观念只能被听见。③

试问，观念怎么能够被"听见"呢？难道观念是一种"声音"？

---

① Jacques Derrida, *Husserls Weg in die Geschichte am Leitfaden der Geometrie*, S. 187. 着重号为引者所加。也可参见德里达：《起源》，方向红译，第157页。
② 原话是这样说的："此外，由于有必要保持康德的极其重要的观念（Idee）概念与（形式的或实质的）本质（Wesens）的一般概念之间的明确区分，使我决定改变术语。因此我使用在术语系统中未被使用过的一个外来词 Eidos（艾多斯）和德文词 Wesen，后者具有不甚严重但偶尔还会引起麻烦的歧义性。"（着重号为原作者所加）（参见胡塞尔：《纯粹现象学通论》，李幼蒸译，第47页）
③ Jacques Derrida, *Husserls Weg in die Geschichte am Leitfaden der Geometrie*, S. 189. 着重号为原作者所加。也可参见德里达：《起源》，方向红译，第159页。

德里达是如何得出这样一个令人耳目一新的概念的？！我的看法是，德里达的这一见解直接受到了索绪尔的启发。索绪尔强调了"能指"与"音响形象"之间的对等关系："我们建议保留用符号这个词表示整体，用所指和能指分别代替概念和音响形象。"① 任何事物的"观念"在内容上都不可能在当下之中完全呈现出来，也就是说，"观念"不可能作为所指而显现，只能作为"音响形象"而被听见。

从"看"转向"听"，这是德里达思想发展历程上的一次巨大飞跃，从这里开始，德里达真正与胡塞尔分道扬镳。在六年以后的著作《声音与现象》中，"听"与"看"的区别得到淋漓尽致的发挥。

其三，"活生生当下的不在场"。这是一个隐性结论，德里达在这本著作中并未明确指出当下的缺席，他只是提到了无限观念内容的"不在场"（abwesend）②，甚至还提出了"活生生当下"的"全时性和超时性"问题③，但"活生生当下"这一概念始终未能与"不在场"连接在一起。说它是隐性的，还在于下面这一点：只要我们把他对体验的三维性以及前摄的特殊性联系起来看，自然就能得出这样的结论："活生生的当下"其实并不在场！德里达似乎忽略了这一点，这一结论直到《声音与现象》中才被明确地提了出来。

从显现转向隐匿，从在场转向非在场，从现在之维（当下）转向未来之维（前摄），从直观转向意向，从"看"转向"听"，德里达逐步地摆脱了对胡塞尔文本的全面依赖并在此基础上开始形成自己的理论话语。不过要想树起解构主义的旗帜，还有待时日。

---

① 费尔迪南·德·索绪尔：《普通语言学教程》，商务印书馆1999年版，第102页。着重号为原作者所加。
② Jacques Derrida, *Husserls Weg in die Geschichte am Leitfaden der Geometrie*, S. 184. 也可参见德里达：《起源》，方向红译，第155页。
③ 德里达问道："难道全时性和超时性不是时间本身的标记吗？难道不是活生生的当下的标记吗——这一当下作为现象学时间的绝对具体的形式、作为一切先验生命的原初绝对？"（Jacques Derrida, *Husserls Weg in die Geschichte am Leitfaden der Geometrie*, S. 197. 也可参见德里达：《起源》，方向红译，第167页）

小结 解构之第二要素的出现：延迟

众所周知，différance 一词（德里达认为它不是一个词！）是解构主义的核心概念（德里达认为它也不是一个概念！）之一，德里达对它做了极为神秘但却完全非神学的界定[①]：它既不属于感性，也不属于理性；它既不是在场，也不是非在场；它既没有存在也没有本质；它既非主动亦非被动；它既不是一个词，也不是一个概念；它也不是拉康所谓的具有不可界定的边界的空洞；它在显现的同时消失；如果说它是什么，那么必须在"是"的上面打叉。

究竟该如何看待这玄而又玄的 différance 呢？难道我们只能望洋兴叹了吗？[②] 德里达在自己的行文中有没有暴露出这个概念发生发展的痕迹呢？答案是肯定的。他把这个非词之词一直追溯到拉丁语 differre，说它具有双重含义：其一，拖延（temporization），推迟；其二，差异，非同一。在谈到 temporization 时，德里达说，

> 我们以后将会看到，正如形而上学或先验现象学所说的那样，这个 temporization 如何也是时间化（temporalization）和空间化，

[①] 参见 "Différance", in J. Derrida, *Margins of Philosophy*, translated by Alan Bass, The University of Chicago Press, 1982, pp. 5ff.

[②] 国内学者叶秀山先生对此作了更为神秘的解释，把它看作一种"灵性的身体"（叶秀山：《意义世界的埋葬》，《中国社会科学》1989年第3期）。

是空间的时间化和时间的空间化，是时间和空间的"原初构造"。我们使用这种语言，但要在这里对它进行批判和置换。①

痕迹在消失的时候显现！在对先验现象学的话语进行批判和置换之前，différance 就已经在运行着，尽管不是那么神秘和纯粹。在 différance 这一概念的形成过程中，索绪尔的符号特征（"任意性"和"差异性"）以及海德格尔的"本体论差异"和黑格尔的"区分性关系"（differentiating relation）等思想都起过重要的作用，它们或者被德里达引证，或者被德里达拿来作为参照，但最核心的基石还是胡塞尔的现象学。如果没有对胡塞尔"生成"概念的分析，"污染"和"差异"概念就无从着落；如果没有胡塞尔对"内时间意识"的分析作为基础，如果没有胡塞尔对几何学"起源"的考察，"延迟"以及"听"的思想也就无从出现。因此，我们可以说，德里达对辩证法的推进正是借助胡塞尔的思想而实现的，他的最后的决心正是在现象学中下定的，他在做出正式结论前的论证也恰恰是紧紧围绕着胡塞尔的思路进行的。

正如我所指出的，在《生成》中，对德里达来说，最重要的成就是发现了"生成"或"起源"中"差异""污染"以及"辩证法"和"存在论"的不可避免的存在。这些成就也蕴含在《起源》中，例如，德里达提出所谓"原初的时间化运动，即一切构造的最终基础，逐渐变成了辩证法"②，还提出"辩证的"和"非辩证的""辩证法"观点等，除此之外，德里达仍然在海德格尔的意义上坚持"本体"或"存在"的不可还原性，他模仿海德格尔的提问方

---

① J. Derrida, *Margins of Philosophy*, p. 8. 着重号为引者所加。
② Jacques Derrida, *Husserls Weg in die Geschichte an Leitfaden der Geometrie*, S. 190. 也可参见德里达：《起源》，方向红译，第 160 页。

式"非常明晰地询问自己:为什么竟然有一个历史而不是一无所是（nichts）"[1]？尽管如此，应该强调指出的是，在《起源》中，对德里达解构主义来说最有价值的发现是对"延迟"的揭示[2]，德里达对此也有清醒的认识：

> 延迟是哲学上的绝对之物，因为方法论反思的开端只能是对蕴涵另一个起源（普遍可能的、更早的起源）的意识。绝对起源的悠久性从结构上讲在我的活生生当下中呈现出来并且在起源性中只能通过诸如我的活生生的当下之类的东西得以显现和认识——这一切是现象学延迟和局限的可靠性标志。[3]

"延迟"的维度是"未来"，是"前摄"或"预期"（die Antizipation）的纯粹形式，它的重要性在于，如果没有它，"话语和历史是不可能的"，甚至先验性本身，如果离开了"延迟"和"差异"，也是不可能得到说明的[4]。

---

[1] Jacques Derrida, *Husserls Weg in die Geschichte am Leitfaden der Geometrie*, S. 200. 也可参见德里达:《起源》,方向红译,第171页。

[2] 陆扬先生把德里达"différance"的发明提前到写作《起源》时期，这是没有根据的，尽管陆扬先生在说了下述一番话的同时还煞有介事地引用了原文:"1962年德里达为所译胡塞尔《几何学的起源》所作的长序中，已经出现了'延异'一词……德里达说：'绝对本原最初的延异（différance）……'"（参见陆扬:《德里达——解构之维》,华中师范大学出版社1996年版,第42—43页）作者在2000年的著作中仍坚持这一观点。（参见陆扬:《后现代性的文本阐释：福科与德里达》,上海三联书店2000年版,第24—25页）德里达的原文是:"La Différence originaire de l'Origine absolue qui..."（Jacques Derrida, *Edmund Husserl, l'origine de la géométrie. Traduction et introduction*, Presses Universitaires de France, 1974, p. 171）从德里达思想发展的内在逻辑过程来看，此时也绝不可能出现"延异"。

[3] Jacques Derrida, *Husserls Weg in die Geschichte am Leitfaden der Geometrie*, S. 202. 着重号为原作者所加。也可参见德里达:《起源》,方向红译,第172页。

[4] 德里达指出："它通过它的延迟（Verschiebungen）的谜一般的历史多半总已对'先验的'这个概念做了说明。"（Jacques Derrida, *Husserls Weg in die Geschichte am Leitfaden der Geometrie*, S. 203. 也可参见德里达:《起源》,方向红译,第173页）

《起源》这本书最后一章（第十一章）的标题是："观念的历史性：差异、延迟、起源与先验"。这一标题似乎是一个象征，它表明德里达通过对"起源"的追问和对"先验性"的反思所得出来的理论成果：差异和延迟。

[第三部分]

声音与充替

引言 《声音与现象》的问题域及其解读方法

德里达《声音与现象》的研究视域主要是《逻辑研究》。他为什么要选择胡塞尔的这部著作呢？德里达告诉我们，从这本书中我们可以"看到胡塞尔全部思想的萌芽结构"①。德里达还提出了所谓"为《逻辑研究》的根基进行定位"②的说法。我们看到，对胡塞尔哲学的"萌芽"、起源和"根基"的关注，一如对哲学和观念自身的"生成"的关注一样，一直都是德里达的兴趣之所在③。但胡塞尔的这部著作是个鸿篇巨制，其思路和线索可谓千头万绪，德里达该从何开始呢？德里达并不打算系统地解读《逻辑研究》，他的目标仅仅在于"指明胡塞尔思想的一般解释原则"④。

胡塞尔思想的一般性的解释原则是什么？换个立场说，德里达解读的基本思路是什么？在回答我们的问题之前，让我们先来看看德里

---

① 德里达：《声音与现象》，杜小真译，第1页。
② 参见德里达：《声音与现象》，杜小真译，第9页。
③ 关于《声音与现象》在研究主题上的连续性，John Protevi 指出："德里达在《声音与现象》中探讨了胡塞尔对语言和时间综合的处理，这一探讨奠基于他对胡塞尔的《几何学的起源》的分析之上。"（John Protevi, *Time and Exteriority: Aristo'le, Heidegger, Derrida*, Associated University Presses, 1994, p. 14）而 Paola Marrati-Guénoun 对这一点的解释则更为深入和准确，"我们能看出，语言和书写的问题在《起源》中已经出现，它也是《声音与现象》的中心问题，它与生成问题（这一问题占据了德里达论述现象学的第一部著作）并无不同，它们总是同一个问题，只是发生了位移罢了，就是说，发挥作用的方式不同而已"。（Paola Marrati-Guénoun, *La Genèse et la Trace*, p. 61）
④ 德里达：《声音与现象》，杜小真译，第2页。

达的问题：

> 现象学的必然性，胡塞尔严格而又精密的分析以及与这种分析相应的和我们应该满足的那些要求，这一切难道没有隐藏一种形而上学的假设吗？①

我们知道，胡塞尔要求自己"面对实事本身"，认为现象学应反对一切形式的"前见"，当然更包括形而上学的独断的预设，胡塞尔主张把所有的预设和"前见"置入括号之中。德里达与其针锋相对，矛头所指正是现象学本身的形而上学性，他指出，现象学不仅在自身之中包含着形而上学，而且对形而上学进行批评的现象学已经成为"形而上学自我保护的内在因素"②，现象学的一切努力"只是从根源上被恢复的纯粹性中的形而上学计划本身"③。德里达这本书的思路已是昭然若揭：现象学就是形而上学！现象学就是一种最精制、最狡黠和最纯粹的形而上学！

但是，胡塞尔并非传统意义上的经典形而上学家，我们至少可以总结出两点理由。首先，胡塞尔区分了两种形式的形而上学：第一种是冒险的、过度思辨的形而上学，这是胡塞尔所反对的；第二种是胡塞尔自己认可的形而上学，这种形而上学所研究的也是对存在的最终认识，但它采用的是纯粹直观的、具体的、绝然的证明方式，这就是现象学的方式④。其次，胡塞尔对"观念性"（Idealität）的存在方式提出了崭新的见解并在此基础上严厉地批判了实体论的形而上学。我们知道，胡塞尔的观念性，作为意向对象，它确实是一种存在，但并不

---

① 德里达：《声音与现象》，杜小真译，第3页。译文略有改动。
② 德里达：《声音与现象》，杜小真译，第3页。译文略有改动。
③ 德里达：《声音与现象》，杜小真译，第4页。
④ 参见胡塞尔：《笛卡儿的沉思》，张宪译，第170页。

是一种实体的存在。毋宁说，在实体论的形而上学的意义上，它根本不存在。胡塞尔说它是一种非实项的存在。

从文本上来看，德里达显然已经意识到上述问题及其解决的困难性。胡塞尔已经对传统形而上学做了巨大的推进，难道他的理论中仍包含着"冒险"和"过度思辨"的因素，仍包含着非"明见性"的成分？

根据我们在前文的介绍，德里达实际上已经从"污染""差异"和"延迟"等方面做了回答。德里达在这里依然沿用此前的思路，把胡塞尔的"明见性"、"当下"（gegenwärtig）、"直观"以及"活生生的现在"等相关概念当作现象学的"原则的原则"，并在此基础上对胡塞尔展开批判。与此前的思路稍有不同的是，德里达在这里提出了"在场"问题，这使得他对胡塞尔的批判更为集中，他认为"活生生的现在的在场"[①] 是一切观念对象的最终的合法起源：

> 观念性的最终奠基形式就是人们在其中可以提前或回忆整个重复过程的形式，理想性的观念性是活生生的现在，是先验生命的自身在场。[②]

这是一个非常巧妙的视角。如果说传统的形而上学是从实体论（或存在者）的在场出发的话，而胡塞尔的现象学也是从在场出发，尽管这一在场是非实项的，那么，我们自然可以得出这样的结论：胡塞尔的现象学只是传统形而上学的更为隐蔽的形式。现在，问题的焦点在于，如何炸开这种非实项的在场呢？也就是说，如何证明在非实项的"在场"之中包含着非在场呢？

---

① 实际上，德里达在《起源》中就已经认识到'活生生的现在"的特殊性，但未给予足够的重视。

② 德里达：《声音与现象》，杜小真译，第5页。译文略有改动，着重号为原作者所加。

要想解决这一问题，首先必须考察存在的非实项性问题。具有非实项性质的存在主要包括观念对象和意向对象，它们的存在方式非常特殊，我们可以从以下两个方面对其加以界定：第一，非实在性，它们不是现实世界中的具体存在者；第二，非归属性，它们虽然通过意识而呈现，但它们并不构成意识的不可分割的组成部分，也就是说，它们是非实项地属于意识的结构。正是由于它们具有非实项性，所以它们可以被无限地重复、无限地以在场的形式面对意识。这两种对象（其实是一种对象，只是观察的角度不同而已）都是观念性的表现形式，观念性是一种永恒的在场，正如德里达所指出的那样："观念性是自救或者是在重复中对在场的控制。"①

观念性对在场进行控制的最佳形式是符号学，确切地说，是"活生生的言语，是作为方（phonè：音素）的气流的精神性"②。在德里达看来，符号学和语言学是极好的入口，因为语言是在场与不在场这个游戏的中项，把生命与观念性统一起来，把观念性与在场同时保护起来正是活生生的言语。

为什么言语甚至音素具有这样的功能？言语在保护观念性的永恒在场中有没有发生意外？在声音与现象的根源处出现了什么样特殊的景观？这是德里达从胡塞尔的符号学出发所要回答的问题。

胡塞尔其实更关注的是看的问题即直观问题，如"范畴直观""本质直观"等。为什么德里达竟然认为他的现象学是一种"声音中心主义"？符号、声音、时间、主体这四者之间的关系究竟怎样？德里达从中得出了哪些新的结论？这些结论的合理性及其影响怎么样？这些都是笔者尝试要回答的问题。

顺便指出的是，德里达的问题域在这里其实已经悄悄地发生了某

---

① 德里达：《声音与现象》，杜小真译，第9页。
② 德里达：《声音与现象》，杜小真译，第10页。

种位移：从对生成和起源的不信任到对在场的破解，但后面的分析会告诉我们，这两个问题实际上是一而二、二而一的问题。对在场的提问正是对生成问题的进一步深入，它的论证方式及其所得出的结论仍然离不开"生成""起源"和"根源"，甚至连问题本身也与"起源"相关："是什么东西为规定语言的本质和起源而赋予认识理论以权力？"①

如果我们比较一下《声音与现象》与《逻辑研究》第二卷中的"第一研究"这两个文本，便会发现一种错位和不对称。《声音与现象》在分析的程序和行文的主旨上并没有与"第一研究"保持平行，德里达对"第一研究"中的"第一章"（"本质性的区分"）给予了充分的关注，特别是把其中的第 1 节（"符号这个概念的双重含义"）和第 8 节（"在孤独的心灵生活中的表述"）当作了论述的重点，而对其余三章的相关推论没有给予必要的重视。这种不平行性导致德里达在胡塞尔符号理论的解读中不断发生疏离和错位，这种状况极易给读者造成两种相互冲突的印象：或是成功的"批判改造"②，或是主观的"轻率任性"③。笔者在此唯一能做的就是继续坚持并强化互文式的阅读方法，就是说，穿梭于《声音与现象》和《逻辑研究》两个文本之间。

---

① 德里达：《声音与现象》，杜小真译，第 7 页。着重号为引者所加。
② 张祥龙：《胡塞尔的〈逻辑研究〉与德里达的〈声音与现象〉》，《世纪书窗》2000 年第 1 期，第 43 页。
③ 德里达：《一种疯狂守护着思想——德里达访谈录》，何佩群译，上海人民出版社 1997 年版，第 232 页。

第九章　在表述与指号的根源处

第四十节　表述与指号的区分

　　胡塞尔在"第一研究"的一开始便对符号这个概念所具有的双重含义做了本质性的区分。他认为，符号根据其是否具有"含义"（Bedeutung）或"涵义"（Sinn）而分割为"表述"（Ausdruck）和"指号"（Anzeichen）两个部分，准确地说，表述作为符号总是表达某种含义或涵义，而指号作为符号"不表述任何东西，如果它表述了什么，那么它便在完成指示（Anzeigen）作用的同时还完成了意指（Bedeuten）的作用"①。例如，当我们说"二次幂的余数"，这就是一个表述，它具有不随时随地、不因人而异的含义，这是从客观的角度即从行为内容的观念关系上来考察的。我们还可以从主观的角度即从作为行为的实在关系方面来考察，例如我们可以说，"我们'看'到他的愤怒和痛苦"，这句陈述是一个具体的、可理解的体验，因而是有意义、有含义的。哪些符号是指号呢？

　　在真正的意义上，一个东西只有在它确实作为某物的指示而

---

①　胡塞尔：《逻辑研究》第二卷第一部分，倪梁康译，第26页。着重号为原作者所加。

服务于一个思维着的生物时，它才能被称之为指号。[1]

举例说来，烙印是奴隶的符号，旗帜是民族的符号，火星上的运河指示着智慧的火星人的存在，手绢包着的一个可爱的纽扣指示着一个美好的回忆，等等。胡塞尔列举这些事例旨在表明，指号与其所指对象之间的关系既不像主观表述（体验性表述或行为的实在性关系表述）那样，"在表示者的意识中与被表示的体验是同一个现象"[2]，同时也不像客观表述（作为对象或行为内容的观念表述）那样具有一个不随时随地、不因人而异的含义（如几何学的真理），它们之间是一种描述性的、推测的、指示性的关系，这种关系产生于"观念联想"，其结果是不明晰的、非证明性的。在这个意义上，胡塞尔断言，"指号"没有"含义"（Bedeutung）或"涵义"（Sinn）。

需要指出的是，这里极易导致一种对胡塞尔的误解：似乎只有表述这种符号才有意义，而指号毫无意义，甚至是荒诞不经的东西。实际上，诚如胡塞尔所言，"每个符号都是某种东西的符号"[3]，因此可以说，即使是指号也是有意义的。换个角度说，即使是无意义甚至是荒谬的话语也是有"意义"的。鉴于汉语中无法找到一个对应词来翻译胡塞尔的Bedeutung而不致引起误解，我们不妨将胡塞尔的Bedeutung专译为"含义"[4]并对这个"含义"做出特别规定，只要一个符号具有以下两个特征中的任何一个，我们就认为它具有"含义"：第一，体验的同一性。我们的话语或话语的每个部分在我们的意识中与被该话语所表示的体验是同一个现象。但胡塞尔随后又指出，把心

---

[1] 胡塞尔：《逻辑研究》第二卷第一部分，倪梁康译，第27—28页。
[2] 胡塞尔：《逻辑研究》第二卷第一部分，倪梁康译，第33页。
[3] 胡塞尔：《逻辑研究》第二卷第一部分，倪梁康译，第26页。
[4] 这里从倪梁康先生在《逻辑研究》中的译法。另外，为了把"意义"这一外延最广的词留出来作泛指，我建议把胡塞尔的"Sinn"译为"涵义"。

理体验称作表述的意义或含义,这是一种错误的观点①。我以为,胡塞尔之所以做出这样的判断,主要是从表述的本质以及逻辑的目的来说的。第二,陈述对象的同一性。我们在话语中所关注的不是传诉者或接受者,我们也不可能发现判断和判断者的痕迹,我们所知道的是:"无论谁提出这个陈述,无论他在什么情况下和在什么时间里提出这个陈述,这个陈述所陈述的都是同一个东西。"② 德里达在《声音与现象》中也明确地意识到这一问题,他用法语的 vouloir-dire(想说)③ 来翻译胡塞尔的 bedeuten,不仅如此,他还总结了 bedeuten 所具有的两层意思:

> 一是正在说话的主体,如胡塞尔所说是在"某物上面"表述的主体要说;二是表述要说;确实,含义(Bedeutung)总是某人或话语要说的:总是话语的一种意义,一种推论的内容。④

我认为,胡塞尔在这里所进行的区分是现象学应用于符号学所带来的重要的理论成果,其意义可与弗雷格在《含义与指称》一文中的发现相提并论⑤。不仅如此,沿着胡塞尔的现象学操作方法,弗雷格的发现在胡塞尔的体系中也能得到明确的认可,只是在表达和证明上稍显繁杂而已,例如,胡塞尔对表述做了三个层面上的区分⑥:在第一层面,胡塞尔区分了表述的物理方面(如感性符号、被发出的一组声音、

---

① 参见胡塞尔:《逻辑研究》第二卷第一部分,倪梁康译,第34页。
② 胡塞尔:《逻辑研究》第二卷第一部分,倪梁康译,第45页。着重号为原作者所加。
③ 德里达:《声音与现象》,杜小真译,第21页。德里达在《论文字学》中继续沿用这个译法。(参见《论文字学》,汪堂家译,上海译文出版社1999年版,第67页)
④ 德里达:《声音与现象》,杜小真译,第21—22页。译文略有改动。
⑤ 有些学者,如 D. Smith 和 R. McIntyre 以及挪威哲学家 D. Fllesdal 甚至将胡塞尔的"意向相关项"(Noema)直接等同于弗雷格的含义(Sinn)。(参见陈立胜:《自我与世界——以问题为中心的现象学运动研究》,第32页)
⑥ 参见胡塞尔:《逻辑研究》第二卷第一部分,倪梁康译,第34页。

纸张上的文字符号等）与表述的心理方面；在第二层面，胡塞尔区分了名称所"传诉"的东西（即心理体验）与这个名称所意指的东西（意义、称谓表象的内容）；在第三层面，胡塞尔区分了名称所意指的东西和这个名称所称呼的东西（表象对象）。从上面的介绍中我们可以看出，胡塞尔的这种细致划分和描述其实已经涵盖了弗雷格在《含义与指称》中的重要发现，尽管后者更为集中和洗练。现象学著名学者 R. 贝耐特曾经明确指出过，胡塞尔的意向相关项理论"是对弗雷格语义学的证实，同时也是对他的现象学奠基"①。德里达在《声音与现象》中把弗雷格与胡塞尔截然对立起来，这显然是错误的，这表明德里达没有看出胡塞尔与弗雷格两人的共同点，表明他仍停留在语义学的表层。

到这里为止，我们终于明白了胡塞尔的良苦初衷：符号在本质上可以区分为表述和指号，表述具有"含义"或"涵义"，而指号虽然有意义，但并不具有"含义"或"涵义"。

胡塞尔之所以做出这种区分，其目的是什么呢？他想通过层层地剥离，让我们看见表述的本质。实际上，整个"第一研究"都旨在阐明：表述的本质既不是表述的物理方面和心理方面，也不是表象对象，而是含义或涵义，是称谓表象的"内容"。

第四十一节　德里达对这一区分的反驳："缺口"说与逆命题

德里达在《声音与现象》中所要反驳的恰恰是这一区分②。根据德

---

① R. 贝耐特：《胡塞尔的"Noema"概念》，载赵汀阳主编：《论证》，辽海出版社 1999 年秋季刊，第 150 页。
② 按 B. 瓦尔登费尔茨的归纳，对胡塞尔这一区分的反驳主要有三个路向：海德格尔的存在论路向、分析哲学的路向以及德里达的解构路向。（参见 Bernhard Waldenfels：《在言说与显示之间——对胡塞尔机遇性表述理论的反思》，载《中国现象学与哲学评论》特辑，上海译文出版社 2003 年版，第 126 页）我们这里只讨论第三条路向。

里达此前的研究成果，我们可以先在地猜测到他的观点：表述纯粹地与含义相关，这是不可能发生的。从差异性原理来看，透明的含义必然与不透明的符号（指号）结伴而行；从延迟性原理来看，无限地还原和回溯到纯粹的含义也是不可能的。就让我们来看看德里达自己是如何从现象学的内部对这一问题进行突破的。

德里达首先确定表述与指号之间的关系是功能性的而非实体性的。这一点是德里达的理解，胡塞尔并未提到，但我觉得这种理解是正确的。这种理解为德里达的突破打开了方便之门：既然它们之间的关系不是实体性的，那么同一个符号既可以是表述，也可以是指号。反过来说同样可以，如果指号被赋予了含义，它就成了表述，而如果表述失去了含义或意向性体验，它便成了指号。但是这种推论其实并没有超越胡塞尔的描述范围：

> 意指——在告知的话语中（in mitteilender Rede）——总是与那个指号交织在一起。①

不仅如此，胡塞尔还专辟一节（第7节："在交往功能中的表述"）讨论表述的交往功能。言谈者在说中对自己的心理体验的传诉（Kundgabe）和倾听者在听中对这种体验的接受（Kundnahme）共同构成了交往中的表述，这也是表述的原初职责。但是，由于言谈者的心理体验无法为倾听者所直观地感知，就是说，倾听者虽然能感知到对方的心理体验，但他并不能体验到这些体验，这样的感知不是"内"感知而是"外"感知。由此，在交往活动中，表述转化为指号已是在所难免：

---

① 胡塞尔：《逻辑研究》第二卷第一部分，倪梁康译，第26—27页。

一旦把握到了这一层关系，人们就会认识到，所有在交往话语中的表述都是作为指号在起作用。①

德里达认识到了这一点并引以为证，但他却从这里出发对胡塞尔提出了两点批评：第一，既然表述与指号永远交织在一起（allzeit verfochten ist），那么就没有必要对它们进行严格的本质区分。这种区分是现象学为自身设置的缺口，胡塞尔把这一缺口嵌入到事实与权利、存在与本质以及实在与意向之间。

应该承认，德里达的"缺口说"比较深刻地把握了现象学的运作真谛，如果放弃了对权利、本质和意向的要求，放弃了对观念性的探求，现象学还剩下什么呢？但据此怀疑对表述和指号进行本质区分的必要性似乎有些牵强，正如运动与静止的交织并不妨碍我们对它们进行严格的区分并分别对它们进行系统的研究一样。Rudolf Bernet 也觉得德里达的做法很奇怪：

> 即使纯粹表述的例子事实上不可能被发现，表述与指号之间的本质区分会依然有效并且会构成对多种多样的现象上的相互交织进行分析的一个有价值的方法，因此"本质性的区分"始终是"延异"现象学的不可或缺的前提。如果德里达没有意识到这一点，那将是十分奇怪的。②

第二，胡塞尔既然承认，任何表述都会不由自主地被捕抓到一个指示的过程中，为什么不能进一步承认这一命题的逆命题——任何指号也会不由自主地被捕抓到一个表述的过程中——呢？

---

① 胡塞尔：《逻辑研究》第二卷第一部分，倪梁康译，第35页。着重号为原作者所加。
② Rudolf Bernet, "Derrida and His Master's Voice", *Derrida and Phenomenology*, edited by W. R. McKenna and J. Claude Evans, p. 8.

实际上，胡塞尔并没有毫无保留地认可前一个命题（"任何表述都会不由自主地被捕抓到一个指示的过程中"），他只是指出了在交往活动中表述与指号的交织性，但他认为，表述也能单独地、纯粹地发挥作用，"表述也在孤寂的心灵生活中发挥着它们的意指作用，只是不再作为信号而已"①，就像指号也能单独地发挥作用一样："指号可以摆脱这种交织的状况而单独出现"②。总之，胡塞尔的观点是，在表述和指号这两个符号之间既不存在相互涵盖的属种关系，也不存在相互渗透、相互交错的共生关系。

但德里达显然同意，这个逆命题是成立的。在他看来，如果逆命题成立，这会带来重大的理论上的收获：推翻胡塞尔有关符号和意义的全部理论，彻底动摇《逻辑研究》以后的所有著作的基础：

> 如果联结指号和表述的交错关系（Verflechtung）原则上讲是绝对不可还原的、错综复杂的，如果指示并不作为多少执着的依附而被补充到表述之中，而是寓于表述运动的本质严密性之中的话，胡塞尔的全部理论——特别是《逻辑研究》之后的著作——就会受到威胁。③

为此，德里达专辟一章进行详尽地论证。

可是，奇怪的是，德里达并没有以推论的方式或举例的方式从正面来证明指号是如何"寓于表述运动的本质严密性之中"的，相反，他首先把胡塞尔的指号理论归结为两点④：第一，即使事态 A 用某种完全经验的立场（以最高的或然性）指示了事态 B，这种指示也永远不

---

① 胡塞尔：《逻辑研究》第二卷第一部分，倪梁康译，第 27 页。着重号为原作者所加。
② 胡塞尔：《逻辑研究》第二卷第一部分，倪梁康译，第 27 页。
③ 德里达：《声音与现象》，杜小真译，第 33—34 页。译文略有改动。
④ 参见德里达：《声音与现象》，杜小真译，第 36 页。

会是一种必然性证明；第二，即使指示似乎涉入到一种证明之中，它也将永远属于心理动机、活动、信念一类，而不可能被置于具有统一内容的真理性一边。接着，他把这两点综合起来并推向极端："指号落入绝对理想的客观性之外，即落入真理之外。"① 与表述相比，指号所具有的只是一种"外在性"。

在我们的期待中，德里达似乎应着手拆解这种外在性，或者说，把这种外在性转变为内在性。但德里达没有这样做。他出人意料地在外在性与事实性（factualité）、世间存在、本质的非必然性和非自明性等之间建立了联系，他在此基础上问道：

> 人们是否已经有权利说，对还原的将来的全部论争，这种论争在其中被说出来的全部概念的区别（事实／本质，先验性／世间性以及所有与之组成体系的对立）都在这两种符号类型的分离之中找到出发点的吗？是与这种分离同时，还是在这种分离之中并由于这种分离才发展的呢？②

德里达似乎想对现象学来个釜底抽薪！根本无须对外在性进行所谓的证明或拆解，胡塞尔现象学的秘密就是先提出区分、打开缺口，并在此基础上建立对立性的概念，如事实／本质、先验性／世间性等，然后对一切与世间存在有关的现象（事实、对象、存在等）进行还原。

德里达在此对胡塞尔现象学的批判不能令人信服。难道现象学的还原是一种姿态和矫情？难道本质、艾多斯、观念以及先天等的问题仅仅是现象学的人为的设定？是一种自欺的多余的东西？

这仅仅是德里达的联想和推测，充其量也不过是一种解释，这里

---

① 德里达：《声音与现象》，杜小真译，第36页。
② 德里达：《声音与现象》，杜小真译，第37页。

不存在任何推理和证明的要素。实际上，德里达随即就承认了这一点："我们刚才提出的问题实际上使我们从评论过渡到解释。"① 那么，德里达在这里有没有进行正面的证明呢？没有②。他只是直接做出了我们"可想而知"的结论。这一结论与其说是德里达进行推理和论证的结果，不如说它直接来源于对差异原理的信念。

Evans 从语义学的角度向我们揭示了德里达的叙述策略，颇具启发性。胡塞尔的 Verflechtung（"交错"）的比喻意义是 entanglement（"缠绕"），但它的字面意思是 interlacing（"交织"），胡塞尔在谈到指号与表述的 verflochten（"交错"）的关系时，根据上下文，这个词的意思更倾向于字面含义 interlaced 或 interwoven（"交织"）。当我们说符号的两个功能 interwoven，就是指符号在指示的功能之外还可能具有表述的功能。但德里达把 Verflechtung（"交错"）看作是 entanglement/enchevêtrement（"缠绕"），而不是 interlacing/interweaving（"交织"），这就等于事先断定这两种功能是难分难解地纠缠在一起的③。在揭示了德里达的手法之后，Evans 后退一步说：

> 我认为，即使含义总是——从本质上而非"事实上"说——与指号交织在一起，它们的本质区分也仍然能被课题化并可以得到分析。④

马里翁认为，德里达在批判胡塞尔的符号学说时引入了两个关键

---

① 德里达：《声音与现象》，杜小真译，第 38 页。着重号为引者所加。

② 如果为德里达辩解的话，那么我们可以说，在对胡塞尔的"自言自语"案例进行解构时，德里达已经间接地为自己的逆命题提供了证明。不过，即使这一证明成立，也无法涵盖他的"釜底抽薪"行为。

③ 参见 J. Caude Evans, *Strategies of Deconstruction: Derrida and the Myth of the Voice*, p. 33。着重号为原作者所加。

④ J. Claude Evans, *Strategies of Deconstruction: Derrida and the Myth of the Voice*, p. 42.

性的决定（décisions），暗中支配着德里达对整个《逻辑研究》的解读的正是这两个决定：

> 首先，他必须把对含义的定义引回到对符号或"话语"的定义；而且这种等同对他的解释的主导性要比那种他赋予优先性的等同——在被给予含义的符号（Zeichen）与被剥夺了"表达本质"的指号（Anzeige）之间的等同（equivalence）——深刻得多；因为在决定指号是否构造了含义符号的最终真理（或与之相反）之前，有待证明的东西是，在符号的成形中，含义的本质起着第一位的和完全的作用。这一点对德里达来说是自明的，但对胡塞尔来说未必如此（此处马里翁加注：胡塞尔对含义的定义使他早在第一研究中就抵达了"观念统一性"的状态。这便有可能赋予它一种无直观的观念"内容"）。其次，德里达必须预设，直观完全统治着"在场的形而上学"，因此直观单独就穷尽了在场。但是，至少就胡塞尔而言，直观构成了关于在场的定论吗？①

在马里翁看来，德里达竟然将胡塞尔准备证明的东西当作不证自明的前提接受了下来！

这是一种有意识的解读策略还是一种一厢情愿的决定，抑或是一种基于信念、不加论证的推测？这一点我们暂且存疑，但有一点是肯定的，德里达在这里对胡塞尔的解释逃不了简单粗暴之嫌。

德里达在这种粗暴的解释中突然转向一般符号问题。在我看来，德里达正是在这里孕育了解构理论的又一次新的突破。

---

① Jean-Luc Marion, *Réduction et donation: Recherches sur Husserl, Heidegger et la phénoménologie*, pp. 35-36. 不过，需要特别指出的是，马里翁对德里达的批评并不意味着他赞同胡塞尔的立场，恰恰相反，他认为德里达把胡塞尔的直观理论归结为在场形而上学并不能从根本上驳倒胡塞尔的现象学。

胡塞尔在"第一研究"的一开始就对符号的双重含义进行了区分，即区分为表述和指号。德里达对胡塞尔的研究顺序提出指责，他觉得，胡塞尔在对符号进行本质性的划分之前，首先应该探讨的是一般符号的意义和结构："胡塞尔似乎武断而又急迫地压制了有关一般符号结构的问题。"①

德里达的这一指责加之于胡塞尔显得有些强人所难。我们知道，现象学以贴近实事地描述实事为己任，它不可能在对一般符号进行现象学描述之前就"武断而又急迫地"给出定义。Evans 也认为，德里达在这样的提问中堕入他所批评的形而上学之中②。德里达对此似有所识，为了显示指责的正当性，他援引海德格尔在《存在与时间》中所提出来的"解释学循环"的观点，指出"前见""前理解""先领会"的不可避免：

> 为了在论争展开时理解"符号"这个词，我们与本质、符号一般的基本功能和结构之间应该已经具有一种前理解（pré-compréhension）的关系。③

但是，不管怎么说，在德里达看来，胡塞尔还是"绕开"了这一重要问题。然而，胡塞尔留下了尾巴，德里达敏感地意识到这条尾巴的重要性。胡塞尔在对符号概念进行区分之前，不经意地对符号"武断地"下了一个断言：Jedes Zeichen ist Zeichen für etwas（"每个符号都是某种东西的符号"）④。德里达紧紧抓住这个断言并道出了自己的"领悟"和"猜测"：

---

① 德里达：《声音与现象》，杜小真译，第 28 页。着重号为原作者所加。
② 参见 J. Claude.Evans, *Strategies of Deconstruction: Derrida and the Myth of the Voice*, p. 4。
③ 德里达：《声音与现象》，杜小真译，第 28 页。译文有改动。
④ 胡塞尔：《逻辑研究》第二卷第一部分，倪梁康译，第 26 页。

我们领悟到"为某种东西存在"（für etwas）就是意指"在某种东西的位置上存在"……人们已经可以猜测——我们下面可能还要证实这一点——这个"指示'（Zeigen）是表现指号和表述之间全部交错的根源和必然性的地方。①

解构主义的重要原理之一——充替原理——在此已经呼之欲出了。因为一方面我们领悟到：符号"为某物"②而存在，就是说符号"在某物的位置上"存在，这也意味着其物有被符号所取代、所接替的危险；另一方面，我们也能猜测到：在指号和表述相互交错的根源处，它们不仅彼此在对方身上增添了自身，而且作为符号它们也把自身增加到"某物"的上面。但德里达在这里并没有明确提出来，他要一步步把这一结论引申出来，直到最后一章，他才会向我们亮出谜底。

---

① 德里达：《声音与现象》，杜小真译，第28—29页。
② 德里达的这种表述方式不禁让人想起海德格尔的世界之为世界的"因缘结构"（参见海德格尔：《存在与时间》，陈嘉映、王庆节合译，第十八节），不过，无论从论证的过程还是结果上来看，德里达在这里都从根本上越出了海德格尔的理论视域。

第十章　声音（1）："声音"概念的诞生

第四十二节　"声音中心主义"的显性思路

"声音中心主义"是德里达赋予胡塞尔现象学的一个重要的特征，但在我们通常的印象中，现象学的最为引人注目的特征是"看"："悬置"地看，"还原"地看，看显现，看本质，看范畴。德里达为什么不从"看"出发提出"视觉中心主义"从而瓦解形而上学的在场观念呢？我想，这主要可能是由于德里达意识到要把胡塞尔的"看"归结为单纯的在场是很困难的，他早在 1964 年就曾指出：

> 谁又比胡塞尔更执着于提出视觉本原上而且本质上就是内在性与外在性的那种不切合呢？而对超越性和广延性的事物的感觉本质上永远是未完成的呢？[1]

从解构策略的角度着眼，选择"听觉"与在场的结合，可能会更好一些，但是，把"现象"与"声音"扯到一起，似乎有些牵强附会[2]，

---

[1] 德里达：《暴力与形而上学：论埃马纽埃·勒维纳斯的思想》，载《书写与差异》，张宁译，第 207—208 页。

[2] Evans 曾断言，"胡塞尔不论是在这里还是在其他任何地方都没有主张过声音的形而上学优先性"。（参见 J. Claude Evans, *Strategies of Deconstruction: Derrida and the Myth of the Voice*, p. 120）

而德里达的一些论述如果仅从字面上来看，也是漏洞百出、不能令人信服的，这至少表现在下面三个方面。

首先，德里达告诉我们，"胡塞尔很快就确定表述……的表述性与口头话语（Rede）有着一种不可还原的关系"，"胡塞尔保留了口头话语对表述的专门权利"①。口头话语与其他类型符号最根本的区别在于它的声响，这也就是说，声音与表述具有一种必然的、排他性的关系。果真如此吗？我们来看看胡塞尔的"反驳"，"我们所说的表述显然不是指……声音构成物"②，他还进一步对表述作了一般性的区分，指出表述的物理方面包括"感性符号、被发出的一组声音、纸张上文字符号以及其他等等"③。很明显，对表述享有权利的不仅有声音，还有文字、感性符号等其他许多方面。诚然，胡塞尔的确说过，"言语声音只能被称作表述"④，但他紧接着又指出，之所以这样，不是因为言语声音本身，而是"因为属于它的意义在表述着"。胡塞尔晚年甚至将"口头方式"（mündlich）与缺乏"精确规定"相联系⑤——我们知道，精确的、单义的规定恰恰是胡塞尔符号理论的理想之所在。

其次，在谈到 Bedeutung（含义）和 Sinn（涵义）的区别时，德里达断言："Bedeutung 被保留在口头表述和口头话语的理想的意义的内容之中，而 Sinn 则遍及整个意向相关项的范围直至它的非表述层次。"⑥ 出于这个理由，他将 bedeuten 翻译为法文的 vouloir-dire（想说）。胡塞尔的确区分过 Bedeutung 和 Sinn 的用法，但准确地讲，胡塞尔认为，Sinn 泛指一切意向体验，而 Bedeutung 仍被局限于语言的、

---

① 德里达：《声音与现象》，杜小真译，第 21 页。
② 胡塞尔：《逻辑研究》第二卷第一部分，倪梁康译，第 44 页。
③ 胡塞尔：《逻辑研究》第二卷第一部分，倪梁康译，第 34 页。着重号为原作者所加。
④ 胡塞尔：《纯粹现象学通论》，李幼蒸译，第 302 页。
⑤ E. Husserl, *Husserliana VI*, p. 377.
⑥ 德里达：《声音与现象》，杜小真译，第 22 页。译文略有改动。

逻辑的、表述的范围之内①。很明显，同样一个 Bedeutung，德里达强调的是它的口头表述性，而胡塞尔则明确指认它应局限在语言的范围之内。

最后，为了进一步提高声音在胡塞尔现象学体系中的地位和价值，德里达在做了上述判断之后又指出，表述"是一种活动的摆脱自我的出口，是只有在声音和'现象学的'声音中才能停留在自我中的意义的出口"②。不论德里达怎样描述声音，他的意思始终是：声音一定属于口头话语（这也是德里达为什么将口头话语与 Bedeutung 绑在一起的缘故），即使它不发出声响。但胡塞尔精心构思的一个案例却将语词——即使是被想象的声音语词和被想象的印刷文字——逐出纯粹表述和意义的体系之外：

> 在孤独的话语中我们并不需要真实的语词，而只需要表象就够了……这里存在着的不是被想象的语词声音或者被想象的印刷文字……因为对于作为表述的表述功能来说，语词的存在与否无关紧要。③

在胡塞尔看来，声音固然可以使意义"在自身中保持自身"，但印刷文字和表象也能够做到这一点。虽然这一案例后来遭到德里达的严厉批判，但这丝毫无损于此处的证明。

德里达所指责的现象学的"声音中心论"似乎已经站不住脚了。且慢！德里达在上面所提供的只是一种表面上的描述和说明，不足以作为证明的依据。另外还有一条更为隐晦的思路从《起源》开始，甚至从更早时期的讲演"'生成与结构'及现象学"（1959年）开始，一

---

① 胡塞尔：《纯粹现象学通论》，李幼蒸译，第302页。
② 德里达：《声音与现象》，杜小真译，第40页。
③ 胡塞尔：《逻辑研究》第二卷第一部分，倪梁康译，第38页。

直贯穿到《声音与现象》。让我们一起来看看这一条思路的论证方式和力度。

第四十三节 "声音中心主义"的隐性思路

早在1959年,德里达就已经把逻各斯与声音联系在一起了:

> 事实上,逻各斯的突然闯入,即关于理性的某种无限任务的观念在人的意识中的降临,并非只经由一系列革命才会发生,这些革命同时也是一些向自我转化、是在前有限性的那些断裂,而这种在前的有限性揭露的是某种隐藏着的无限性力量,而且它还给沉默之潜能(dynamis)的是它的声音。①

对这一段话的解读应该到《几何学的起源》中去寻找,所谓的"闯入""降临"只是胡塞尔的"唤醒"概念的另一种表述,而"在前有限性"与"无限性力量"之间的"断裂"也是对胡塞尔的"几何学观念"出现方式的诠释。在这里把逻各斯的闯入等同于声音的出现,在很大程度上还是一种猜测和联想。当他说,逻各斯"是自身触发② (auto-affection)的那种语言,即那种自听自说(s'entendre-parler)"③,这时他想到的一定是《逻辑研究》之"第一研究"中关于"在孤独的心灵生活中的表述"这一主题,因为正是在这一主题下,胡塞尔研究了孤独个人的"自听自说"(Selbstgespräch)问题。

声音既然是逻各斯的"自听自说",而逻各斯就是"话语"和"意义",那么声音与话语有什么关系呢?德里达虽然在当时就已经

---

① 德里达:《书写与差异》,张宁译,第300页。着重号为引者所加。
② 关于"触发"这一概念的含义,参见本书第五十节"'超越'与'触发'"。
③ 德里达:《书写与差异》,张宁译,第300页。译文稍有改动。

意识到,"现象学在批评古典形而上学的同时完成了形而上学最深层的那个方案"①,但要想给出完整清晰的说明,首先必须回答这一问题。

在《起源》中,德里达已经认识到观念的特殊性,它不会自身显现,相反它是一切显现的前提,也就是说,我们不可能"看"见(直观到)它的内容,但我们能够"听"见(意向到)它的形式,就像听见索绪尔的作为"音响形象"的"能指"一样②。在这里,德里达把"声音"与"观念"联系在一起,正如我在上文所指出的,这是德里达勇敢地迈出的"决定性的一步",但他在《起源》中对自己的这个发现并没有深入下去,也没有把它普遍化使之成为胡塞尔现象学的一个重要的形而上学特征,他对观念之"听"的发现和关注仍然局限于他当时的视域即"差异"和"延迟"之内。

根据现象学的看法,作为"音响形象"的"声音"属于人类和动物的生理活动的现象,理应遭到"悬置",那么,观念所"发出"的是一种什么样的"声音"呢?在《声音与现象》中,这一问题在一个新的维度上被再次提出并得到思考。尽管时间已经过去了八年,但德里达提出这一问题的目的仍然未变:

> 关键要证明现象学批评的根源就是在其历史终结和只是从根源上被恢复的纯粹性中的形而上学计划本身。③

不过,说明的维度已经发生了改变,这一新的维度便是胡塞尔的"平行论"(Parallelismus)观点,正是这一观点对德里达提升"声音"

---

① 德里达:《书写与差异》,张宁译,第302页。
② 实际上,德里达在"'生成与结构'及现象学"中也已经达到了这一高度。
③ 德里达:《声音与现象》,杜小真译,第4页。

概念的理论意义起了关键性的作用①。

胡塞尔的"平行论"具有两个方向上的含义。其一，结构上的"平行论"。这是指以意向活动与意向相关项之间的平行关系为结构模型的对称存在，例如，"赋义的意指与充实的直观"之间的平行，"含义的意指与奠基于感知之中的行为"之间的平行、"显现与显现者"之间的平行以及"先验本我的对象构造与自身构造"之间的平行等②；其二，生成上的平行论，或者更准确地说，方法论上的平行论。德里达对"声音"概念的提炼所利用的正是这种平行论。让我们来考察一下胡塞尔这种形式的平行论。

当胡塞尔提出先验现象学理论时，不仅遭到了当时一般哲学家的误解，甚至在现象学内部也引来一片唏嘘。胡塞尔认为，这都是由于在"先验现象学"与"现象学心理学"之间建立区别是极为困难的事，它们之间的关系实际上是一种平行论的关系：如果我们如其所是地描述心灵特有的本质直观，我们所获得的便是现象学心理学；如果我们把心灵的活动（心理学上的"自我"）以及本质直观对象（世界）悬置起来使其失去存在效力，那么我们所获得的便是一个"纯粹的""多重流动性的""原初地显现的"意识世界。这是一个什么样的世界呢？胡塞尔说：

> 它可从作为在连续实行的现象学态度中呈现着的"纯粹现象"继续向前并看见一个无限的、自行封闭的、绝对独立的存在者领域展现出来：纯粹主体或先验主体领域。③

---

① 应该指出的是，在"'生成与结构'及现象学"中，德里达已经关注到胡塞尔的"更为诱人的""平行论"思想，但他把这一思想归结为纯粹的生成现象学问题，而没有与"声音"分析联系起来。
② 参见倪梁康：《胡塞尔现象学概念通释》，第327页。
③ 胡塞尔：《纯粹现象学通论》，李幼蒸译，第453页。

我们可以看出，从现象学心理学到先验现象学的转变，胡塞尔并没有添加任何新的内容，这种转变纯粹是一种态度上的变化，或者说是一种先验还原。如果我们把世界和心理学自我悬置起来，我们便获得了先验之我；如果我们转向心理学的内在直观，那我们便又回到了现象学心理学。德里达也意识到这一问题的困难性和奇妙性：

> 所有这些困难都被包容在"平行论"扑朔迷离的观念之中，胡塞尔引述令人震惊的、奇妙非常的"平行性"，甚至可以说是遍及现象学心理学和先验现象学，而这都被理解为本质的学科。其中之一暗含着另一个，如果能这样说的话。①

那么，把这两者区分开来的线索究竟是什么呢？胡塞尔在不同的地方都坚持认为，它们之间的不同是一种"细微的意义"上的改变，或者说是一种"微不足道的细小差别"，但胡塞尔紧接着指出，差别尽管微不足道，可是却具有重大的意义，它决定着一种哲学的生死存亡。②

德里达从两者在内容上的无差别性出发，把胡塞尔所说的"细微差别"删除掉，使区分的线索变成"乌有"（rien）③。这是一种极

---

① 德里达：《声音与现象》，杜小真译，第13页。译文稍有改动。

② "这样一种从单纯态度转变中产生的'细微意义'改变将具有一种巨大的，对一切哲学均有决定性作用的意义。"（胡塞尔：《纯粹现象学通论》，李幼蒸译，第454页）"在这里，我们有一种似乎是微不足道的细小差别，但正是这种差别区别开哲学的正道和歧途。……所以，关于意识的一种心理学探究的意义与一种先验现象学探究的意义之间的区别是无法估量其鸿沟之巨大的，虽然它们所描述的内容，在无论哪一方面来说都是一致的。"（胡塞尔：《笛卡儿的沉思》，张宪译，第40页）

③ "这区分一些平行物的乌有（rien），这个没有它就没有任何解释的乌有，即任何语言都不可能自由地在真理中发挥而不被实在的境况所改变，这个若没有它任何先验的问题，即哲学的问题就不可能轻松的乌有，可以说，当世界的整体在它的存在中被中性化并被还原为纯粹现象的存在的时候，它就涌现出来了。"（德里达：《声音与现象》，杜小真译，第13—14页。译文略有改动）

端化的做法①，尽管有其合理性，在结果上却使胡塞尔的先验现象学变得更为神秘难解。"乌有"概念的提出在理论上至少具有三个方面的意义：第一，先验之我成为一种隐喻、一种心理之我的绝对旁观者，德里达自然可以轻松宣布先验之我的无效和死亡：先验之我"要质问的也包括，比如，它自身的死亡"②。第二，先验之我的死亡并没有让德里达彻底抛弃"平行论"的表述模式。这种"既不在世界之中也不在世界之外"的平行论的话语已经渗透到德里达正在成形的解构主义的血肉之中。第三，对"声音"概念的提炼。早在1959年的讲演"'生成与结构'及现象学"中德里达就已经注意到意向对象存在方式的特殊性③：一方面，意向对象不属于主体的一个特定时刻，不属于意识，它根本不是意向活动真实的组成部分，它也没有向意识借取任何"质料"性之物；另一方面，意向对象也不属于世界，它并不是按其原始实存的样式向意识呈现自身的，可以说，离开意向活动，意向对象也就不复存在了，它是为着意识而存在的不属于世界的世界之物。

人类一代一代的劳作，人类世世代代的生成，形成了人类的历史。如同我们在《起源》中所描述的状况一样，人类在历史中所发现和确立起来的观念对象被时间的尘埃所覆盖，今天的人们只有通过语言的记录才能去除历史的"沉淀"，"重新激活"原初观念对象的显现方式，但是在这里：

---

① 倪梁康先生认为这种极端化的做法其实正是胡塞尔预先批评过的传统观点，"停留在自然的、通常的、传统的观点中而转入先验的观点，就无法看到在先验领域和心理领域之间的特别差异。——很奇怪，德里达似乎代表了传统的观点"。（倪梁康：《直观的原则，还是在场的形而上学？——德里达〈声音与现象〉中的现象学诠释与解构问题导论》，《浙江学刊》2004年第2期，第60页）

② 德里达：《书写与差异》，张宁译，第304页。

③ 参见德里达：《书写与差异》，张宁译，第293页。

意识的成分和语言的因素会越来越难于分辨。①

这是德里达的一个关键性的判断，这一判断打开了从观念对象过渡到声音的方法论通道。德里达此处在理论上的支援背景仍然是"差异"思想：尽管在胡塞尔看来，观念对象是不朽的先验意识的成就，尽管先验意识不受世界毁灭甚至不存在的威胁，尽管"胡塞尔无疑曾经想要维持从一开始就是无声的、先表述的、原初的体验层次"②，但是，毕竟观念对象（意向对象）不能离开意向活动而存在（虽然它并不真实地属于意向活动），当一代代的人类个体的意向活动停止时，观念对象（意向对象）只能通过语言文字的记录才能保留下来，一旦语言进入到纯粹的原初体验之中，差异便作为一种张力以一种无法祛除的方式沉溺于其中。实际上，难道历史上曾经存在过纯而又纯的观念对象吗？

语言是符号，它可以无限地被重复，但在使用它的同时，正如此前所分析的那样，我们丧失的是对象的活生生的在场，是观念对象与其自身的完全同一，我们所获得的是观念对象在生成上的无限延期。现象学如何解决这一棘手的问题呢？

这个困难要求得到一个答案。这个答案就叫做声音。③

"声音"概念正式出场了！接下来德里达进一步明确了"声音"概念的独特地位。在谈到"表述是一种外化过程"时，德里达指出，表述在某种外在中首先表达的是处于某种内在之中的意义，但这种内在和外在是绝对原始的：外在不是空间的在外，即不是自然、世界和实

---

① 德里达：《声音与现象》，杜小真译，第17页。
② 德里达：《声音与现象》，杜小真译，第17页。
③ 德里达：《声音与现象》，杜小真译，第17页。

体，而是虽在自身之外但又身处意识之中。表述的话语不需要在世界之中被大声说出来。在先验还原之后，表述属于"意向活动—意向相关项"的范围，意向活动及其意义只有借助于表述的话语（哪怕是沉默的表述）才能使自己不至于堕入虚无：

> "表述"是一种活动以及随之而来的自我外化的意义——这种意义只有借助于声音，确切地说是现象学的声音，才能够在自身中保持自身。①

德里达在这里所使用的"声音"与他以前所使用的同一概念在内涵上是不一样的，这是一种经过"平行论"处理过的"声音复合"体。一方面，声音不在世界之中：它不是世界中的某一实体发出的声音，不是生理的声音，也不是心理学意义上的声音印象；另一方面，声音也不在世界之外，它是一种先验的气流和呼吸，它发自先验的身体之中。在对历史进行"去沉淀化"的运作时，我们再也看不见原初的意向对象（观念对象），我们再也无法直观到意向活动的过程，我们只能听见一种声音在向我们诉说。原初的世界已经离我们而去，甚至原初的观念对象也已不在场，在场的只有声音，胡塞尔正是想通过这种奇特的声音来维持世界的始终在场以及意义的永恒的明见性。

很明显，这里的隐性思路是德里达逻辑运思的主体思路，此外，值得一提的是，德里达的"声音中心主义"也受到黑格尔的声音观的负面启发，黑格尔在《美学》中对感觉做了等级安排，他认为在触觉、味觉、视觉和听觉中，听觉是最纯粹的，相应地，黑格尔把声音看作是感觉中最为理想的东西。德里达据此指出，在黑格尔那里，声音"标志着一种通过否定性的活动从空间向时间的过渡、通过'抽象

---

① 德里达：《声音与现象》，杜小真译，第40页。译文略有改动。

的物质性'从物质向观念的过渡"①。完成向时间和观念的过渡的声音自然就成了德里达将要加以解构的纯粹的在场。应该说，黑格尔的声音观符合德里达对声音的定义，是一种典型的声音中心主义，这就难怪《声音与现象》在谈到"声响与理想性之间的同谋关系"时自然会提到黑格尔②。但是需要辨明的是，"声音中心主义"的提出及其解构主要得益于胡塞尔，而非像 Lawlor 所认为的那样是"德里达从黑格尔那里把声音概念输入到胡塞尔之中"③，没有"平行论"或先验性维度的引入，"声音"不可能与在场发生关联，德里达也不可能声称通过对声音的解构而解构在场形而上学，德里达在 1984 年出版的访谈录中对此有过概括的指认：

> 事实上，正是胡塞尔的方法帮助我怀疑在场的概念以及它在所有哲学中的基本作用。④

第四十四节　对这一思路的简评

从上面的分析中我们可以看出，德里达利用了胡塞尔的"平行论"思想把一个在现象学视域中无足轻重的"声音"概念提升到先验性的层面，从而为"声音中心主义"这一范畴的提出奠定了学理上的根基。

遗憾的是，这样的根基并不具备德里达所声称的"明见性"（Evidenz）。或者，我们可以说，德里达所谓的"明见性"不是现象学意义上的明见性，后者是直观层面上的行为，而前者充其量也只是推

---

① J. Derrida, *Margins of Philosophy*, translated by Alan Bass, p. 93.

② 参见德里达：《声音与现象》，杜小真译，第 98 页。实际上，德里达还把"声音"这一概念一直上溯到亚里士多德。（参见 J. Derrida, "Form and Meaning", *Margins of Philosophy*, p. 75）

③ Leonard Lawlor, "Distorting Phenomenology: Derrida's Interpretation of Husserl", *Philosophy Today*, Summer 1998, p. 190.

④ 转引自 C. 豪威尔斯：《德里达》，张颖、王天成译，第 9 页。

论上的明确性和严密性。这也符合德里达的一贯思想：任何事物或状态都不可能让我们"源源本本"地看见，差异和延迟在所难免。可是这样一来，德里达便陷入了自己反对自己的模式中。

将胡塞尔的思想归结为声音中心主义，这本身是不是一种结构主义思维模式？德里达在"力量与意味"中曾对这一模式作过发人深省的批评：

> 人们难道没有因为了确定一种本质性的'高乃依式运动'而丧失那些有价值的东西吗？以这种本质主义或终极目的论结构主义为名，其实是把所有那些不屑于几何机械规范的东西变成无关紧要的表象：它包括的不只是不受曲线和螺线约束的剧本，也不只是作为意义本身的力与本质，还有运动中那种纯粹异质性的时间。①

带着德里达的批评，我们再来反观德里达自己对胡塞尔思想的归结，我们自然会提出这样的问题：这种归结有多少人为的"先见"和"先判断"？这种做法又把多少胡塞尔的异质性思想放逐在外？德里达曾经厉声责问过罗塞特："倘若'高乃依式运动'的本质即在此，那么高乃依自己又将在何处呢？"② 这是何等酣畅淋漓的质问！如果我们以其人之道还治其人之身呢？——"倘若'胡塞尔式运动'的本质即在此，那么胡塞尔自己又在何处呢？"

德里达这位"去中心主义"的大师一直热衷于对名目繁多的"中心主义"进行解构。经他解构的不仅有声音中心主义、逻各斯中心主义，还有语音逻各斯中心主义（logophonocentrisme）、哲视

---

① 德里达：《书写与差异》，张宁译，第34页。
② 德里达：《书写与差异》，张宁译，第33页。

（theorein）和看的特权（其实就是一种视觉中心主义），甚至在现在还准备提出"触觉中心的"（haptocentrique）哲学[①]。可他所批判的"中心主义"是从何而来的呢？如果不是来自虚构，那么至多来自推论和演绎。德里达的"去中心"战略一般具有一个连贯的三步战略：第一步，设立某个"中心主义"或"中心论"；第二步，对这一"中心"进行颠覆使之错位并在此基础上展示新的景观；第三步，验明差异和延迟的独特存在方式。

可以说，这样的三步战略"是以某种冒犯和不忠开始的"（德里达语），不止如此，这种方法还会使研究者和被研究者双方的视域出现错位和误置。解构的本意是想拯救被遮蔽、被边缘化和被忽视的存在，错位和误置本身难道不是使"意外或浮渣的无资格性"（德里达语）雪上加霜吗？《声音与现象》与《逻辑研究》的错位和不对称便是一个典型的例证。

[①] 这番话是德里达在接受张宁采访时说的。参见德里达：《书写与差异》，张宁译，第17—18页。

第十一章　对自言自语的解构（1）：符号的充替性

第四十五节　孤独的心灵生活及其带来的解构学上的困难

如前所述，由于我们不能直观地、明见地、"内在地"感知到他人的体验，由于他人的"传诉"与倾听者的"接受"之间永远无法等同，因此，在所有的交往活动中，表述与指号是交织在一起的。有没有无告知的交流？有没有直观的体验？有没有"传诉"与"接受"完全相同的情况？一句话，有没有一种表述，它既不与指号纠缠在一起同时又能承载含义？

胡塞尔在"第一研究"第 8 节中为我们精心构制了一种现象学处境[①]：在孤独的心灵生活中，我们进行着表述，但这种表述并不是向着另一个自我进行传诉，也不是利用符号在表达自己的心理体验。如果我们把自言自语中的内在体验划分为语词和意义这样两个要素，那么我们可以看到，语词本身显现为是自在的和无关紧要的，而自我表述似乎将兴趣从自身引开并在越过语词的同时将它引向意义。在孤独的话语中，我们并不需要真实的语词，语词文字虽然浮现在我们面前，但实际上它根本不存在，我们只需要表象就够了。只要我们能够区分

[①] 参见胡塞尔：《逻辑研究》第二卷第一部分，倪梁康译，第 37—39 页。

"被想象的语词声音或者被想象的印刷文字"与"对这些声音或文字的想象表象"——这种区别类似于"在被想象的半人半马怪与关于半人半马怪的想象表象之间"的差异,我们就能理解,在自我的心灵生活中,语词的存在与否是无关紧要的,即使语词存在,它也没有向我们指示出一种心理行为的存在,因为我们自己在自言自语的同一时刻里体验着这些行为。胡塞尔作为表述特例所构造出来的现象学处境向我们证明了,至少存在一种情况,在这种情况下表述完全摆脱了指号的纠缠。

德里达在着手对这个表述的特例进行解构之前,先对表述和指号进行了批判性的规定。概括起来看,表述/指号具有两个相互关联的特征:第一,直接在场性/直接非在场性。指号所联结的是世间存在和自然物体,所具有的是可感性、经验性和联想等特征,指号是一种僵死的在场,它所缺少的是生动活泼的意向和精神。表述的物理方面,例如感性符号、被发出的声音以及纸张上的文字符号等,也与指号毫无二致。与此相反,非物理方面的表述所发出的是一种先验的气息,是一种现象学的声音,语词和概念通过这种声音而被激活并被赋予含义,先验自我在这种非物理性的表述中直接地、即时地、完全地体验到当下发生的意向活动,也就是说,活生生的现在甚至可以抛弃符号的中介而直接地面对自我。第二,先验的唯意志论/非志愿的被抛性。德里达说:"表述是一种志愿的、坚定的、完整地意识到的意向的外化。如果没有使符号活跃起来的主体的意向,如果主体没有能赋予符号一种精神性,那就不会有表述。"[①] 没有想说的意愿和意向就不会有表述,因此德里达把胡塞尔的 bedeuten 概念译为 vouloir-dire(想说)而不是常见的法文 signification。在此基础上德里达把意向性观念归入到意志形而上学的传统之中。而指号作为一种话语事件是非表述的,这

---

① 德里达:《声音与现象》,杜小真译,第 41 页。译文略有改动。

"不仅因为它是在世的,是被抛到世上的,还因为,作为话语,它在自身中保留某种属于非志愿的联想的因素"①。

德里达对第一个特征的描述是非常精准独到的,不过需要注意的是,这里的在场绝不是某种存在者的在场或柏拉图意义上的理念的持存,如果从语言哲学的角度来看,我们也可以说,这种在场是能指的在场而不是所指的在场,更不是指称对象的在场。这是胡塞尔超越古典形而上学的地方。德里达通过这一特征也很好地解释了胡塞尔为什么把手势、面部表情、身体与世间的标志等从表述中驱逐了出来,因为它们没有被注入精神(geist)和活力,因为在它们之中意向和含义是不在场的,或者说,它们"标志着这种在场的死亡"②。

德里达提出的第二个特征看上去很新颖,但似有夸大其词之嫌③。众所周知,胡塞尔的现象学首先是一种静观的描述性的学说,它并不讨论主体如何通过自己强有力的意志或志愿来构造对象,换句话说,现象学首先诉诸的并不是意志或志愿,而是意向性和直观。当然,现象学也谈论意志和愿望,但这种谈论也是从属于无前提的、静观的描述。另外我们知道,意向性与意志是根本不同的两回事。在意向性中有意向活动无法控制的意向相关项;在直观中,除了对意向对象进行主动的把握之外,还存在一种对原素(hyle)的被动综合。德里达不是不知道这一点,但他像他所批评的结构主义一样,仍然固执地用自己的归结碾平了胡塞尔的思想:

---

① 德里达:《声音与现象》,杜小真译,第 42 页。译文略有改动,着重号为原作者所加。
② 德里达:《声音与现象》,杜小真译,第 43 页。译文略有改动,着重号为原作者所加。
③ John Scanlon 曾中肯地批评过德里达的翻译策略:德里达把德文的 bedeuten 译成法文的 vouloir-dire 就是"迫使胡塞尔的德文文本包含唯意志论方面的含义"。(参见 John Scanlon, "Pure Presence: A Modest Proposal", *Derrida and Phenomenology*, p. 99)但张祥龙先生基本上赞同德里达的立场并从意愿、bedeuten 与表述之间的关系这一角度对德里达进行了解释和辩护。(参见张祥龙:《朝向事情本身:现象学导论七讲》,团结出版社 2003 年版,第 352—353 页)

> 人们可能应该总结说，尽管有接受的或直观的意向性，尽管有被动的起源，意向性观念仍然在意志形而上学的传统中。①

德里达利用他所发现的这两个特征（尤其是第一个特征）对交往活动中的符号功能进行分析并描述了符号的耻辱过程。德里达模仿胡塞尔的口吻说，当他人向我说话时，他人体验的在场拒绝我的原直观，但每当所指的直接而完全的在场被回避时，能指就具有了指号的属性。我们能看得出，德里达在这里得出的结论与胡塞尔的完全一样：在所有的交往中，表述都是作为指号在起作用。德里达把这里证明的关键归结为"在场的概念"：他人的体验对我来说是一种"外"感知而不是"内"感知，这种体验及其精神和生命不能在我的意识中出场。

符号的耻辱过程就是出自这里。当符号勉为其难地传诉他人的话语时，符号便发生了自我分裂，分裂为双重意义，也由此形成了语言的表层，即胡塞尔所谓的"感性符号、被发出的一组声音、纸张上的文字符号以及其他等等"②。

德里达不厌其烦地反复讨论表述和指号的关系，提出"在场""非在场""志愿性"以及"他人"等概念，甚至大段引述胡塞尔对符号在"言说者"和"倾听者"之间的交往中的功能和作用的描述，其用意在哪里呢？

> 作为非在场的对他人的关系因而是表述的不纯性。为了在语言中还原（réduire）指示并且最终重新获取纯粹的表述性，就必须把对他人的关系悬搁（suspendre）起来。③

---

① 德里达：《声音与现象》，杜小真译，第42页。译文略有改动。
② 胡塞尔：《逻辑研究》第二卷第一部分，倪梁康译，第34页。
③ 德里达：《声音与现象》，杜小真译，第50页。译文略有改动。

德里达的用意在于由此自然地过渡到对自言自语的解释和解构。在"交往活动"中,德里达无法从根本上把自己与胡塞尔区分开来,胡塞尔对表述所做的规定也能符合德里达的差异原则。下面我们将会看到,正是在"孤独的心灵生活中",德里达才彰显了他与胡塞尔的原则不同。

不过这种过渡尽管很自然,却以对胡塞尔的方法和思路的曲解为代价。胡塞尔在《逻辑研究》时期还没有发展出"现象学还原"的思想,也没有谈到"悬搁"的问题,这些思想最早要到《观念》时期才会出现,德里达这里的措辞显然把胡塞尔的思想提前了[①];另外,在胡塞尔思路问题上,德里达的意思似乎是,胡塞尔在这里使了一个诡计,把对他人的外在关系悬搁起来,仅仅讨论一种特殊的内在关系——自我对自身的言说,以便从中获得表述的纯粹性。

胡塞尔果真是一个"诡计多端"的理论家吗?胡塞尔确实想把表述引入到纯粹的内在性之中吗?难道含义(即表述的本质)是内在的?它难道首先不是客观的、非个人意识的,甚至是非心灵意识的?与其说胡塞尔精心设计了符号学的论证思路,不如说他展开自由联想,精心寻找各种例证状况以便为"第一研究"的主旨提供充足的描述。我们知道,在交往活动中,虽然表述作为指号在起作用,但表述所传递的并不是某种信号,而是某种意向和含义,尽管这种传递是不完整、不相即的。但在"孤独的心灵生活中"情况又是怎样的呢?我们不妨做出这样的结论:自言自语作为交往的一个特例实际上是自由变更方法在符号学上的运用,它旨在说明表述的本质仍然是含义,它并不想徒劳地寻找纯而又纯的表述,换言之,第一研究的语境表明,胡塞尔并不打算先剔除指号从而获得一种纯粹的表述,再进而探讨表述的本

---

① 在同年发表的《形式与意义》中,德里达甚至认为这里存在"双重的排除"和"双重的还原"。(参见 J. Derrida, "Form and Meaning", *Margins of Philosophy*, p. 161)

质——如果我们仅仅关注德里达的文本，我们一定会得出这样的结论①。胡塞尔的思路是，在交流中，符号的本质是含义，不在交流中，比如说在独白中，符号的本质仍然不变！

> 我们至今为止所考察的都是在交往功能中的表述。表述所具有的这种交往功能的本质基础就在于：表述是作为指号在起作用。但是，即使在交流而不告知的心灵生活中，表述也被赋予一个重要的角色。很明显，这个功能的变化并不会改变表述的本质。表述一如既往地具有它们的含义，并且具有与在交往话语中同样的含义。②

从这里我们能非常明显地看出德里达与胡塞尔之间在视域上的误置和错位：胡塞尔区分了表述在交往中的基础和本质这样两个范畴。在交往中，表述的基础是指号，而其本质则是含义，即使我们能够设想出一种情境从而彻底清除表述的基础（如在孤独的心灵生活中的表述），我们仍然不能改变表述的本质③；德里达似乎忽视了胡塞尔在表

---

① 跟在德里达后面持"纯粹性"立场的大有人在。亦步亦趋的 Geoffrey Bennington 说，"胡塞尔想维持自我在场面对意识的纯粹性"（Geoffrey Bennington and J. Derrida, *Jacques Derrida*, The University of Chicago Press, Chicago and London, 1993, p.68）；在德里达研究上颇有建树的 Rodolphe Gasché 指出，"胡塞尔想摆脱所有的指示性关系"（Rodolphe Gasché, *Inventions of Difference*, Harvard University Press, 1994, p.38）；英国学者 C. 豪威尔斯更是与德里达如出一辙：胡塞尔"将语言的非表述特征（如它的有形方面及其交际的功能）归于偶然事件的范围。为此他需要找到一种在其中指号（或指示）不在场的现象学情景以便研究纯表述。他选择的领域就是内心独白"（C. 豪威尔斯：《德里达》，张颖、王天成译，第23页）。

② 胡塞尔：《逻辑研究》第二卷第一部分，倪梁康译，第37页。着重号为引者所加。

③ R. Bernet 对此作过精辟的推论："如果现象学还原依赖于对纯粹表述案例的寻求，如果对胡塞尔来说，独白仅仅是实现表述的这种纯粹性的唯一案例，那就得出这样一个结论：向先验意识的还原就会是向唯我论的还原，或者是向'保持沉默的声音'（德里达语——引者注）的还原。"事实上，胡塞尔在"第一研究"中既未得出唯我论的结论，也没有走向声音中心论，这两个结论恰恰是德里达在《声音与现象》中为胡塞尔做出的！这里的两个"如果"恰恰是德里达推理和解构的前件！参见 Rudolf Bernet, "Derrida and His Master's Voice", *Derrida and Phenomenology*, edited

述的基础与本质之间所做出的重要区分，认为胡塞尔清除表述的基础这种做法其实是想寻找表述的纯粹性："在'孤独的心灵生活'中，如此这般的表述的纯粹统一性似乎终于对我建立起来。"① 这里明显存在一种误置和错位。让我们来看个究竟。

德里达承认，胡塞尔向内心独白所做的还原的第一个好处，就是语言的物理发生在独白中确实是不在场的。但他马上问道：

> 这是不是说，当我对我自己说话时，我就与自己没有任何交流呢？是否因此对表现的传诉（Kundgabe）和对表现的接受（Kundnahme）就是被悬搁的呢？非在场是否被还原，并与指示、类似的转折等一起被还原呢？而我是否就不改变自己？我是否在我自己身上一无所得呢？②

让我们记住德里达的发问，这是理解德里达整个思路的关键所在。德里达想要证明的东西在于：当我在想象中对我自己说话时，我就是与自己发生交流；表现的传诉和接受是不可能被悬置的；非在场、指示等不可能被还原掉；即使是在自言自语的瞬间，我也脱离了自己并改变了自己。对这些思想做出证明将是非常有价值的，虽然不能像德里达所认为的那样彻底推翻"进行本质区分的这第一章中所阐述的有关意义的全部理论"，但它确实会再一次验明并深化德里达所发现的

（接上页）by W. R. McKenna and J. Claude Evans, p. 9。Evans 也正确地指出："胡塞尔从未梦想去尝试［德里达所说的］'把所有的指号形式都从语言中驱逐出去'。" J. Claude Evans, *Strategies of Deconstruction: Derrida and the Myth of the Voice*, p. 64。

这里有必要指出的是，退一步说，即使承认了唯我论的结论，也并不意味着自言自语的不可能性。关于这一问题以及对维特根斯坦"私人语言不可能性"的批判，参见倪梁康：《自识与反思》，商务印书馆 2002 年版，第 604 页及以下，尤见第 621 页。

① 德里达：《声音与现象》，杜小真译，第 52 页。
② 德里达：《声音与现象》，杜小真译，第 52 页。译文略有改动。

"差异"原理和"延迟"原理。

但是，这种证明实非易事。德里达清醒地意识到，胡塞尔并不是一个传统的形而上学家，他在想象变更中对符号的描述并没有借助于古典心理学，就是说，胡塞尔并不认为想象形象是一种符号形象并把这种符号形象直接对应于被想象的客体。与此相反，胡塞尔不仅揭示了这种观点所包含的困难，而且从自己的现象学出发提出意向相关项的非实项性（nicht-reelle）思想。

在胡塞尔看来，意识体验是由"实项的"（reell）和"意向的"两个组成部分构成，"体验的实项组成部分"就意味着体验的"材料的"（stofflich）与"意向活动的"（noetisch）组成部分，而"体验的意向组成部分"则由"意向相关项"组成。① 所谓意向相关项的非实项性是指意向相关项并不像材料与意向活动那样"实实在在地"属于体验和意识。换言之，含义、观念对象既不在意识之中存在，也不在意识之外——比如说在自然和实在中——存在。德里达在 1959 年的讲演"'生成与结构'及现象学"中对此作过极为精彩的描述：

> 在一般意识中存在着某种并不真正属于意识的层面。这就是意向对象非实项（reell）组成成份这个既困难又关键的主题。解释对象之客体性，是为着意识（而在）之物的意义及其之"如是"（commetel）的意向对象，它既不是那种其原始存在的显现正好就作为其意向对象而被规定的事物本身，也不是一个特有的主体的时刻，即一种"真实"的主体时刻，因为它毫无疑义地作为为着意识的对象而被给出的。它既不属于世界亦不属于意识，而是为着意识而在的世界或世界之物。②

---

① 以上解释参见倪梁康：《胡塞尔现象学概念通释》，第 401 页。
② 德里达：《书写与差异》，张宁译，第 293 页。着重号为原作者所加。

胡塞尔的这一思想直接推翻了古典心理学的基础，这是一项了不起的成就。当然，与胡塞尔同时代的另外两个思想家，弗雷格和索绪尔，也从各自的体系出发独立地做出了这一重要的发现。

正是基于对实项性与非实项性的深刻理解，德里达在《声音与现象》中敏感地抓住了胡塞尔的一段话——"在想象中，一个被说出的或被印出的语词文字浮现在我们面前，实际上它根本不存在。我们总不能将想象表象或者甚至将想象内容与被想象的对象混为一谈吧"①，并以此为契机把意向相关项的非实项性观点推向极端：

> 这样，不仅仅是词的想象——它不是被想象的词——并不存在，而且这种想象的意向相关项（le noème）与活动相比则更是不存在的。②

这样，不仅"被想象的对象"不复存在，连"想象表象"和"想象的意向相关项"也被逐出了存在之外。在这种情况下要想证明非在场和指号的不可还原性、证明世间存在和实在对象与表述所具有的连体关系，似乎变得更加困难了。

第四十六节　解构学上的第一个切入口："作为机遇性表达的我"

德里达本来可以选择从先验现象学的角度来进行证明。自指的自我与其说是表述，不如说首先是指号。当主体对自己言说时，例如，"你这事儿干糟了"、"你不能再这样干下去"（胡塞尔语），他难道不是首先把这个说话主体指示为自身？从先验现象学的角度看，先验之

---

① 胡塞尔：《逻辑研究》第二卷第一部分，倪梁康译，第39页。
② 德里达：《声音与现象》，杜小真译，第59页。译文略有改动，着重号为原作者所加。

我无法作为一个整体被呈现给直观,这说明当我们对先验主体进行命名时,这种行为本身就蕴含了某种指示性。但遗憾的是,德里达似乎忽略了这一可以深入下去的阐释视角,他对这一观点只是一带而过[①]:"人们会问:它是否把说话主体指示为自身?"[②] 也许德里达更希望从现象学的符号学内部来破解表述的本质,当然,这样做更具推论的合理性和证明的合法性。

事实上,德里达正是这样做的,剩下的问题便是如何选取一个巧妙的进入角度。概括起来说,德里达一共找到了两个切入口。

第一个入口便是"作为机遇性表述的我",这个"我"不是"先验之我",而是符号学中作为人称代词的"我"。

我们先来看看德里达的立场:

> 直观的不在场——即直观主体的不在场——不仅仅是被话语所容忍的,只要人们在它自身中考察它,它就是一般意义的结构所要求的。它完全是被要求的:主体的整体不在场和一个被表述对象的不在场——作家的死亡或(和)他能够描述的对象的消失——并不阻碍"意谓"的行文。相反,这种可能性使得"意谓"本身诞生,使人们听见它并使人们去读它。[③]

德里达在这里旗帜鲜明地宣布了"主体的缺席"和"对象的不在场"是含义本身得以可能的条件。主体死了,被表述的对象逃离了在

---

① 实际上,德里达在本书的第六章中提到类似的观点(之所以说是"类似的",是因为这一观点的内涵一样,但表达的角度不一样,一个是先验现象学的视角,另一个是现象学符号学的视角),但仍然是一带而过:"'S 是 P'类型的句子,S 在这句子中不是人们能用一个人称代词代替的人,这个人称代词在真实的话语中拥有一种仅仅是指示的价值。"(参见德里达:《声音与现象》,杜小真译,第 92 页)

② 德里达:《声音与现象》,杜小真译,第 54 页。译文略有改动,着重号为引者所加。

③ 德里达:《声音与现象》,杜小真译,第 117—118 页。译文略有改动。

场，剩下的只是意义的衍生之链，"它把各种当下化互相连接起来，无始无终"①。

德里达是怎样得出上述结论的？这些结论与胡塞尔有什么关系？德里达明确承认他的结论来源于胡塞尔，他与胡塞尔有着同样的前提。那么，他是从胡塞尔的哪些概念切入进来的呢？

胡塞尔运用严谨的现象学描述在符号学领域已取得两个极富启发性的成果。第一，将对象充实和含义充实排斥在表述的本质之外。他认为，"对于一个表述来说，与一个现时被给予的、充实着它的含义意向的对象性的关系并不是本质性的关系"②，在此之前他就已经指出，充实着含义意向的行为（简称为含义充实）"对于表述来说"是"非本质的"③。构成表述的本质是含义、含义意向甚至是直观空乏的含义意向。胡塞尔的这一研究成果突破了传统的符号理论和古典想象心理学的藩篱④，在"对象缺失"（Gegenstandslosigkeit）和"含义缺失"（Bedeutunglosigkeit）之间建立了明确的区分，比较好地解决了像"圆的四方形""金山"之类的表述有含义却没有被表述或被想象的对象的难题。⑤

第二，主观表述被客观表述代替的无限延期性。客观的表述（比如理论表述）是最理想的，它的含义能够等值地、同一地在各主体之间或同一主体内部传递，"在这个同一的含义中，我们始终无法发现任何判断和判断者的痕迹"⑥。主体的地位在此无足轻重，几至于死亡。但主体在主观表述中却顽强地生存着，像人称代词"我"，指示代词"这

---

① 德里达：《声音与现象》，杜小真译，第132页。
② 胡塞尔：《逻辑研究》第二卷第一部分，倪梁康译，第51页。
③ 胡塞尔：《逻辑研究》第二卷第一部分，倪梁康译，第40页。
④ 令人遗憾的是，John Protevi 竟然把胡塞尔对符号的哲学分析等同于古典的符号结构理论。参见 John Protevi, *Time and Exteriority: Aristotle, Heidegger, Derrida*, p. 11。
⑤ 胡塞尔：《逻辑研究》第二卷第一部分，倪梁康译，第55—56页。
⑥ 胡塞尔：《逻辑研究》第二卷第一部分，倪梁康译，第45页。

里""那里""下面",定冠词以及关于感知、信念、思考、希望等方面的表述都强烈地暗示着主体的不可动摇的地位。胡塞尔给我们举了一个例子:"我希望您幸福!"①这个愿望句既可以是 A 对 B 说的话,也可以是 M 对 N 说的话,即使 A 对 B 做出与 M 对 N "同样的希望",但这个愿望句的意义显然还是各不相同的,因为在这个愿望句中还包括着对面对的人的表象。因此,这个愿望句本质上是个机遇性的表述。同样的情况也出现在人称代词"我"的使用上:

"我"这个词在不同的情况下指称一个不同的人,并且它是借助于不断更新的含义来进行指称的。它的含义每一次是什么,这只有从生动的话语中以及从它所包含的直观状况中才能得知。如果我们读了"我"这个词而不知道写这个词的人是谁,那么这个词即使不是一个无含义的词,也至少是一个脱离了它的通常含义的词。②

在胡塞尔看来,本质上机遇性表述的特点在于我们不可能用概念的表象来代替它而不改变这一概念的含义,例如,如果我们不说"我很愉快",而改说,"这个当时标识着自己的说者很愉快",这里含义的变化是显而易见的。人称代词"我"是最典型的机遇性表述,对这一代词的理解如果离开了对主体自身的直接直观便是不可思议的。尽管胡塞尔通过现象学描述发现了这样一种特殊类型的表述,可他并没有因此而放弃他的客观性表述的理想:"从理想上说,在同一地坚持其暂时具有的含义意向的情况下,每一个主观表述都可以通过客观表述来代替"③,但同时他也承认,"这个理想离我们还无限地遥远"④。

---

① 胡塞尔:《逻辑研究》第二卷第一部分,倪梁康译,第84页。
② 胡塞尔:《逻辑研究》第二卷第一部分,倪梁康译,第86页。
③ 胡塞尔:《逻辑研究》第二卷第一部分,倪梁康译,第94页。
④ 胡塞尔:《逻辑研究》第二卷第一部分,倪梁康译,第94页。

我们看到，胡塞尔从对"对象缺失"和"含义缺失"的划分出发，成功地驱逐了"对象"，但对是否要排除主体却显得犹豫不决。一方面，从纯粹的理想性出发，胡塞尔觉得应从主观表述中驱除主体；另一方面，"为了能够'明确地意识到'一个表述的意义（一个概念的内容），人们必须进行相应的直观；在这直观中，人们把握到这表述所'真正意指'的东西"①。在这里，胡塞尔又认为必须回溯到相应的直观中去并加以应用。毫无疑问，保留了直观就是挽留了主体。

德里达正是在这一点上迈出了决定性的一步，他针锋相对地宣判了直观主体的不在场（死亡）。《声音与现象》的研究视域至少向我们提供了两个这样宣判的依据。

其一，对主体直观的理解。当下的瞬间直观包含着延异运动，主体的理想直观、绝对的自身在场以及透明的自身触发等，由于这一运动而被无限推迟和替代（关于这一点，详见本书第十二章）。

其二，对作为"机遇性表述"的主体自身的理解。德里达认为，当胡塞尔把人称代词"我"规定为"机遇性的表述"，规定为一种在含义上不断更新、在指称上不断变化的符号时，他便陷入了困境。因为，根据胡塞尔在"对象缺失"和"含义缺失"之间所做出的区分，作为含义充实的"我"的对象性缺失（Gegenstandslosigkeit）并不导致"我"的含义缺失（Bedeutunglosikeit），"我"的指称的每一次变化也不会引起"我"的含义的不断更新，否则，客观表述代替主观表述就是一种绝对的不可能性。为了摆脱这一困境，胡塞尔只好"回溯"到直观上来，似乎只有这样才能确保含义的有根基性："在孤独的话语中，'我'的含义本质上是在对本己人格的直接直观中完成的。"② 当胡塞尔进行这样的"回溯"时，他实际上已经与他自己的现象学符号理

---

① 胡塞尔：《逻辑研究》第二卷第一部分，倪梁康译，第74页。
② 胡塞尔：《逻辑研究》第二卷第一部分，倪梁康译，第87页。

论的基本原则背道而驰。德里达反诘道:"他难道没有违反他在对象缺失和意义缺失之间确立起来的差异吗?任何意义的话语和理想本性难道不排斥'一种总是更新的意义'这种说法吗?"①

为了进一步明确"我"在话语中的地位,德里达特意构造了一个"知觉陈述"的案例②:我从窗户向外看到某个人。就在这同一瞬间,我说:"我凭窗看见这个人。"如果我是在"自言自语",那么在胡塞尔看来,这个表述是理想的、统一的和主体自身在场的(德里达对这一点的解构,请参见本书第十三章);如果我是在对身旁的其他人或对无限遥远时空之外的其他人说话,那么,他们就有权利理解我想说什么。我想说什么?我说出了什么?这句话在"被听见"时得到他人怎样的理解?不管我当时的知觉是什么,也不管我想说的是什么,只要我的话语被发出,一同被发出的就不可能是"我"和"这个人",发出的仅仅是话语的意义和结构,在这一结构中,他人关注的并不是"我"的知觉状况,他人既无意于也不可能体验"我"的感知状态,他人只有在忽略"我"的知觉现状的情况下才能领会这句话的含义。换言之,他人理解这句话的前提是首先摒弃"我"的知觉、直观和在场直至"我"本身。表述中被理解的是含义而非各种形式的直观和在场。

借助于胡塞尔的现象学符号理论的前提,德里达完成了对主体在场的解构,宣判了直观主体的死亡③。

同样的前提,不同的结论。都是对人称代词"我"进行分析,都承认"含义缺失"和"对象缺失"划分的合理性,为什么胡塞尔一直处于犹豫和摇摆之中,而德里达却果断地宣判了直观主体的死亡呢?

---

① 德里达:《声音与现象》,杜小真译,第121页。译文略有改动。
② 德里达:《声音与现象》,杜小真译,第117页。
③ 需要指出的是,德里达所否定的只是作为孤独个体的主体——作者的存在,他仍然保留了"主体"的概念,但这一概念指向的是一种关系和功能的主体而非传统哲学的实体性主体。关于这一点,可参见 J. Derrida, *Writing and Difference*, translated by Alan Bass, The University of Chicago, 1989, pp. 226-227。

德里达本人也对这一问题进行了反思：

> 胡塞尔为什么从同样的前提出发却拒绝获得这些结果呢？这是因为充盈"在场"的动机、直观主义的命令和认知的计划继续支配着——我们说是有距离的——描述的总体。在同一个运动中，胡塞尔描述并抹掉作为非知（comme non-savoir）的话语的解放。①

德里达的反思和批判看上去切中要害，胡塞尔的犹豫不决以及最终向客观表述和在场直观的诉求都证明了这一点。但德里达似乎忽视了一个现象：胡塞尔早在1913年就已经意识到这一问题并在随后的著作中对这一问题做了进一步的反思。胡塞尔在1913年为《逻辑研究》第二版所写的前言中承认，他"对待这些机遇性含义（确切地说，所有经验的直言判断都属于这些含义）的方式是强制性的——这是由于'导引'无法完全把握'自在真理'的本质而造成的必然结果"②。后来在《形式的和先验的逻辑》以及《危机》中，胡塞尔从原初时间流的角度把机遇性的"我"归属为一种视域意向性的构造和过渡的功能。

马里翁也对德里达的批判进行了反驳，他从论证过程以及文献两个方面提出了三点理由③：

第一，这里所说的含义缺席以及最终向直观的回溯其实只与一种特殊的情况相关，这就是"我"或"这个"的不确定性。这种类型的表述的特点不在于含义向直观的还原，而在于含义本身的绝对的和彻底的缺席。胡塞尔称之为"本质性的"缺席。与其说胡塞尔把这种本

---

① 德里达：《声音与现象》，杜小真译，第123页。译文略有改动。
② 胡塞尔：《逻辑研究》第一卷，倪梁康译，第9页。
③ 参见 Jean-Luc Marion, *Réduction et donation. Recherches sur Husserl, Heidegger et la phénoménologie*, pp. 45-46。

质上机遇性的表述看作是所有表述的特例，不如说他把它看作是正常表述体系的一个例外，甚至是一种可证实的非表述性。如果说不存在无含义的表述，那么本质上机遇性的表述就必须被理解为一种本质上的非表述性。这种表述根本不可能引发我们对表述理论的怀疑，因为它并不属于这种表述。

第二，如果"我"拥有自己可以支配的含义，那倒是一件令人称奇的事情，因为至少在《逻辑研究》中，"我"已经被还原到单纯的经验联结点和交汇点，它像超越论的"我"一样并不具有观念含义。我们在此甚至必须提出这样一个悖论：胡塞尔在讨论"我"的地位时所提出的前提将使我们不得不承认机遇性表述在本质上的非表述特征。

第三，"我"的含义在"第一研究"中有着无法弥补的缺陷，然而这不是胡塞尔在1901年所做出的最后的定论。在"第六研究"第5节的"补充"中，胡塞尔重新讨论了这一问题。他把"我"这个词的听者与说者相对。在听者那里，他只能获得某种不确定的一般思想，因此他需要直观才能构造起含义；而在说者那里，被给予的并不是指明的对象，而是指明本身，换言之，说者从一开始就具有"被指示的含义"，并且是在直接的、朝向直观的表象意向中具有这种含义。

我觉得，即使忽视了上述文献或论证过程，德里达也不应该不去深究一下胡塞尔对机遇性表述的含义所做的双重性划分：

> 我们必须承认，在这里有两个含义以一种特别的形式互为基础地建造起来。第一个是与一般功能有关的含义，它与这个词相联结，以至于在现时表象中可以完成一种指示性的功能；这个含义就其自身而言是对另一个个别表象有利的，并且它同时还以一种概括的方式将这个表象的对象标明为是一个此时此地（hic et nunc）被意指之物。我们可以将第一个含义标志为指示性含义，

将第二个含义标志为被指示的含义。①

在《逻辑研究》中的胡塞尔看来，作为机遇性表述的"我"的"正常含义"是双重性的，第一个含义并不需要直观的支持，也不必得到完全的充盈，"我"的"对象缺失"绝不会导致"我"的"含义缺失"，唯有第二种意义上的"我"才是"含义不断更新的""我"，才是需要"对本己人格的直接直观"的"我"（另外，需要提醒的是，这里所谓的双重性含义的划分不是实体性的而是功能性的）。德里达如果注意到这里的双重划分，所谓胡塞尔的自相矛盾也就烟消云散了②。不知德里达的忽视是一种有意还是无意？

第四十七节　解构学上的第二个切入口："代现"

第二个切入口便是"代现"（représentation/Repräsentation）③。

德里达首先区分了在语言中代现具有的三种形态④：第一，表象（Vorstellung），代现作为表象的一般意义；第二，再现（re-présentation），代现作为对体现（le présentation）进行重复或再造的再现的意义，以及对体现（präsentation）或当下拥有（Gegenwärtigung）进

---

① 胡塞尔：《逻辑研究》第一卷，倪梁康译，第87—88页。
② 胡塞尔在《逻辑研究》中对"我"所具有的双重性含义的划分最先是由 J. Claude Evans 所发现的。参见 J. Claude Evans, "Indication and Occasional Expressions", *Derrida and Penomenology*, pp. 56-57.
③ 倪梁康先生把该词译为"代现"，确实具有意味深长的解构学含义，尽管倪先生本意未必如此。参见倪梁康：《胡塞尔现象学概念通释》，第410页。
④ "Mais elles concernent toutes le statut de la *représentation* dans le langage. De la représentation au sens général de *Vorstellung*, mais aussi au sens de la re-présentation comme répétition ou reproduction de la présentation, comme *Vergegenwärtigung* modifiant la *Praesentation* ou *Gegenwaertigung*; enfin au sens de représentant tenant lieu, occupant la place d'une autre *Vorstellung* (*Repräsentation, Repräsentant, Stellvertreter*)." 参见 J. Derrida, *La voix et le phénomène*, Presses Universitaires de France, 1967, p. 54. 又可参见德里达：《声音与现象》，杜小真译，第61页。译文略有改动。

行变样的当下化（Vergengenwärtigung）的再现的意义；第三，被代现者（représentant/Repräsentant），被代现者代替、占据另一个表象（代现、被代现者）的位置。

德里达在这里所进行的区分是对胡塞尔现象学思想在符号学上的灵活应用。我们知道，胡塞尔的"代现"其实就是"立义"（Auffassung），或者更简单地说，就是一种"统觉"（Apperzeption），即通过赋予一堆杂乱无章的感觉材料以含义的方式使一个统一的对象得以成立并对我呈现出来。胡塞尔有时也把这种方式称为"赋予灵魂"（beseelen）或"激活"（beleben）的过程。这样一种代现，它既可以是感知性的，也可以是想象性的或符号性的，它既包括"立义形式"和"立义质料"，也包括"被立义的内容"[①]。稍做分析，我们便会发现，德里达对代现的三种形态的划分严格地把这一概念的外延限制在胡塞尔的论述之内：表象涵盖感知、想象和符号三个方面，就是说，既有感知表象、想象表象，也有符号表象；再现正是一种"当下化"或想象；而被代现者恰恰对应于"被立义的内容"。

我们马上就能看到，"代现"概念在德里达的证明过程中起着至关重要的作用，正是这一概念使德里达能够从现象学的内部出发对胡塞尔的符号学提出四点质疑：

第一，质疑胡塞尔对语言进行实在（la réalité）和代现的区分的合法性。胡塞尔其实并没有明确地把语言划分为实在的语言和代现的语言，但胡塞尔在讨论"孤独的心灵生活中的表述"时对自言自语的态度出现了一种摇摆。胡塞尔一边说："诚然，在孤独的话语中，人们在某种意义上也在说，而且，他自己将自己理解为说者，甚至将自己理解为对自己的说者，这肯定也是可能的。就像某人对自己说：你这事儿干糟了，你不能再这样干下去。"紧接着又说："但在真正的、交

---

① 参见倪梁康：《胡塞尔现象学概念通释》，第60、410页。

往的意义上，人们在这种情况中是不说的，他不告知自己什么，他只是将自己表象为（man stellt sich vor）说者和告知者。"① 德里达敏锐地察觉到胡塞尔在这里的动摇以及为此所提出的解决方案：他只是将自己表象为说者和告知者。德里达抓住了胡塞尔这里的措辞"表象"（stellt sich vor），利用法语的翻译将"表象"直接引渡到"代现"（se représenter），这从原文中能够很清楚地看出来：

> On se représente seulement (*man stellt sich vor*) soi-měme comme parlant et communiquant.②

正是在这里德里达确证了胡塞尔对语言进行实在和代现的区分。从上面的介绍中，我们可以说，德里达的这种确证并非空穴来风。

那么该如何质疑这种区分呢？德里达依然从现象学内部出发开展工作。他从胡塞尔的"观念性"（Idealität）的特征得到启发，发现了符号的原始结构在于它的可重复性③。通过可重复性，德里达很轻易地区分了经验事件和符号：经验事件不可替代、不可逆转，是一个"只此一次、下不再来"的经验统一性；而符号永远不是一个经验事件，它不会"只此一次"，而是永远会"下次再来"，它所具有的是同一性，尽管经验事件千变万化，但作为形式同一性的符号总是能够一再地被我们认出。这种同一性就是观念性/理想性（Idealität），它必然蕴含着代现，这种代现结构就是意义本身。因此，"若不从一开始就涉入一个不定的代表性（représentativité）中去，我就不能开始一个'真

---

① 胡塞尔：《逻辑研究》第二卷第一部分，倪梁康译，第38—39页。
② J. Derrida, *La voix et le phénomène*, p. 54.
③ 准确地说，德里达的"可重复性"思想也是受到胡塞尔影响的结果。胡塞尔在《几何学的起源》中谈到观念的"重复"（Wiederholung）以及"重复链"（Wiederholungskette）。值得注意的是，《几何学的起源》虽发表在《逻辑研究》之后，但德里达却是先研究《几何学的起源》的。另外，利用胡塞尔反对胡塞尔也是德里达供认不讳的解构策略。

正的'话语"①。只要我们开口说话，我们所面对的便不再是活生生的经验事件，而是表象（Vorstellung）、当下化（Vergegenwärtigung）、再造的重复（la répétition reproductive）等再现行为。如此一来，胡塞尔在话语中所做的"实在"与"代现"的区分"就变得令人怀疑了"。这时德里达已经不能满足于对这种区分进行质疑了，他要一鼓作气把这种质疑推向极致：

> 由于一般符号原始重复的结构，"实际的"（effectif）语言完全有机遇与想象的（imaginaire）话语一样成为想象的，而且想象的话语也完全有机遇像真实的话语一样真实。②

第二，质疑表象和当下拥有的优先性。众所周知，胡塞尔的现象学追求明见性，而明见性恰恰离不开直观、在场和当下拥有。因此，必先有感知行为，而后有想象行为；必先有直观行为，而后有符号行为；必先有表象行为，而后有判断行为；必然先有客体化行为，而后有非客体化行为。德里达矛头所指正是这里的先后等级秩序。他不仅要解构（德里达在这里第一次使用了以名词形式出现的"解构"［déconstruction］一词）这整个的差异的等级体系，而且他还要将胡塞尔所颠倒的秩序再颠倒过来。根据上面的研究成果，要想解构胡塞尔的全部的差异体系是顺理成章的，但德里达认为这还远远不够：

> 人们要——与胡塞尔的清晰意向相反——使表象（Vorstellung）本身原原本本地依附于重复的可能性，并使最简单的表象（Vorstellung）和当下拥有（Gegenwärtigung/présentation）依附于

---

① 德里达：《声音与现象》，杜小真译，第63页。
② 德里达：《声音与现象》，杜小真译，第64页。

当下化（Vergegenwärtigung/ re-présentation）的可能性。①

这是一种令人吃惊的倒置！表象如果不能重复，那它就会永远消逝在体验流之中，但表象在我们第二次遭遇时（不管是在感知还是在想象中），绝不可能是一模一样的同一个表象。如果我们在第二次不可能遭遇第一次的表象，那呈现在我们面前的是什么呢？只能是观念性/理想性的形式，是代现性的符号。有人可能会反驳说，无论如何，第一次遭遇的对象总是在先的吧，没有第一次，第二次又从何谈起？殊不知，立于我们眼前（stellt sich vor）的纯而又纯的体验对象其实并不存在，如果存在，我们也是无法把握的，因为它甚至还没有进入到我们的感知领域中，因为感知已经是一种统摄和立义（Auffassung）。这样一种存在（如果可以称之为存在的话）甚至比胡塞尔的"原意识"还要"古老"，这样一种存在本质上就是一种非存在。一旦一个体验对象第一次作为表象立于我们面前，我们必定已经是第二次遭遇到它了！

从这里我们还可以顺带做出一个推论。不管我们多么原初地遭遇到一个体验对象，事实上它都已经为表象所代替；无论我们多么亲密地接触到实在，我们所接触的都是代现性的符号。代现无处不在，因为能指无处不在：

> 因为每个能指的事件都是替代者（substitut）（所指的替代者，也是能指的观念形式的替代者）。这种代表性的（représentative）结构就是意义本身，若不从一开始就涉入一个不定的代表性（représentativité）中去，我就不能开始一个"真正的"话语。②

---

① 德里达：《声音与现象》，杜小真译，第65页。译文略有改动。
② 德里达：《声音与现象》，杜小真译，第63页。译文略有改动。

只要稍作引申，便可得出符号的替代性思想，但德里达在此仍然一带而过。实际上，德里达在此还隐晦地提到符号的增添性思想。他说：

> 我们有足够的理由认为，在语言中代现（la representation）和实在（la réalité）并不会在这里或那里相互增添（s'ajoutent），理由很简单：要在原则上把这两者严格区分开来是不可能的。不过我们不必说这种增添是在语言中发生的，因为语言，只有语言才是这种增添。①

符号的替代性和增添性其实是相互关联的，正是由于符号"先天地"就是对实在的增添，因此才会在话语中取实在而代之。这种增添性和替代性的思想是德里达本书中最为重要的理论成果，但在这里德里达还没有把它课题化，没有让它进入到视域的中心。

德里达在这里所做的倒置似乎有意或无意混淆了意向活动与意向相关项之间的区别。在意向相关项的意义上，德里达的上述倒置及其推论是无可厚非的，胡塞尔本人就曾把"立义"和"代现"这两个术语当作同义词使用②。德里达在这里的作用仅仅在于使胡塞尔的思路得以鲜明和尖锐起来。但在意向活动的意义上，"当下化"不可能先于"当下拥有"，"原感知"或"原意识"的优先性无可置疑，因为感知和意识在发生学上的源初性是不可避免的，只不过这一源初活动只有在反思的观照下才能呈现出来③。

---

① 德里达：《声音与现象》，杜小真译，第 62 页。译文略有改动，着重号为原作者所加。
② 参见胡塞尔：《逻辑研究》第二卷第二部分，倪梁康译，上海译文出版社 1999 年版，第 88 页。
③ 关于这一问题，国内学者倪梁康先生曾做过精湛的研究："无论第一性的生活是多么重要和根本，它实际上也只有通过后补性的反思才能被发现、被澄清并且在这个意义上成为对象；甚至在原意识和后反思之间的区别本身也是在反思中才得以显现出来"（参见倪梁康：《会意集》，东方出版社 2001 年版，第 27 页）；"原意识虽然只有通过后反思才能被发现，但它却不是通过反思而产生"（参见倪梁康：《胡塞尔哲学中的"原意识"与"后反思"》，《哲学研究》1998 年第 1 期，第 69 页）。本书的第四部分也是一个佐证。

第三，质疑观念性／理想性存在与在场存在的混淆，质疑"我是不死的"这一命题的合法性。观念性的存在方式是非常奇特的，它具有无限的重复性，我们能在世间存在者中一再地认出它，但它并不位于世界之中，当然它也不像柏拉图的 eidos 那样位于世界之外，那它究竟是什么呢？它究竟存在于何处？我们不能就此认为它是一种非存在，毋宁说，它才是一种真正的存在，它的存在领域就是先验现象学。德里达虽然反对胡塞尔的先验现象学，但对观念性的存在方式并无异议。他不能容忍的是胡塞尔把"这种作为观念性的存在的规定以荒谬的形式与作为在场的存在的规定混淆起来"①。德里达指出②，现象学的"原则的原则"③意味着"确实性"（certitude）和"现在"（présent），而胡塞尔根据这一原则不仅把观念性的普遍形式理解为确实的、理想的、绝对的存在，而且把这种形式理解为永远的现在，不管它是过去存在还是现在或将来存在。现在总是我的现在，而永远的现在正是先验之我的存在。观念性的现在的在场是先验生命的普遍形式，面对这种形式，一切世间存在都是无足轻重的。即使整个世界毁灭了，即使经验之我尚未出生或已经死亡，观念性的普遍形式也不会受到丝毫影响。由此可以引出一个命题："我是不死的。"但这个命题尽管肯定有意义，尽管存在可理解性，但很明显它是荒诞不经的："我是"（Je suis）原本就是要说"我是要死的"。现象学作为传统形而上学的变种恰恰掩盖了对于死亡的关系。

坦率地说，德里达在这里的论述，激情多于分析，归结多于推理。应该承认，这里涉及极为困难的现象学乃至形而上学的问题，各家各

---

① 德里达：《声音与现象》，杜小真译，第 67 页。译文略有改动，着重号为引者所加。
② 参见德里达：《声音与现象》，杜小真译，第 67—68 页。
③ 应该指出的是，德里达此处对现象学的"原则的原则"的理解与胡塞尔在《观念1》中的说法稍稍有些差异。德里达把这一原则理解为"确实性"和"现在"，而胡塞尔更强调"原初被给与物"与"原初直观"（参见胡塞尔：《纯粹现象学通论》，李幼蒸译，第 84 页）。

派在此问题上向来分歧严重。我们不妨把德里达所阐述的问题做一个简化：第一，本质是否可以且必须在"现在"中直观？第二，命题的意义是否需要回溯到一个存在论的基础？

　　这里不是详细展开这一问题的地方，但这两个问题所包含的意义是不得不说的。对于第一个问题，现象学的回答必然是肯定的：eidos 是存在的，直观是通向它的道路，否则，现象学将流于"现象"而不成其为"学"（logos），以至失去其存在的必要性。直观就是当下的、现在的"看"。不管其历史是多么悠久的普遍形式，不管其起源是多么晦暗的观念，原则上都可以通过语言文字的媒介而在"现在"中得到"直观"。因此，可以说，直观的"现在性"或"在场性"恰恰是现象学与生俱来的品格，胡塞尔的"混淆"是必然的，换言之，德里达的质疑纯属画蛇添足。对于第二个问题，德里达的回答是肯定的：从海德格尔的存在论出发，"我是不死的"这一命题自然是荒谬绝伦的。德里达对胡塞尔在符号学领域所做出的重大发现是有明确的意识的，他在谈到胡塞尔的符号与想象的混淆关系时曾说过，"也许，胡塞尔深刻地更新了想象的问题域"①。正是基于这一点，德里达才肯定这个命题的意义和可理解性，但他还是站在存在主义的立场上把这个命题判为"荒谬"（l'absurdité）。从单纯符号学的立场上来看，这一判决毋宁说是一种倒退。

　　20 世纪 90 年代德里达在一次"关于现象学"的谈话中对"我是不死的"这一命题重新进行了批判②。这一次他把这一命题稍稍做了变化，把"我是不死的"改为"我已经死了"，切入批判的角度也发生了重大改变。他不再从存在主义的视域出发，而采用了他惯常的手法即从现象学的内部出发进行解构：如果我已经死了，我如何在

---

① 德里达：《声音与现象》，杜小真译，第 69 页。译文略有改动。
② 参见德里达：《德里达谈现象学》，张宁译，《哲学译丛》2001 年第 3 期。

"当下"和"在场"中对"我已经死了"进行所谓的本质直观？这种批判方式的更新看似具有振聋发聩的功效，但就其实质而言，仍然表明了德里达至今没有消除他对作为"本质上机遇性表述"的"我"的误解。

第四，质疑自言自语与自身体验的直接同一的合法性。只要我们承认符号的原始结构在于重复，对这种同一性的质疑就是当然之举，对它的解构也是水到渠成之事：

> 主体不表现为代现，就不能说话；而代现不是一种偶然性。没有自身代现我们无法想象事实话语，如同没有事实话语我们无法想象话语的代现一样。①

自身代现是事实话语最不可分割的特征！哪里有代现，哪里就有事实话语。即使某人在想象中对自己说话（"你这事儿干糟了，你不能再这样干下去"），即使他不必告知自己什么，他也是在进行代现行为。我们也可以换个角度说，如果某人仅仅是在想象中对自己说话，那么我们也可以断言，他根本没有说话，这里根本不存在所谓的表述。总而言之，说话而不同时进行着代现，这是不可能的。剩下的问题是，他对自己的内心活动所进行的代现与他对心理行为的体验之间有多大的时空间距？如果这个间距等于零，那么语词文字便是不必要的，话语及其代现就是多余的，原因在于这种代现没有理由和目的。胡塞尔正是这样回答的：

> 在自言自语时，语词绝不可能用它的标志心理行为此在的指号功能服务于我们，因为这种指示在这里毫无意义，我们自己就

---

① 德里达：《声音与现象》，杜小真译，第72页。译文略有改动。

在同一时刻里（im selben Augenblick）体验着这些行为。①

可是，如果这个间距虽然处于绝对的接近中但并不等于零，那情况会怎样呢？换言之，"同一时刻"究竟有多长？是不是一个一模一样、毫无二致的"眨眼瞬间"（un clin d'oeil/Augenblick②）？

德里达还不能对自己的解构成果过于乐观，他对自言自语（se-parler）的解构工作仅仅完成了一半。从符号学的视角来看，德里达对独白话语的解构是成功的，但内心的活动及其表述还涉及时间性问题，于是，对"眨眼瞬间"进行解构便成为一项紧迫的任务。

---

① 胡塞尔：《逻辑研究》第二卷第一部分，倪梁康译，第39页。着重号为引者所加。
② un clin d'oeil 为法文，Augenblick 为德文，两词的字面意思都是"眨眼"。

第十二章　对自言自语的解构（2）：
"眨眼瞬间"与滞留

第四十八节　胡塞尔的内时间意识与德里达对"滞留"性质的论证

"眨眼瞬间"涉及胡塞尔在《内时间意识现象学》中所探讨的"原感知"和"滞留"之间的关系问题。关于这一问题胡塞尔的主要观点可以概括如下：

（1）感知从当下瞬间的意向（intention）开始；

（2）但如果没有滞留（retention）和前摄（protention），感知无从显现；

（3）因为纯粹当下的感知（印象）是某种"抽象的、能够就其自身来说是虚无的东西"①；

（4）从任意一点出发，每一随后的点都是其先前点的滞留，在滞留中"隐藏着某种改动"②；

（5）但是在其对象性的意向中又保持着"绝对的未改动状态。它是指向个体客观性的意向，或者说它是直观的意向"③。作为滞留的各个

---

① 胡塞尔：《内时间意识现象学》，杨富斌译，第42页。
② 胡塞尔：《内时间意识现象学》，杨富斌译，第64页。
③ 胡塞尔：《内时间意识现象学》，杨富斌译，第64页。引文据原文（Edmund Husserl, *Zur Phänomenologie des inneren Zeitbewusstseins*, hrsg. von Rudolf Boehm, Martinus Nijhoff, 1966, S. 63），译文略有改动。

点是同质的线性的连续统。

乍看起来,胡塞尔在对待"滞留"与"原感知"这一问题上表现出一定程度的动摇。他在(4)中说,滞留"隐藏着某种改动",就是说滞留与原感知或现在是不一样的,但在(5)中却说,滞留又保持着"绝对的未改动因素"。这种摇摆被德里达敏锐地意识到并加以利用。德里达指出,胡塞尔的《内时间意识现象学》倾全力证明了"代现"和"当下化"不能还原到"当下拥有"和"体现",次级的和再造的回忆不能还原到"滞留",想象不能还原到"原印象"。[①] 但是,我们很快发现,被感知的现在的在场只有在它连续地与滞留和前摄组合在一起时,才能真实地显现出来。滞留和前摄不是偶然地伴随被感知的"现在"或"当下",它们的"伴随"或加入具有不可避免的本质必然性,没有了它们,任何感知,任何"现在"或"当下"都不复为可能。

于是,问题来了:"滞留"的性质是什么?是属于作为时间、连续性、同一性的"现前"和"当下"的一个不可分割的组成部分,还是属于作为空间、非连续性、非同一性的"另一个"?从哲学史的角度讲,这至今仍是一个极其困难的、充满争议的问题。德里达对这一问题的困难性有着深刻的体悟,他总结了在胡塞尔那里表面看来不可和解的两种可能性:

> a. 活生生的"当下"只有在与作为非感知(comme non-perception)的滞留一起在连续性中才能被构成为感知的绝对源泉。对于经验和"实事本身"的忠诚禁止它变成其他样子;b. 确实性一般(la certitude en général)的根源既是活生生的"当下"的原初性(originarité),那就应该在原初确实性的范围内维持滞留并且移动原初性(originarité)和非原初性(non-originarité)之间

---

① 参见德里达:《声音与现象》,杜小真译,第81页。

的界限，使这条界限不在纯粹现在和非现在之间、不在活生生的当下的现时性和非现时性中间通过，而是在两种现在的回归（re-tour）或恢复（re-stitution）之间即滞留和再现之间通过。①

一方面，"滞留"不可能具有原初确实性。从现象学的严格性角度看，感知从当下瞬间的意向开始，而"滞留"不是当下瞬间发生的，与当下相比，它作为"眨眼瞬间"恰好刚刚过去，因此我们说，它是一种非感知，它不具有绝对的原初性和当下性，它与"再造"（Reproduktion）和"次级回忆"之间并无本质的不同，德里达还特别提请读者注意"胡塞尔绝对关注这样一个事实"："在此，完全不涉及一种与它的反面在一起的感知的连续调和"②；另一方面，虽然滞留不具有原初确实性，但原初确实性却离不开滞留。正如胡塞尔所言，如果没有滞留（和前摄），感知会因无从显现而堕入纯粹的抽象和虚无。

因此，胡塞尔不得不把原初性的分界线从纯粹的现在与非现在之间挪动到滞留和再现（回忆、当下化）之间，也就是说，胡塞尔不得不把滞留划归到感知一边：

> 如果我们称感知为任何起源所寓居的活动，即原初的构成活动，那么，最初的回忆就是感知。因为，只是在最初的回忆中，我们才看到了过去，只是在最初的回忆中，过去才被构成，而且这不是以代现的，相反是以体现的方式被构成的。③

---

① 德里达：《声音与现象》，杜小真译，第84—85页。译文略有改动。
② 德里达：《声音与现象》，杜小真译，第82页。另参见胡塞尔：《内时间意识现象学》，杨富斌译，第43页。
③ 胡塞尔：《内时间意识现象学》，杨富斌译，第43—44页。引文据原文（Edmund Husserl, *Zur Phänomenologie des inneren Zeitbewusstseins*, S. 41）略有改动。另参见德里达：《声音与现象》，杜小真译，第81—82页。胡塞尔在《被动综合分析》中也有类似的说法，"首先我们应该注意，这一成就（Leistung）的元地点（Urstätte）是从不间断地共同发挥作用的滞留。我们先来

德里达对胡塞尔的这种说法极为惊讶：

> 这是绝对独一无二的情况——胡塞尔从来没有承认还有其他情况——即他的被感知物不是一个现在，而是一个作为现在变样（modification du présent）的过去的感知的情况。①

至此为止，德里达似乎完成了对"滞留"性质的论证：滞留以非现在的方式属于现在，以非感知的方式属于感知。虽然初看起来，德里达的论证理路是借用胡塞尔的观点（2）（3）和（4）以反驳胡塞尔的观点（1）和（5），虽然从德里达所论证的滞留的性质出发，我们能很轻易地与德里达一起得出下列结论：在胡塞尔的现在中包含着非现在，在瞬间的在场中存在着非在场，在当下的明见性中蕴含着非明见性，然而，德里达的论证本身却是以对胡塞尔的内时间分析的语境的误解为前提的！②

在《内时间意识现象学》中，胡塞尔经常在两个层面上讨论"感

（接上页）回忆一下，连续前进的充实同时也是连续前进的腾空（Entleerung）。因为当一个新的面被看见时，刚刚被看见的面总已逐渐变得不可见，直到最终变得完全不可见。可是，对我们的认识而言，变得不可见之物并没有被丢失（verloren）……尽管在进入到新的感知之中时它已从本真的感知领域中消失，可它还是以滞留的方式得到保存"。（参见 E. Husserl, *Husserliana*, Band XI, S. 8-9, 着重号为引者所加）

① 德里达：《声音与现象》，杜小真译，第 81 页。译文略有改动。
② 国内学者对时间问题的看法，特别是对滞留的性质问题，多从德里达的叙述。例如，可参见钱捷：《"Vouloir-dire"：创意还是误读——谈德里达对胡塞尔指号现象学思考的解读》，《哲学研究》1998 年第 2 期；张祥龙：《胡塞尔的〈逻辑研究〉与德里达的〈声音与现象〉》，《世纪书窗》2000 年第 1 期；裴程：《逻各斯、声音和文字——读德里达〈声音与现象〉》，《法国研究》1991 年第 1 期；陆扬：《德里达——解构之维》，华中师范大学出版社 1996 年版，第 61 页以下。有些学者把胡塞尔看作是线性时间论者，如尚杰先生认为，胡塞尔的现象学时间中的"过去、现在和将来像一条直线、数列"（参见尚杰：《萨特后的法国哲学》，《人民政协报》2001 年 2 月 13 日）；陆扬先生也认为胡塞尔的"现时的一个点"的提法是"用孤立和静止的观点来观察世界的思维方式"（参见陆扬：《德里达——解构之维》，第 62 页）；叶秀山先生则间接地指出，胡塞尔的"活的现时"是"点"，胡塞尔的"历史"是由一个个孤立的'点'连起来的"（参见叶秀山：《意义世界的埋葬》，《中国社会科学》1989 年第 3 期，第 98 页）。

知"。第一个层面是由"感知—滞留"所组成的"内在"对子,在这一层面上,感知的对立面是滞留,这里的"感知"或"现在"不能离开"滞留"而存在,它仅仅是非独立的、理想的点而已;第二个层面是由"感知—回忆"组成的"外在"对子,在这一层面上,感知的对立面是回忆,胡塞尔把这里的"感知"或"现在"看作是"原初的自我被给予性"的一个例子,如果自身被给予性成为感知的标准,那么滞留便成为感知的一种样式,并因此与可忆区分开来,回忆只是一种当下化而已。当德里达为胡塞尔的"被感知物不是一个现在"而倍感惊讶时,他显然忽略了感知的第二层面的含义;当德里达向我们揭示"胡塞尔所绝对关注的事实"时,他向我们表明的就不仅仅是他对感知的双重划分的忽略,而是对胡塞尔的严重误解。德里达在上文所引用的胡塞尔的这句话(即"在此,完全不涉及一种与它的反面在一起的感知的连续调和")是想证明,胡塞尔自己也认为感知与它的反面滞留——是非连续的,但在《内时间意识现象学》的语境中,胡塞尔所谈的感知的"反面"其实是回忆而非滞留。

这是一个极好的案例,我们从这里能清楚地看到德里达是如何在误解中推进自己的解构理论的。对德里达来说,既然"滞留"是以非感知的方式属于感知,既然滞留与代现之间比第一眼看上去更具共性,那么,把异在之物引入到纯粹的当下之中就是不可避免的了。德里达正是在这里把胡塞尔的观点推向了极端:根据上文对感知和表象的符号学讨论,我们知道,滞留和代现具有共同的根源,这就是重复和印迹(trace),这一根源是:

一种不仅应该寓居于(habiter)"当下"的纯粹现时性中的可能性,而且是通过它导入的延异(différance)运动本身构成"当下"的纯粹现时性的可能性。这样一种印迹,如果人们能用这样的语言表达它而没有违反它的本义并马上抹掉它的话,那它就比现象学本身的原初性（originarité）更加"原初"。在场本身形式（form）的观念性实际上意味着它能够无限地自我重复（se répéter），它的回归（re-tour）作为同一个的回归无限必然地被铭写（inscrit）在在场本身之中。①

这段话的寓意非常丰厚。德里达至少在三个方面极端化了胡塞尔的内时间意识思想。首先，滞留（和代现及其根源）不仅参与到"当下"这一瞬间的运动之中，而且正是它构成了"当下"之所以存在的可能性。其次，它构成"当下"的方式既不是在"现前"中的显现和在场，也不是不显现和非在场，它的方式是"延异"。延异这一解构主义的最重要的概念（或非概念）正是在这里第一次登场。这是一次不事声张的登场，没有铺垫、没有解说、突如其来。但是，德里达这一"概念"的出现不仅表明他与胡塞尔现象学的根本决裂，而且也显示出他与海德格尔存在主义的分道扬镳。最后，我们应该辨明，印迹和重复（回归）与其说是在场的基础，不如说是在场的条件。如果它们成为在场的基础，那我们便有把"延异"本体化的嫌疑。正是在这种意义上，当德里达说印迹比现象学的原初性更加原初时，他在后一个"原初"上加上了引号②。

第四十九节　对这一论证的合法性批判：多此一举的惊讶、沙堆及其他

撇开误解不谈，德里达对胡塞尔的这种极端化推进是否合法？或者进一步说，是否还有其他的解决方案？让我们从以下两个方面来考

---

① 德里达：《声音与现象》，杜小真译，第85—86页。译文略有改动，着重号为引者所加。
② "Une telle trace est, si on peut tenir ce langage sans le contredire et le raturer aussitot, plus 'originaire' que l'originarité phénoménologique elle-meme." J. Derrida, *La voix et la phénomène*, p.75.

察一下这个问题。

第一，关于滞留的性质。内时间的消失样式有一个开端，或者说有一个作为源点的现在，随着现在向前扩展，第一个作为源点的现在在"眨眼瞬间"变成了过去，这样的过去就是滞留。现在不断地向前扩展，滞留连续地向后退向意识的深处，由此形成了一个原初意识不断消逝的连续统，这就是胡塞尔的时间表①，见下图：

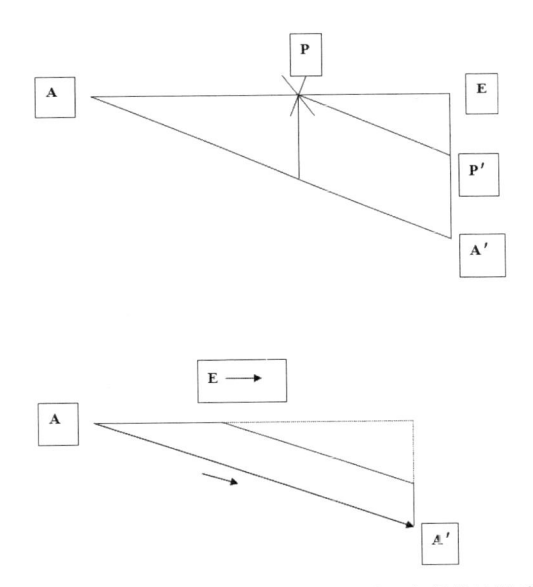

图中，AE：一系列的现在之点；AA'：下沉中；EA'：相位的连续统（带有过去视域的现在点）；E 箭头：可能被其他客体所充满的现在的系列

乍一看这个时间表，我们觉得似乎已经很好地把握了胡塞尔的内时间意识思想：任意一段时间（比如一支曲子）都必然有一个开端或源点，开端总是被新的开端所取代，或者说，被挤到后边去，这种不断更新的开端就是当下或现在。与这样的当下相比，作为"眨眼瞬间"

---

① 胡塞尔：《内时间意识现象学》，杨富斌译，第 31 页（本表的绘制、符号以及相关说明据原文做了改动）。

的滞留当然不能称自己为"当下"。在这样的意义上，我们似乎能理解胡塞尔的下述这段话："滞留中的声音并不是实际存在的声音，而只是现在的'原初记忆'。"① 我们似乎也能顺理成章地领会德里达对胡塞尔的惊讶：胡塞尔怎么会违反自己的现象学原则把一个非感知、非现在、属于"原初记忆"的滞留当作感知、现在和当下？

胡塞尔真正想说的是什么？现象学要把某种诸如辩证法之类的方法应用到内时间意识的分析当中去吗？

> 没有任何声音真正地是现在，即作为现在而存在。②
>
> 如果人们要谈论内在意义的自我证明的给与，那么显而易见的是，这种自我证明不可能是指一定点上某种声音的时间存在所具有的不可反驳的确定性。③
>
> 从理想的意义上说，感知（印象）是构成纯粹现在的那个阶段的意识。但是，这只是一种理想的界限，它是某种抽象的、能够就其自身来说是虚无的东西。此外，即使这种理想的现在不是某种与非现在所不同的东西，而是不断地自我适应的东西，那么这也可能是真的。④

现在不在！现在就是非现在！

当下是一个理想性的源点，当下在消逝时成为现在。打个不恰当的比方，这有点类似于胡塞尔的空间感知，没有侧显，没有不可感知的层面或方面的共同呈现，感知便会瓦解。在这个意义上，德里达把胡塞尔的现象学思想归结为当下的在场是可疑的，与其归结为在场，

---

① 胡塞尔：《内时间意识现象学》，杨富斌译，第34页。
② 胡塞尔：《内时间意识现象学》，杨富斌译，第35页。
③ 胡塞尔：《内时间意识现象学》，杨富斌译，第87页。
④ 胡塞尔：《内时间意识现象学》，杨富斌译，第42—43页。着重号为引者所加。

不如归结为直观；也是在这个意义上，我觉得德里达的惊讶显得多此一举①。

第二，关于界限（frontière）的划分。既然纯粹的现在是个虚无，那么原初性与非原初性之间的这条界限当然不能划在当下与滞留之间，而只能在滞留与回忆（或次级回忆）之间通过。在胡塞尔看来，滞留与回忆（以及代现）的区别是非常明显的②：（1）滞留是对过去本身的直观，它是一种原初意识，它不能是一种符号；回忆具有符号化的特征。一种当下的声音能使我们想起过去的声音，能使之呈现出来并且符号化。（2）滞留的内容不是想象的，因为这些过去无疑会不断地进入到对当下瞬间的理解内容之中；回忆具有想象的性质。我们也可以说，重复的声响与声音本身完全不同。（3）在滞留中，我们不会有一种直觉的时间观念，即关于时间客体的观念；而在回忆中时间客体的观念已经先行存在，原因可能在于回忆是对一种已经完成了的感知活动的再现。（4）滞留的修正与回忆的修正根本不同，前者具有不断消逝的特征，而后者不可能"原封不动地保持原状，而是以一种独特的方式被修正"。应该承认，德里达从符号学角度对感知的解构是有足够的穿透力的，所以说，胡塞尔对界限的划分本身是值得怀疑的。但是，即便如此，如果一定要在原初性与非原初性之间划出一条界限，那么，胡塞尔还是有足够的理由把这条线划在滞留与回忆之间而不是在当下与滞留之间。

无论是读到这里还是写到这里，我们自然会向胡塞尔和德里达两人提出这样的问题：滞留从何时起变成了代现（回忆、再现、当下化）？德里达没有（也不会）明确地提出这一问题，当然更谈不上回答了。不过，从德里达的理论表述中我们可以看出，他的回答必然是

---

① 我的惊讶是，德里达在《声音与现象》中也引用了胡塞尔关于"现在的理想性"这段话，但他却从中得出了辩证法的结论。参见德里达：《声音与现象》，杜小真译，第82—83页。

② 参见胡塞尔：《内时间意识现象学》，杨富斌译，第34页、第48—49页。

辩证法的：正如在在场中包含着非在场，在滞留中其实早已蕴含着代现（在场也是一种代现，何况滞留？），要严格区分它们之间的界限是不可能的。

胡塞尔倒是通过一个听觉现象学的例子对这一问题有过明确的回答。他认为，在我们对一支曲子的感知过程中，

> 我们跟随着这一过程是由于不仅那支曲子的扩展是在知觉行为的广延中一点一点地被给与的，而且还由于滞留意识的统一性仍然在意识中"坚持着"那已经消失的音调本身，并不断地确立着意识与那种同质的时间客体即那支曲子的统一……只要整个曲子仍然在响着，只要这些属于它的音符在一种理解的关系中有意向，那么，它就会显现为是现实的。只有最后的那个音符消失以后，这支曲子才成为过去。①

按胡塞尔的意思，当一支曲子正在进行时，其中所有的音符，即使是那些已经过去一段时间的音符，都具有现实性。只有当一曲终了的时候，这其中作为连续统的滞留才会成为过去，将来通过某种机缘我们可以把这些音符和旋律代现出来，这时我们就应该说，这些音符不再是滞留而是回忆。

可是，在一支曲子尚未完结时，其中的滞留就没有可能变成想象或回忆吗？让我们试着从胡塞尔的视域内部出发来做一次冒险。我们知道，无论哪一个滞留都会成为滞留的滞留，依此类推，再成为滞留的滞留的滞留，这里所呈现的连续统其实是一种"射映连续性"（Abschattungskontinuität）（胡塞尔语），就是说，这是一种渐趋衰减的连续性。我们假设这支曲子很长，早先的滞留随着知觉的推进而衰减，

---

① 胡塞尔：《内时间意识现象学》，杨富斌译，第40—41页。

越来越微弱，终至于模糊，这时的滞留以什么方式存在呢？它离活生生的当下已极其遥远，它正在走向它的极限——遗忘，它的存在方式有点神秘，因为如果意识任其自在运行，那它当然还是处于滞留的连续统之中，但只要意识照会它或仅仅是眷顾一下，它便摇身一变成了代现。应该指出的是，当下的滞留与衰减后的模糊的滞留在鲜活生动的程度上是大不一样的，前者仍在感知之中，但后者却远离了感知，因此它的存在形式需要想象或回忆作为补充。

实际上，胡塞尔在《被动综合分析》中也注意到这一问题并得出了类似的结论：

> 在最近的滞留（Nahretention）中得到充分展现之物（作为被延展性以及连续地被联结在一起的触发的统一性）和作为共同被给予的或彼此相续的多数（Mehrheit）而呈现之物（可是它们作为远远地被分开的部分），它们共同地发生位移。我可以说，对刚刚过去者（Eben-Gewesenheiten）的现象的共同位移来说，触发性的视角（Perspektive）与时间性的视域相适应（entspricht）。消逝是触发的共同流逝。我们必须附带加上所有那些只要不是源自活生生印象的东西，这就会发生反作用力和反作用的触发性体验。这些东西以重复、周期性（Periodisierung）出现等形式而存在。[1]

不过，胡塞尔并没有进一步追问，滞留从什么时候开始需要触发来推动？滞留从什么时候开始成了回忆？这一问题使我们回到古典哲学的"沙堆"悖论：我们把沙子一粒粒加起来，我们什么时候才能确定那使许多沙子成为沙堆的最后一粒沙子？或者反过来说，我们从沙堆上一粒粒地拿走沙子，我们什么时候才能说，"哦，这是最后一粒有

---

[1] E. Husserl, *Husserliana*, Band XI, S. 288.

象征意义的沙子,拿走了这粒沙子,沙堆就不成其为沙堆了"?滞留的问题与此极为类似:当下的时间"点"在一步一步向前扩展,滞留的"点"的鲜明感知性在逐步衰减,处于"射映连续性"之中的滞留从哪一个确定的"时间点"开始不再能被感知了?这是一个无法客观地加以确定的"点",我们甚至可以说,这是一个多余的"点",但这个"点"又是必不可少的,因为缺少了它,从滞留到代现就会被碾平为一个平滑的连续统。这个"点"在哪里呢?如果用先验现象学的术语来说便是:它既不在世界之中,也不在世界之外,它就是胡塞尔的先验主体性。斯洛文尼亚哲学家齐泽克(S. Zizek)在解释作为"空洞姿态"的"主体"时有过一段精彩的论述,可资参照:

> 我们从来不能肯定哪一粒沙子是最后一粒。对沙堆的唯一可能的定义是,即使我们拿走一粒沙子,沙堆还是沙堆。因此,从定义上说,这个"最后一粒沙子"是多余的,但依然必不可少。它正是通过其多余性而构造出"沙堆"。这个悖论性的沙粒物化了(materialize)能指的作用,就是说,对拉康的能指定义(这一能指"用另一能指来代表主体")进行了阐释。我们甚至想说,这最后一粒多余的沙子以主体的身份代表着沙堆中所有其余的沙子。①

以上论述了划分界限的几种可能性。最后让我们回到德里达对"眨眼瞬间"的解构。现在,这种解构已变得异常简单了:德里达在完成对胡塞尔的内时间意识的分析之后,在结论中仍然使用了他早在《胡塞尔哲学中的生成问题》一书中所使用的措辞——辩证法:

> 这种"辩证法"——从这个词的全部可能有的意义上讲而且

---

① Slovoj Zizek, *The Sublime Object of Ideology*, Verso, London, 1999, p. 221. 着重号为原作者所加。

在对这个概念进行思辨理解之前——难道没有复活延异，即在体验的纯粹内在性中构成对指示性的交流，甚至对一般意义的偏离（l'écart）吗？①

有了辩证法，德里达就可以理直气壮地告诉我们，印迹或延异比在场更古老；在同一个"眨眼瞬间"中，独白的自我并不存在简单的同一性；指号和表述由于它的辩证性和互渗性而无法严格地区分开来。

解构与推翻

总的说来，德里达对胡塞尔的"在孤独心灵生活中的表述"这一主题的解构主要利用了现象学两个领域的思想：符号学和内时间意识分析。从这两个领域出发所进行的解构具有思辨上的穿透力和启示性，对"自言自语"这种表述的纯粹性带来了重大打击，但由于德里达的分析建立在对胡塞尔现象学语境的误解之上，这使得德里达对"自言自语"和"眨眼瞬间"的解构具有辩证法的暴力倾向。不过，从解构理论自身的发展来看，这样的误解和暴力却直接推动了"延异"概念的正式出场。

我们不妨退一步，承认德里达对胡塞尔的"孤独的心灵生活中的表述"的解构是成功的，这会带来什么样的后果呢？

> 如果理想的或绝对"本己的"主体性的孤独仍然需要指号以构成它与自我的固有关系的话，那么进行本质区分的第一章中所阐述的有关意义的全部理论就会被推翻。②

---

① 德里达：《声音与现象》，杜小真译，第87页。着重号为原作者所加。
② 德里达：《声音与现象》，杜小真译，第52—53页。译文略有改动，着重号为引者所加。

在德里达看来，后果如此之严重！但如果我们认真考察一下"第一研究"的文本结构，我们便会发现，德里达似乎过高地估计了这种成功的价值。

让我们比较一下"第一研究"和《声音与现象》的论述重心。在德里达这一边，对"第一研究"第 8 节的批判构成《声音与现象》的核心内容。但在胡塞尔这一方，对"第一研究"而言，整个第 8 节在论述结构中的地位并不重要。即使在第一章中，第 8 节的位置也不显赫。第一章的主旨是要论证表述的本质是含义，虽然在流俗的用法中，表述与指号、表情、手势、声音、文字、心理体验、对象等交织在一起。第 8 节应是本质还原方法（胡塞尔这时还没有发展出现象学的还原方法）的运用，胡塞尔试图通过这个精心构思的案例让我们明见地看到：即使在孤独的心灵生活中，表述也一如在交往中仍然以含义为本质。关于这一点胡塞尔在该节一开始就已指出：

> 我们至今为止所考察的都是在交往功能中的表述……但是，即使在交流而不告知的心灵生活中……这个功能的变化并不会改变表述的本质。①

我们可以这样设问：如果去掉第 8 节，会不会在很大程度上影响论证过程和结果？

胡塞尔在第 8 节中确实提到表述的含义与孤独个人的体验内容的理想的一致性问题，这一点被德里达归结为表述的纯粹性问题。如果仅仅从《声音与现象》的视界出发②，我们可能会以为，胡塞尔是在企

---

① 胡塞尔：《逻辑研究》第二卷第一部分，倪梁康译，第 37 页。
② 国内有些学者单纯从德里达的视界出发，自然得出相同的结论："声音现象学把有声的能指（事实语言）还原为独白，再还原为意识。"（尚杰：《德里达》，湖南教育出版社 1999 年版，第 94 页）

图构造表述的纯粹性、表述与体验在孤独的心灵生活中的完美统一性："在'孤独的心灵生活中',如此这般的表述的纯粹统一性似乎终于对我建立起来。"① 但对胡塞尔的进一步研究清楚地表明,他并不关注主观体验、对象直观和含义充实这些范畴,他甚至认为这些范畴与表述并不具有本质性的关系："表述与一个现时被给予的、充实着它的含义意向的对象性的关系并不是本质性的关系。"②

因此我认为,即使德里达对"自言自语"的解构是成功的,在后果上也不会像他所说的那样"推翻""第一章中所阐述的有关意义的全部理论"。

---

① 德里达:《声音与现象》,杜小真译,第52页。
② 胡塞尔:《逻辑研究》第二卷第一部分,倪梁康译,第51页。

第十三章　声音（2）：声音与观念化的共谋性

第五十节　"超越"与"触发"

德里达在《声音与现象》中紧紧抓住胡塞尔的"孤独的心灵生活"的现象学个案不放，除了要对这一个案进行符号学和时间性的解构而外，还有更深层的原委。德里达试图从这里出发，探寻胡塞尔在把声音的现象提升到现象学的声音时（自觉或不自觉地）依据了哪些现象学的基本观念，这些基本观念与解构或延异又有什么关系。实际上，德里达想做的事情就是顺藤摸瓜，即沿着声音这一"现象"探索在这一现象背后作为支援背景而起作用的现象学基本观念，然后揭示出这些观念所具有的作为延异或印迹的特征。

在德里达看来，现象学的声音有两个支援背景："超越"（Transzendenz /transcendance）和"触发"[①]（Affektion/affection）。在介绍德

[①] "Affektion/affection"目前国内至少有四种译法：杜小真女士在《声音与现象》中译为"（自我）影响"；邓晓芒、张廷国先生在《经验与判断》中译为"情绪"；汪堂家先生在《论文字学》的中译本中把"auto-affection"译为"自恋行为"（参见德里达：《论文字学》，汪堂家译，第223页）；倪梁康先生在《胡塞尔现象学概念通释》中定名为"触发"。第四种译名似更妥帖，这里从倪梁康先生的译名。

另外，M. 梅洛-庞蒂对这个词的考察也可以作为佐证。他说，康德、胡塞尔和海德格尔都使用过这个概念，康德把这个术语用于情感（Gemüt），而胡塞尔和海德格尔则用于时间。对于这两种使用之间的关系，梅洛-庞蒂从海德格尔的立场指出，从纯粹的自身触发来看，时间是情感的本质。参见梅洛-庞蒂：《知觉现象学》，姜志辉译，商务印书馆2001年版，第533页。

里达的批判之前，让我们先来看看现象学的这两个基本概念。

"超越"："超越"概念具有两个方面的含义①。其一，"超越"意味着对意识的超越、对"非实项包容的超越"，即超出意识自身而达于意识之外。在这个意义上的"超越"是胡塞尔所排斥的，现象学要求悬置一切超越的设定，要求始终停留在意识的内在性之中。其二，"超越"还意味着"实项的超越"，即对意识的实项因素或感性材料的超越。这个意义上的超越差不多等于"立义"或"统摄"，就是说，意识通过超越把一堆杂乱无章的感性材料立义为一个意识对象，或者换句话说，意识通过统摄的能力超越出实项的内容（感觉材料）从而构造起一个对象（连同其世界视域），然后又将这个对象（连同其世界视域）看作是超越出意识之外、与意识相对的东西。

"触发"："触发"是指一个"对象"②从自身出发以其不同于周围环境的特征把自己凸现出来并通过这种刺激性的凸现而对感知行为施加影响。这是感知的起始阶段，这也是一片被动性和接受性的领地，可是正是在这一看似纯粹的被动性中，自我的主动性悄然生成了。因此，胡塞尔把"触发"分成两个阶段③：第一阶段是我思之前的趋向，这是感知生成的起点，这其中又可以再细分为两个步骤。步骤1是被给与的东西对自我的切入（Eindringen），步骤2是自我本身受到被给予之物的吸引和激动从而导致自我趋向于向被给与物的"投身"（Hingabe）。在这一阶段中，被动性居于绝对主导地位；第二阶段是作为趋向之作用后果的关注或转向（Zuwendung）。自我在"被切入"和"投身"之后突然发生了一种转向，即从自身出发将这种趋向指向客体。这是现实的我思阶段，在这一阶段中，主动性居于绝对主导地位。

---

① 参见倪梁康：《胡塞尔现象学概念通释》，第460页。
② 在这里的"对象"一词上打上引号，是因为胡塞尔多次强调，在原始被动性领域中我们还根本不可能谈论对象。
③ 参见胡塞尔：《经验与判断》，邓晓芒、张廷国译，第98页。

不仅如此，胡塞尔在《被动综合分析》中还特别探讨了触发传播的法则[1]：如果整体中的某一部分被触发，那么全部整体都会被凸现出来。例如，一排灯中有一盏突然从白色变成红色。这时我们便不由自主地朝向这盏红色的灯，就是说，它对我们具有特别的触发性。但与此同时，整个这排灯的触发性也得到了提升；一首曲子的情况也是这样。刚开始时，这首曲子对我们没有任何触发的力量，但当一个特别悦耳的声音传来时，不仅仅是这个声音在触发，而是突然间整个旋律突出来了。

第五十一节　声音的超越性与"自身触发"性

德里达对声音的解构正是基于胡塞尔的上述两个观念。

德里达的论证从在场开始。

需要注意的是，德里达所谓的在场不是世间对象的在场，当然也不是自然态度中的存在者的在场，而是理想对象或观念对象的在场，这种对象具有普遍性、无限性、可重复性和始终同一性，这种对象本质上不依赖于任何世间的或经验的存在，一言以蔽之，这种对象不在世界中存在。

这里的困难在于，从胡塞尔的平行论观点来看，它虽然不在世界之中存在，可它也不会存在于世界之外，那它存在于何处呢？德里达并没有从胡塞尔的先验现象学思路出发做出回答，而是别出心裁[2]地提出了"中项"（médium）这一概念：

---

[1] E. Husserl, *Husserliana*, Band XI, S. 155.

[2] 其实，胡塞尔在《几何学的起源》中也谈到类似的思路，德里达在《起源》中也提到过类似"中间地带"的概念。之所以说他是"别出心裁"，原因在于他把胡塞尔的作为传递和保存原初意向的介质的语言文字记录改变为现象学的声音。

它的观念性的存在既然在世界之外就一无所是，它就应该在一个中项中被构成，被重复，被表达，而这个中项无损于在场和追求它的活动的自我在场：这个中项既保持了面对直观的"对象的在场"，又保持了自我在场，即活动对自身的绝对靠近。①

这个中项就是声音。只有声音能够完全处于主体的内部，无条件地听任主体的支配，主体不需要越出自身之外、不需要与经验世界打交道就能把声音发出来并在同时直接受到自身表述活动的触发（affecté）。另外，也只有现象学的声音才能对应于现象学的观念性并把它表达出来，因为它们都是非世间性的存在，它们都与经验世界无关。

在德里达看来，这样的声音具有两个方面相互关联的性质。第一方面，声音具有"超越性"。这种超越性

　　只是显现性的（apparente）。但是，这种"显象"（apparence）是意识及其历史的本质本身，而且，它规定了一个时期，真理的哲学观念就属于这一时期，即真理和显象之间的对立，就像它仍在现象学中起着作用。人们不能称之为"显象"，也不能在形而上学的概念性（conceptualité）内部命名它。如果不努力通过继承下来的观念向着不可命名之物进行探索，人们就不能企图解构（déconstruire）这种超越性。②

这段话意味深长。曾几何时，传统的形而上学观念统治着思想史，也制约着人们对真理的观念。真理，作为本质和必然性，是必然要显

---

① 德里达：《声音与现象》，杜小真译，第 96 页。着重号为引者所加。
② 德里达：《声音与现象》，杜小真译，第 97—98 页。译文略有改动。

现出来的,而表象作为呈现之物报道着真理的信息。在现象学内部,真理与显象的对立依然存在,只不过换了名称,换了表达的方式而已。胡塞尔关于"超越"概念的第二层含义告诉我们,意识通过统摄的能力超越出实项的内容(感觉材料)从而构造出一个对象,然后又将这个对象看作是超越出意识之外、与意识相对的东西。在这样的"超越性"概念里,我们找不到真理和表象的对立,我们只看见杂多材料和被构造对象的对立以及对象和意识的对立。但实际上,传统真理观内部的对立有着顽强的生命力,仍然存活在现象学之中。只要我们认真探索,我们仍然能够发现这样的对立:所指和能指的对立、被表述的意义与表述活动的对立、观念对象与符号的对立。每一对立的前者(即所指、被表述的意义和观念对象)正是现象学所追求的真理,而对立的后者(即能指、表述活动和符号)则是显现之物,是"显现的超越性"。如前所述,这种显现之物最为理想的显现方式就是声音,因此我们可以说,正是声音的这种"超越性"在瓦解形而上学传统观念的同时更深更隐蔽地保护了形而上学。

于是,"向着这种不可命名之物进行探索"并"解构这种超越性"就成为一项迫切而又困难的任务。而这涉及声音性质的第二个方面——声音的"自身触发"(Selbst-Affektion/auto-affection)。德里达借用海德格尔在《康德与形而上学问题》中使用过的"自身触发"概念对胡塞尔的"触发"思想进行进一步的引申并在此基础上应用于对声音的解构性分析。如果说"触发"是某一"对象"在一片模糊背景中以其鲜明的个性特征"触及"并"发动"起自我的意向,那么我们可以说,德里达的"自身触发"应该是指某一"对象"本身或自我本身对自身的"切入"(Eindringen)、"投身"(Hingabe)和转向(Zuwendung)。实际上,德里达的分析正是基于这两点:

"自言自听"(s'entendre-parler)的过程是一种绝对独特类型

的自身触发。一方面，这个过程在普遍的中项中进行，在这个过程中显现的所指应该是一些观念性，人们应该能够更为理想地（*idealiter*）重复这些观念性或者把它们作为同一个观念性无限地传递下去。另一方面，主体自言自听，任凭自己被能指所触发，这一能指是主体根据外在性的要求、世界或异己性一般的要求而毫无曲折地制造的能指。①

自言也好，自听也罢，其中介都是声音。观念对象通过声音实现对自身的凸现、切入、重复和传递，主体的"自身触发"方式则更为奇特，触发主体的声音不是来自外在的经验和异己的世界，它恰恰就是由主体自身所"制造"的！德里达还把自我的这种"自身触发"性扩展到他人身上②：当他人听见我说话时，他在他的"自我"中直接重复了"自言自听"的形式，这种直接重复不需要借助于任何外在性便能够再造出（reproduise）纯粹的自身触发。

没有比声音的超越更为纯粹的了，这种超越虽然超出了被表述的含义和观念的对象，但它并未越出意识之外；没有哪一种"触发"比声音的"触发"更为透明的了，没有哪一种在场比声音的在场离自我自身更为接近了。自我注视以及触摸和被触摸（touchant-touché）仍然会碰到作为外在性和异在性而在空间中自我陈列的我的身体，而"自言自听"似乎已被还原到身体的内在层面，在这里，能指和所指绝对接近，声音和现象几近统一，体验和含义似乎一致。这样的"触发"或"自言自听"正是声音的"自身触发"，它所涉及的是意识的活动及其表述。

---

① 德里达：《声音与现象》，杜小真译，第 100 页。译文略有改动。
② 参见德里达：《声音与现象》，杜小真译，第 102 页。

第五十二节　从"自身触发"的解构策略到"充替"

解构了所谓声音的"自身触发"性也就解构了在场的形而上学及其相应的真理观。

解构一个理论不是通过暴力从外部摧毁，而是要深入到该理论的内部通过细致的分析暴露出理论本身的自相矛盾之处。德里达对"自身触发"的解构运用了两点策略：策略一，时间性的理路；策略二，符号学的理路。

所谓时间性的理路是指从胡塞尔的内时间意识分析出发所进行的解构方法。德里达对时间的解构，我们在上文有详尽的说明，在这里我只想结合德里达的思路做一简单的介绍[①]。

言语的特点是时间性，言语的"自身触发"是一种时间化运动，它在时间化运动中表现为"当下/现在"（maintenant）的绝对更新，这种更新的原因不在于受到任何东西的引发（engendrée），而在于一种自身引发（s'engendre）的原印象。这种原印象是纯粹的自发性，它不创造任何东西。由此造成的新的"当下"不是在者，也不是被产生的对象，语言无法对它进行准确的描述。如果一定要勉为其难地下个定义的话，我们只能辩证地说，新的"当下"只有在更新的"当下"中才能作为过去或滞留而现存，换言之，"当下"就是作为过去的现在（comme maintenant passé）的非现在（non-maintenant）。这个更新的"当下"不可能来源于任何其他地方，它的唯一起源是作为非现在的现在的自身触发。这种自身触发是纯粹的，因为原印象除了自身触发和另一种原印象的绝对更新（即另一种当下）之外不被任何东西所触发。很明显，声音的"自身触发"正是建立在时间的"自身触发"的运动

---

① 参见德里达：《声音与现象》，杜小真译，第106—110页。

之上的，后者是一切隐喻的根源，它指示并同时掩盖着声音的自身触发的运动。

既然活生生的现在只有在"触发"出新的作为自身非同一性的"当下"时才能存在，既然它的存在就是一种非现在或滞留，那么我们可以说，活生生的自我在场从一开始就是一种印迹（trace），我们应该从印迹开始来思考原初的存在。活生生的现在也好，原初存在也好，原体验、原印象也好，在它们作为一个完满的、封闭的在场出现之前，印迹已经在它们之前、之中打开了一个"口子"（l'ouverture），正是这个"口子"把绝对的内在性导向外在性和非本己性（non-propre）的"空白"（intervalle）、差异（différence）和间距（espacement），换言之，正是这个"口子"把空间引入到时间之中。不过，德里达告诫我们，所谓把空间引入到时间之中，并非是让空间"突然出现在时间之中"，相反，时间化的运动在展开时必然会把绝对的内在性转变为纯粹的外在性。试问，时间化能停止运动吗？不能。所以，空间化是不可避免的。德里达在此基础上做出更进一步的推论："言语的纯粹内在性或'自言自听'的内在性从根本上讲是与'时间'背道而驰的。"

"策略一"的细致入微的分析旨在说明，声音的"自身触发"既没有像胡塞尔认为的那样把我们引向纯粹的自身在场和自身同一，也没有把我们引向绝对内在的、透明的和先验的状态。恰恰相反，声音把我们引向的却是外在和非本己之物，引向的是印迹。

可是，我要问：德里达在这里看似精彩的推理和结论与胡塞尔相比有什么不同？与德里达本人此前的思想相比又有什么进展？

难道胡塞尔没有说过现在的非现在性？难道胡塞尔没有讨论过原印象的自然发生（genesis spontanea）？[①] 德里达自己不是承认[②]，胡

[①] 参见胡塞尔：《内时间意识现象学》，杨富斌译，第104页。
[②] 参见德里达：《声音与现象》，杜小真译，第109页。

塞尔已经认识到意义的起源从来不是简单的在场而总是介入到印迹的"运动"之中？

难道这里得出的所有结论不是仍在差异原理和延迟原理之中？内在和外在、时间和空间、能指和所指、当下和非当下，它们之间的关系难道不仍然是辩证法的？

德里达一直到现在为止做出的所有理论成果可以用一个词来概括：波澜不惊。但是，这种波澜不惊是积累，是酝酿，是理论突破前的风平浪静。正是在这里，在"策略一"的结束处和"策略二"的开端处，一个新的原理出现了，一个打上了德里达印记的解构主义的重要概念登场了。这就是supplément。

这种理论上的重大突破建立在三个对胡塞尔思想进行合理的／错位的解读的前提之上：

前提一，空间在"时间化的运动"中展开。空间或"口子"早已开"在"时间"之中"了，它是时间与其自身关系的外在性；

前提二，这种外在性不是指经验世界或自然界的外在性，也不是指处于意识之外的实在世界的外在性，它是绝对原始的外在性，是内在性的一种外化过程（extériorisation），它仍然在意识之中。比如说，感知原素的外化是意义，意义的外在是声音，等等。换个角度说，意识的意向活动是内在，意识的意向相关项就是它的外在性。

前提三，指号与表述之间的交错（entrelacement/Verflechtung）是不可避免的，就是说，"指号的外在不会偶然地触发表述的内在"[①]。从语境上看，德里达的这句话好像是对胡塞尔符号学思想的直接类比，胡塞尔在《纯粹现象学通论》中曾说过，"表达不是某种类似于涂在物品上的漆或附加在它上面的一件衣裳。"[②]——既然表述不是作为一个层次补充到一个前表述意义的在场之中，那么，依此类推，指号的外在

[①] 德里达：《声音与现象》，杜小真译，第110页。
[②] 胡塞尔：《纯粹现象学通论》，李幼蒸译，第304页。

也不会偶然地、"外在地"附加到表述的内在之中。但实际上，为了达到这一结论，德里达已经从辩证法的视角出发进行了大量的论证。

有了这三个前提，德里达就非常大胆而又自信地迈出了关键性的一步：

> 如果指示并不补充/增添（s'ajoute）到表述之中，这种表述又不补充/增添到意义中去，人们仍然能在这两个方面谈论一种根源的 supplément：它们的加入（addition）要来补充/代替（suppléer）一个欠缺，一个原初自我的非在场。①

没有了立义，杂多的感性原素就会是一盘散沙，但意义并不是后来加上去的，而且，立义在发生的同时甚至取感性杂多而代之；没有了声音，意义的在场就会无法保持，就会消逝得无影无踪，但声音也不是后来加上去的，它位于意义的展开之中，它甚至"后来居上"，取意义而代之；没有了指号，主体际的交流就是不可能的，含义的历史和历史的含义都将瓦解，但指号也不是后来加到表述之中的，在表述向他者表达自身时，或者当表述在"孤独的心灵生活"中说话时，指号早已深入其中并与表述难分难解地纠缠在一起，甚至是这样：一旦我们说出言语，无论是对自己还是对他人，指号已经在所谓的表述中取表述而代之。

这就是 supplément②。这就是"充替"。

---

① 德里达：《声音与现象》，杜小真译，第110页。译文略有改动。
② 张宁女士在《书写与差异》中译本的"访谈代序"中提出 supplément 有两层含义：增添和代替。但她没有给出汉语译名。杜小真女士在《声音与现象》的中译本中译为"补充"，似欠妥。汪堂家先生在《论文字学》的中译本中译为"替补" 较为合理，但这个词在汉语中的意思主要是"替换""递补"，"增添"的意思不明显。在法语中，supplément 有三层含义：额外增加；补充；代替。我在这里权且把它译为"充替"，一方面取"充"的"扩充"（增添）、"补充""填充"和"充满"之意，另一方面取"替"的"代替"和"顶替"之意。特别需要指出的是，"充"除了上述含义之外，还有"充当"和"冒充"的意蕴，这其实与德里达的 supplément 说遥相呼应。

小结　解构之第三要素的出现："充替"

德里达还从"充替"的结构和对象两个方面对这一"概念"做出了进一步的规定①：第一，充替的结构是"在……位置上存在"或"为某物而在"（à la place de/für etwas），这一结构为任何符号所具有。第二，位于这一结构中的能指首先充替的并不是我们所谓的不在场的所指，而是另一个能指。一个能指的理想性程度愈高，它就愈是能够提高在场的重复的威力，也就愈加捍卫和保留意义，并使意义成为资本。

也许，德里达的意思是，凡是符号（比如"人"），一旦得到使用（比如，"德里达是人"），就必然在"为某物而在"（"为德里达而在"）的意义上占据了某物（"德里达"）的位置。乍一看，符号的使用似乎是穿在对象身上的一件外衣，充其量它也只能是对它所表述的某物的代表（"为某物而在"），但是，似乎是在突然之间，这个代表竟然取代了它所代表的对象，"在自己所代表的对象的位置上存在"竟然成为符号的本质规定。更有甚者，观念化程度较高的符号首先并不"为某物而在"，而是"为某符号而在"，就是说，它所占据的不是某一被指示物的位置，而是某一观念化程度较低的符号的位置，比如说"存在者—有机物—生物—动物—人（—德里达）"就是一个由上到下进行充替的符号阶梯。可是，难道曾经存在过一个赤裸裸的某物吗？难

---

① 参见德里达：《声音与现象》，杜小真译，第111—112页。

道有一个被指示物在等着我们给它穿上符号的外衣吗?难道括号中的"德里达"就是某物?它难道首先不是一个专名即仍然是一个符号?有什么东西能够存在于文本和符号之外吗?

德里达的用意是明确的。但是,我们应该承认,这种用意已经逸出了胡塞尔的现象学视域。对充替结构的规定让我们想起海德格尔在《存在与时间》中所提出的世界之为世界的"因缘"结构;而对充替对象的规定则让我们觉得,它直接奠基于索绪尔的语言学理论:语言的本质是差异,符号的第一个原则是任意性。由于能指构成的任意性,与能指相对的首先不是所指而是与之相异的另一个能指。

尽管已经存在这些挪用,但我们还是应该指出,即使从胡塞尔现象学的视域出发来看,这一概念也并非完全是德里达的独创。胡塞尔在《内时间意识现象学》中已经认识到原初印象具有"增加"和"修正"的特征。他指出,在原初印象的单向连续统中,

> 并非每一点都仅仅是与先前的点有关的增加物,而是某种增加物的增加物,如此等等,以致无穷——一种无限的修正,彼此进入对方之中的修正。只有在这里没有任何起点,它本身可被视为某种强度。起点在这里就是零点。①

任何一个点都被增加所增加过,例如,胡塞尔举例说,如果 B 是 A 的增加物,那么 C 就是 A 的增加物的增加物;任何一个点都受到无限多的点的补充;任何一个点都已被修正过的点所修正了。如果我们把下面德里达的这段话与上面胡塞尔的那段话粗略比较一下,我们就能看出其中的相似性:

---

① 胡塞尔:《内时间意识现象学》,杨富斌译,第 104 页。

无限系列的充替必然成倍增加充替的中介，这种中介创造了它们所推迟的意义，即事物本身的幻影、直接在场的幻影、原始知觉的幻影。直接性是派生的。一切东西都是从间接性开始的。①

　　胡塞尔与德里达的共同之处至少在于：没有起点；增加和补充是一个无限的系列。那么，德里达真正的独创性在哪里呢？他区别于胡塞尔、海德格尔和索绪尔的地方究竟在哪里呢？增加和补充不是一种渐进的修正，而是一种彻底的、包含增加物和补充物的作为延异出现的替代！不独时间化的运动是如此，符号的发生是如此，甚至连爱情和情欲的"快乐本身"也只有通过"危险的充替"才有可能存在②：如果没有自体性行为（auto-érotisme）所提供的充替，卢梭的肉体存在就会受到"可怕的威胁"；如果不是由于这种行为本身提供了对"缺席的美人"的"回想"，卢梭就不可能在生命结束时"仍会童心不泯"；如果床、窗帘、家具、地板甚至"妈妈吐出来的食物"不能代替华伦夫人，如果吻家具、吞"妈妈吐出来的食物"不是更好地（冒）充替（代）了对"妈妈"的爱情的话，卢梭就无法证明华伦夫人"是世界上唯一的女人"③。

　　只有在这个意义上，我们才可以说，"充替"是刻有德里达印记的"概念"④，也只有在这里，德里达才带着他的"延异"思想与"充替"

---

　　① 德里达：《论文字学》，汪堂家译，第 228 页。译文略有改动。
　　② 参见德里达：《论文字学》第二章。
　　③ David Wood 可能正是根据这一点才断言，"德里达对这个词（指'充替'——引者注）的使用是从卢梭对这个词的素朴（innocent）使用中派生出来的"（参见 David Wood, *The Deconstruction of Time*, p. 131）。我认为，这样的断言过于轻率。
　　④ 德里达的 supplément 一词似乎过分强调了"充替"中的隐性"增加"或"添加"的方面而忽视了在"损耗""减少"意义上的"充替"。萨特和一些哲学家在论述"后反思"与"原意识"之间的差异时曾指出，差异"或者表明为一种由于反思而必然形成的添加，或者表明为一种通过反思而造成的无可避免的损耗"。（参见倪梁康：《胡塞尔哲学中的"原意识"与"后反思"》，《哲学研究》1998 年第 1 期，第 63 页）

一起全面走出胡塞尔的现象学体系。至此为止，解构主义最为核心的"概念"——差异、延迟、延异、痕迹、充替等——均已出现。有了这些不是概念的"概念"，德里达就具备了自己的理论视角和方法论立场，他现在可以从容地进入到其他思想家的体系中尝试解构所带来的效应和快感了。

事情有时竟然是这样：收获在意料之外，《声音与现象》便是如此。德里达着力加以解构的符号的"本质性区分"对胡塞尔的《逻辑研究》而言竟是一个误置[①]，但在我们怀疑这本书的价值之前，我们又发现它在符号的原始结构以及声音的时间化运动方面给我们呈现了新的理论视角和景观。对"充替"的发现和对直观主体的大胆宣判更是意料之外的收获，是对胡塞尔意义理论的实质性突破，也是这本书的真正成就。含义从此摆脱直观主体和对象的纠缠，话语成为自由的嬉戏，它穿越于观念性、真理、直观和世界、经验、对象之间，它附着于它们之上并冒充着它们，但事实上它在附着和冒充之前已经将它们取而代之了。

[①] 国内学者钱捷先生也意识到这一问题并对此做了一定的思考，但遗憾的是，他得出了折中主义的结论（参见钱捷：《"Vouloir-dire"：创意还是误读？》，《哲学研究》1998 年第 2 期）。

附录　从德里达与马克思的相遇看解构的边界

德里达的哲学思想始于大学时代的这样一种信念："问题永远在于起源的原初复杂性和单纯开端的污染"①，由此信念出发，他自认为找到了现象学的界限："在'污染'的致命的必然性之后，现象学话语得以构成自身的界限看来好像有问题。"②把这样的信念推向极端，便催生了德里达早期的三部著作：《胡塞尔哲学中的生成问题》（虽直到1990年才发表，但写作时间却是在1953—1954年间）、《胡塞尔〈几何学的起源〉引论》（1961年写就，1962年发表）和《声音与现象》（1967年出版）。在这三部作品中，德里达详尽地考察了胡塞尔现象学中的生成与结构、起源与沉淀、声音与含义等的关系，并从中演绎出解构主义的几个重要的基本概念：痕迹、延异、增补等。可以毫不夸张地说，这三部著作，尤其是《胡塞尔哲学中的生成问题》，正是解构主义的摇篮。③

---

① Jacques Derrida, *Le problème de genèse dans le philosophie de Husserl*, presses Universitaires de France, 1990, pp. vi-vii.

② Jacques Derrida, *Le problème de genèse dans le philosophie de Husserl*, p. vii.

③ 国内学者叶秀山先生和尚杰先生都把德里达为胡塞尔《几何学的起源》所写的引言看作是他的"理论上的秘密"和"哲学上的发源地"（分别参见叶秀山：《意义世界的埋葬》，《中国社会科学》1989年第3期；尚杰：《德里达哲学发源地》，《辽宁大学学报》1993年第1期）。笔者认为这个断语值得商榷。不过需要指出的是，叶秀山先生在发表此文时，德里达更早期的现象学论著《胡塞尔哲学中的生成问题》尚未出版。

解构主义一经诞生，便立即被运用于对传统形而上学的批判：从柏拉图的"药"到福柯的"癫狂"，从亚里士多德的"诗学"到阿尔托的"隐喻"，从索绪尔的"语言学"到奥斯汀的"言语行为理论"，从卢梭的"忏悔"到弗洛伊德的"神奇的拍纸簿"，甚至从海德格尔的"本体论差异"到勒维纳斯的"他者"，随处可见到解构的踪迹和身影，解构之矛真可谓是所向披靡。

正当解构主义凯歌高奏之际，人们不无意外地发现，在这串长长的解构之链中独独缺少一个十分重要的人物，这就是马克思！[1] 德里达对马克思长期保持着沉默，这不仅让解构主义圈内圈外的人士感到不可理解，更激起了这些人企图对解构主义与马克思主义进行整合的冲动，这种冲动是如此的急不可待，以至于在德里达打破沉默之前，已经出现了相当多的研究德里达与马克思的文献，甚至还出现了理论专著。

J-L. 乌德拜恩（Jean-Louis Houdebine）和 G. 斯伽佩特（Guy Scarpetta）在 1971 年采访德里达时，他们不顾德里达回答中的闪烁其词，总是不依不饶地追问德里达关于马克思主义的"矛盾"和"物质"与解构主义的"延异"之间的逻辑关系[2]以及马克思的"实践"与德里达的"写作"之间的关系[3]。M. 瑞安（Michael Ryan）在 1982 年出版的力作《马克思主义与解构：一种批判性的表述》中为论证马克思主义与解构主义之间的相似性和互补性，不惜从琐细之处入手，编排起它们相距不远的观点，如马克思和德里达对一般范畴形式的批判以及对四种"主义"（实证主义、唯心主义、自然主义和客观主义）的评

---

[1] 在 *Positions*（J. Derrida, *Positions*, Les éditions de Minuit, Paris, 1972）中，J-L. 乌德拜恩曾问德里达道："在'延异'中……您提到尼采和弗洛伊德，为什么却全面悬置了马克思以及与马克思相关的辩证唯物主义文本？"（*Positions*, p. 84）

[2] Jacques Derrida, *Positions*, p. 101.

[3] Jacques Derrida, *Positions*, pp. 123-124.

判，等等①。直到1987年，《论文字学》的英译者G. C. 斯皮瓦克（G. C. Spivak）仍在津津乐道于马克思的"货币"与德里达的"文字"之间的雷同之处。

一

笔者认为，德里达与马克思以及马克思主义的关系可以粗略地分为三个阶段。

第一阶段从1967年到1975年。在这一阶段，德里达并未真正进入马克思的文本，他与马克思保持着一种外在的、谨慎的关系。但他对马克思的思想有个大致的印象，在他看来，马克思的文本虽有与众不同之处，可终究属于形而上学传统的一部分，迟早要接受解构的洗礼。在1967年出版的《论文字学》中，德里达明确地把马克思主义归于形而上学②，而1971年在接受乌德拜恩和斯伽佩特的采访时，德里达则比较集中地阐明了他当时对马克思及其文本的原则性立场③：必须认真对待马克思主义的文本它的困难性和异质性，同时必须注意到马克思主义的所有概念都不可能是直接所与的（immédiatement donné），这就要求我们不能以一种解释学的方式来阅读马克思的文本。阅读是一种转型，阿尔都塞已在这方面做出了决定性的进步，尽管我一直关注在哲学、语义学、精神分析等领域的最新进展，可是到现在我还没有发现令我满意的转型。但德里达很快话锋一转，对马克思的辩证法和矛盾等范畴祭起他的解构之剑：

---

① M. Ryan, *Marxism and Deconstruction: A Critical Articulation*, The Johns Hopkins University Press, Maryland, 1982, pp. 50-62.
② 德里达：《论文字学》，汪堂家译，上海译文出版社1999年版，第63页。
③ Jacques Derrida, *Positions*, pp. 85-86.

> 我不相信存在一个"事实"可以让我们说：在马克思主义的文本中，矛盾与辩证法摆脱了形而上学的统治……你们不止一次地看到，我不相信，人们从马克思主义的观点出发能够谈论一种同质的马克思主义文本，而这一文本在瞬间之内把矛盾这一概念从它的思辨的、目的论的、末世学的视域中解放出来。①

从这里我们可以很清楚地看出，解构主义与马克思主义的对抗性远远大于其"亲和性"②。似乎是为了证明这一点，德里达特意向这两位来访者演示了对辩证唯物主义的"物质"概念进行解构的方法和程序③："物质"概念在颠覆唯心主义的过程中，常常既被赋予了"逻各斯中心主义"的价值，又被连接到事务、现实、在场一般、物质多样性、能指等概念上，这最终导致"物质"概念作为一种"先验能指"被重新构造起来。那么该如何解构"物质"呢？物质的概念必须被两次标注（marqué）：首先是对物质以及与之相关的对立概念（比如说，物质与精神、物质与观念性、物质与形式等）进行颠倒（renversement），以打破其中所包含的等级制及物质在先性的先验设定，然后让物质与其对立面在自由的嬉戏中，在相互移位所造成的新的视域中，走向解构的肯定方面，从而造成"物质"概念的越界（transgression）。

德里达此处的这番演示，看似将马克思主义的"物质"概念玩弄于解构主义的股掌之上，实际上却表明他与马克思的文本之间的关系是何等的外在！马克思的包括"物质"在内的各种概念和范畴，绝不会像德里达所认为的那样机械和僵化。当德里达后来深入钻研马克思的著作时，他也意识到这一问题并非如此简单，我们在后面的分析中

---

① Jacques Derrida, *Positions*, pp. 99-100.
② 瑞安更多地关注它们之间的亲和性。（参见 M. Ryan, *Marxism and Deconstruction: A Critical Articulation*, p. xiv）
③ J. Derrida, *Positions*, pp. 87-89.

将会看到。不过，话说回来，德里达的解构对教条式、教科书式的马克思主义倒是再合适不过的了。

德里达这段时期对马克思文本的态度也表现在该时期的其他作品中。例如 1971 年首次发表在《诗学》(*Poétique*) 中后被收入《哲学的边缘》的一部重要作品《白色的神话：哲学文本中的隐喻》曾两次大段引用马克思的话①，但他采用的是拿来主义的策略，即用马克思的观点来说明 coinage（铸币、新词）以及 metaphor（隐喻）的延异是无法逃避的，这种引用与马克思的主导思想或核心概念无甚瓜葛。甚至在不可避免地谈到马克思解构中的隐喻时，他也只是泛泛地建议读者参阅阿尔都塞的《保卫马克思》《读〈资本论〉》和《意识形态与国家机器》②。

第二阶段从 1976 年到 1992 年。在此阶段，德里达对马克思的态度发生了重大的改变：从外在走向内在，从解构走向同构，从怀疑走向肯定，甚至从肯定走向钦佩。1976 年冬季，德里达在哲学教学研究小组（GREPH）的会议上公开宣称自己是一个共产主义者③，1980 年在接受 James Kearns 和 Ken Newton 的联合采访时，他有条件地称自己是一个马克思主义者④。但我认为，这些令理论界为之一震的声明并不表明他与马克思真正相遇了。远远没有！在这段时期内，尽管他在不同场合多次提及马克思及其文本，但他并没有一部完整的旨在探讨马克思思想的著作。解构主义向马克思主义的靠拢，与其说是马克思主义需要解构主义，不如说是解构主义需要马克思主义。德里达对马克思主义的借用通常出于两个相互关联的原因：其一，德里达发现马克思

---

① J. Derrida, *Marges de la philosophie*, trans. by Alan Bass, The University of Chicago Press, 1982, pp. 216-217.
② J. Derrida, *Marges de la philosophie*, trans. by Alan Bass, p. 214.
③ M. Ryan, *Marxism and Deconstruction: A Critical Articulation*, p. xiv.
④ M. Ryan, *Marxism and Deconstruction: A Critical Articulation*, p. xv.

主义与解构主义确有很多相通之处，比如开放型、发展态、非自身起源性等：

> 我想重申在开放的马克思主义与我所感兴趣的东西之间具有某种表述的可能性……马克思主义把自身（从马克思开始便已经把自身）看作是一门开放的、不断地转换自身的理论……它正是这样一种理论，它从不先天地拒绝各种问题式的发展，但它并不相信这一发展会从自身中产生。这一发展似乎来自外部世界。①

其二，解构的势力范围主要见之于文本领域，德里达的名言是"Il n'y a pas dehors texte"（"文本之外一无所有"）。当解构主义超出文本，走进社会历史和现实时，它就不可避免地遭遇到马克思主义在国家、教育、意识形态、媒体、宣传、市场等各个层面留下来的深刻而持久的影响，这一事实既不能忽视，又无法超越，解构主义唯一的选择便是认真地面对。有一则发生在法国教育界的事件很能说明问题。在20世纪70年代，法国政府计划缩短中学哲学教学课时数，德里达对此大加抨击，他专门为此撰写了一系列文章（后被收为文集《从权利到哲学》），从一个解构学家的立场为哲学进行辩护。但当他思考法国政府恐惧哲学的深层原因时，他发现政府所害怕的原来是马克思主义：

> 如果说法国今天恐惧哲学，那是因为哲学教学助长了两种不同类型的威胁力量：把国家从掌权者手里夺回来并加以改变的力量……以及趋向于对国家加以毁灭的力量……对我来说，这两种力量在今天看来共同存在于所谓的马克思主义的理论领域和实践

---

① J. Derrida, "An Interview with Jacques Derrida", 转引自 M. Ryan, *Marxism and Deconstruction: A Critical Articulation*, p. xv。

领域。①

借用德里达后来的话来说，马克思像幽灵一样，纠缠着每一个信仰他或反对他的人。

是的，这种纠缠无法回避，不管是在马克思去世之后，还是在欧洲工人运动走向低潮之后，或者是在苏东解体之后。也许正是这种纠缠让德里达自 1993 年起进入到他的第三阶段。在这一时期，德里达直接进入马克思的文本，与马克思进行正面的交锋和对话，这是一次真正的相遇，作为相遇的成果和记录，便是 1993 年出版的《马克思的幽灵》。

德里达以什么样的姿态切入马克思呢？

可以想见，德里达完全可以像上文中介绍的那样从"物质"概念的解构入手，对马克思的各个重要概念逐一地进行颠倒和置换。德里达在《马克思的幽灵》中提到的与解构主义相对立的概念或范畴有"系统""形而上学""本体论""总体性""辩证法""辩证唯物主义""劳动""生产方式""社会阶级""工人运动""一党制""国家""极权主义"等②，他完全可以按部就班地对这些术语进行解构运演。但他没有这样做，他选择了一种很巧妙的切入方式：把马克思的批判精神凸现出来并同上面的所有概念明确地区分开来，他把前者称为"好的马克思主义"并声称"我们只讨论'好的马克思主义'"③。

我的问题是，德里达果真只讨论"好的马克思主义"吗？他为什么要说"只讨论'好的马克思主义'"？他是从什么视角切入讨论的？这种讨论的后果是什么？下面笔者拟对这些问题尝试做一回答。

---

① J. Derrida, "Qui a peur de la philosophie?" 转引自 M. Ryan, *Marxism and Deconstruction: A Critical Articulation*, p. 223.
② 德里达：《马克思的幽灵》，何一译，中国人民大学出版社 1999 年版，第 125 页。
③ 德里达：《马克思的幽灵》，何一译，第 125 页。

二

实际上，德里达自第二阶段开始就已发现马克思的文本或马克思主义的文献在某些方面与解构主义的相通性和亲和性，这种看法在第三阶段变得更为明晰并被定位于"激进的批判"和"自身的变革"①。同时，德里达把与此不一致的所有其他的马克思主义思想划为另类，认为它们或是不值一提，或是能被简单地加以解构。笔者认为，德里达的这种看法过于轻率。这种被德里达打入另类的马克思主义，其成分是相当混杂的：一部分是马克思自己的思想，如辩证方法、劳动、生产方式、社会阶级、工人运动国际等；一部分是斯大林式的马克思主义，如系统性、本体论、总体性、无产阶级专政等；还有一部分是马克思主义批评者的引申，如由一党制而来的"极权主义的残酷性"等。德里达将所有这些成分笼而统之地置于"好的马克思主义"之外，不仅流于简单，也失之偏颇。

德里达有没有讨论过这种在"好的马克思主义"之外的马克思主义呢？也就是说，他有没有对这种另类的马克思主义实施过解构手术呢？答案是肯定的。虽说这种解构不是该书的主题，但也许是出于一种职业习惯，他常常在论述之余信手拈来几个另类范畴，向我们展示一下解构主义的威力。可是令人惊讶的是，每当他的解构涉及马克思的概念时，他都无可奈何地发现：其实马克思早已说过了。我们不妨来看几个案例。

像解构"物质"概念一样，德里达也试图对马克思的"使用价值"进行标记：颠倒和置换。他首先指认，马克思的观点是坚持"使用价值就是物本身，它是自身同一的……"。这就为对使用价值的解构提

---

① 德里达：《马克思的幽灵》，何一译，第124页。

出由头：自身同一的严格性和纯粹性是不可能存在的，即使是纯而又纯的物质，在具有使用价值之前，必须"至少可以允许那感觉之物具有重复性、充替、交换和价值"①，就是说，在使用价值的源头之处，交换价值已经先行占据其中了。这是延异，也是颠倒，但绝不能由此确定交换价值的优先地位，那么商品、交换价值的幽灵究竟从什么时候、什么地方开始的呢？德里达告诉我们：

> 商品的"神秘特性"在被铭写之前就已经被铭写了，它在被书写成文字之前就已经在商品的额头或隔板上留下了文字的踪迹。一切都在开始之前就已经开始了。②

当马克思一方面说普通物品是作为商品而进入到市场中的，另一方面又说商品不能自己到市场上去，这时，德里达立即断定马克思"这么说就是赋予那幽灵般的时刻一个起源"③。这样，挟带着解构学的理论成果，德里达可以理直气壮地批评马克思"想要知道而且还要让人知道那幽灵（指商品、交换价值——笔者注）究竟在什么地方、什么确切的时间、哪一个瞬间走进舞台的"④。

马克思果真这样机械地分割物品和商品、使用价值和交换价值吗？关于这一点，马克思在《资本论》中有过明确的表述：

> 一切商品对它们的所有者是非使用价值，对于它们的非所有者是使用价值。因此，商品必须全面转手。这种转手就形成商品的交换，而商品交换使商品彼此作为价值发生关系并作为价值来

---

① 德里达：《马克思的幽灵》，何一译，第 220 页。译文略有改动。
② 德里达：《马克思的幽灵》，何一译，第 221 页。
③ 德里达：《马克思的幽灵》，何一译，第 219 页。
④ 德里达：《马克思的幽灵》，何一译，第 221—222 页。着重号为原作者所加。

实现。可见，商品在能够作为使用价值实现以前，必须先表现为价值。另一方面，商品在能够作为价值实现之前，必须被确认是使用价值；因为耗费在商品生产上的人类劳动，只有耗费在对别人有用的形式上，才能算数。①

出于学术上的诚实，德里达在书中援引了这两句话；同样出于学者的学术品格，他在揣度马克思话语的含义时增加了"似乎"两个字："马克思的意思似乎是，物的使用价值是完整无损的。"② 尽管这是一种无可奈何的增加。

德里达由《共产党宣言》出发进入到"一个奇特的主题"：解构政党与国家。德里达此处着墨不多，几乎一带而过。可是在寥寥数语中，他谈到了解构民主政治的两个视角③：第一，从理论上思考政党、国家和工会等的有限性；第二，随着电视—技术—传媒的新的公共空间的出现以及随之而来的各种民主体制、政治体制的新模式的形成，传统的国家概念、政党和工会的概念正在自行解构。说了这些，问题是在这两个视角里有什么异于马克思思想的新东西吗？马克思对政党和国家所做的清晰的表述——它们都是一定社会历史条件的产物——难道不是众所周知的吗？德里达也不能无视这一点，因此他只得含含糊糊地说，"人们还不能脱离马克思主义的遗产来分析它们的历史独特性"④。

类似的事例为数不少。再如在讨论暴力和革命运动时⑤，德里达认为延异已不可还原地嵌入其中：即使当你说"我起誓"时，你也会在

---

① 马克思：《资本论》，中国社会科学出版社 1983 年版，第 65 页。又参见德里达：《马克思的幽灵》，何一译，第 222 页。
② 德里达：《马克思的幽灵》，何一译，第 219 页。着重号为引者所加。
③ 德里达：《马克思的幽灵》，何一译，第 145 页。
④ 德里达：《马克思的幽灵》，何一译，第 146 页。
⑤ 德里达：《马克思的幽灵》，何一译，第 44—45 页。

起誓的同时放弃誓言；即使当暴动的指令与瞬间结合起来，它还是会在根本的差异中被无限地延宕。这样一种使时代脱节的暴力总是一种"颠倒混乱"的暴力。马克思的观点是什么呢？德里达在此只字未提。但是后来在谈到幽灵的现身和挪用时，德里达大段援引《路易·波拿巴的雾月十八日》，通过马克思列举的许多有规律的年代错误的例子来证明：幽灵的挪用不可能是共时性的，幽灵的现身总是与时代发生错位。不知德里达有没有意识到，他对马克思的大段摘录和援引是不是已经表明他本人对暴力和革命运动的解构是多余的呢？

其他如对自然、精神、遗产、货币、马克思学说自身等的解构，都具有类似的结果和效应，这里就不再一一列举了。

三

德里达声称"只讨论'好的马克思主义'"，我认为主要有以下三个方面的原因。第一，东欧剧变以后，在欧洲马克思主义的边缘化走到了极点，与此同时，各种反马克思主义甚嚣尘上，纷纷以各种形式宣告马克思主义的终结。从解构主义的立场来看，这等于是在打碎一个中心的同时建构起另一个中心，这当然是以"去中心"为己任的德里达所不能容忍的：典型者如福山之流，"居然以自由民主制的理想的名义……无耻地宣传新福音"[①]。第二，现实清清楚楚地表明，资本主义社会乃至全球的经济、政治状况并没有因为东欧社会主义的崩溃而变得更好一些，"所有这些灾难（恐惧、压迫、镇压、屠杀、种族灭绝等）"[②]仍在增加。当有人欢呼"新世界秩序"的建立时，我们怎能忽视它所带来的新的更大的危害和灾难？德里达为此罗列了十大"祸

---

① 德里达：《马克思的幽灵》，何一译，第120页。
② 德里达：《马克思的幽灵》，何一译，第82页。

害"①。德里达进一步问道:"为了对付今天这个世界,并改变它……马克思与他的继承人对我们思考这种现象有什么作用呢?"②经过认真深入的思索,德里达最终得出了结论:马克思主义的精神(当然是指"好的马克思主义")在今天比以往任何时候都更加为我们所必需,马克思的指令在今天比以往任何时候都更加紧急和迫切。第三,德里达自认为马克思的部分思想与自己的解构策略有相互沟通、相互亲和之处,通过解构主义的楔入,可以完成"好的马克思主义"的当代转型。

关于马克思主义的转型问题,德里达早在1971年的《立场》中就已提及,但他当时并未就这些问题进行深入思考,只是提出了一个一般性的原则:

> 阅读(指对马克思文本的阅读——引者注)是一种转型,我相信这已由阿尔都塞的某些命题所证实,但这种转型不是胡乱进行的,它需要有规程的阅读。③

到《马克思的幽灵》时期,德里达对马克思主义的转型已经有了一整套较为系统明晰的见解:首先是马克思主义转型的必要性。随着电视—技术—媒体的发展以及经济学与社会学、技术等新的接合点的形成,随着宗教战争的新的表现形式的出现:

> 马克思主义立刻就变得既不可缺少同时在结构上又是不充分的了:它仍然是必要的,但是其条件是它要经过改变从而适应于新的形势和意识形态的新思想。④

---

① 德里达:《马克思的幽灵》,何一译,第115—119页。
② 德里达:《马克思的幽灵》,何一译,第78页。
③ J. Derrida, *Positions*, p. 86.
④ 德里达:《马克思的幽灵》,何一译,第84—85页。着重号为原作者所加。

其次是转型的方法论要求。当我们把马克思的思想当作一种遗产时，我们首先要考虑的就是遗产的异质性、非透明性、非单义性，然后在遗产之中载入延异，让遗产在"拆解自身、分离自身、分延或延宕自身、言说自身"中"成其为自身"①。最后是在转型中必须注意的几项基本原则：（1）不能将马克思纯粹学术化，即从解释学、语义学、哲学等角度对马克思做单纯的文本研究，从而抹杀其批判精神和革命意义②；（2）要坚持两个方面的区分③，一方面要区分作为批判精神的马克思主义与作为本体论、哲学体系、形而上学体系或作为政治建制（如被纳入政党、国家、工人国际等之中）的马克思主义，另一方面还要区分作为批判精神的马克思主义与解构主义，后者不仅是一种批判，它还准备对一切批判进行追问和批判；（3）在马克思的遗产中载入延异，这既是一种将马克思理论激进化的尝试，同时也是一种解构④，但是应特别加以注意的是，在将马克思理论激进化的同时"不要进而走向根基、基础或本源（原因、原则）的深处"⑤，否则我们就又回到了形而上学和"逻各斯中心主义"；（4）寻找到马克思主义的批判精神并不等于得出最后的结论，还有更为重要的东西，这就是"某种解放的和弥赛亚式的声明"⑥。在马克思那里，这种"声明"便是《共产党宣言》中的声明，随着声明的吁请，一个"共产主义的幽灵"在欧洲现身了。时至今日，"共产主义"不仅已成为马克思主义遗产的一个部分，而且还是"更主要的"一个部分。

这便是德里达与众不同的思路！这就是德里达超出乌德拜恩、瑞安、斯皮瓦格等人的地方！他不打算用解构主义的模式对马克思主义

---

① 德里达：《马克思的幽灵》，何一译，第26页。
② 德里达：《马克思的幽灵》，何一译，第46页。
③ 德里达：《马克思的幽灵》，何一译，第98页。
④ 德里达：《马克思的幽灵》，何一译，第129页。
⑤ 德里达：《马克思的幽灵》，何一译，第134页。
⑥ 德里达：《马克思的幽灵》，何一译，第126页。

的概念和范畴进行诊断和解剖,相反,他挑出了在他看来马克思主义中最有前途、最有活力、最为现实所急需的两个要素,即面对社会历史的批判意识和革命精神以及对作为未来社会理想的共产主义的不懈坚持。切入点已经找到,德里达接下来需要做的是对这两个要素进行创造性的转化。德里达理所当然地祭起他的解构主义的法宝。

正是在这里,解构主义与马克思主义短兵相接,德里达与马克思狭路相逢。这是一次真正意义上的遭遇,无论对解构主义还是对马克思主义来说,都是它们理论自身发展史上的重要事件。从下面的分析中我们可以看到,马克思这两个思想要素经受了解构主义最猛烈的冲击,而解构主义也在这场冲击中暴露出自身的边界。

首先,我们来考察德里达的解构方略与马克思的批判意识和革命精神的交锋。马克思对资本主义所进行的批判是众所周知的,但马克思在批判的同时也肯定了资本主义生产方式与封建主义生产方式相比所具有的巨大的进步意义。但德里达将这种批判推向极端,他清除了其中所蕴含的辩证发展观。他说,现今之日的"颠倒混乱"是一种"本源性的腐败"[①],作为时代的"先决条件的"是"罪行的这一本源的和真正幽灵般的先行存在"[②]。他还告诉我们,"人们必须永远记住,这种绝对的恶……能够发生。"[③] 为了证明这种"激进化"的合理性,德里达诉诸海德格尔的《阿那克西曼德之箴言》。

海德格尔从存在主义的立场出发对阿那克西曼德的一个残篇进行了词源学的解读和翻译,并由此引出关于存在与存在者之区分以及存在之被遗忘的问题。海德格尔敏锐地对残篇中的一个词"不正义"的翻译提出质疑。他问道:"何以始终逗留着的在场者就在不正义之中呢?在在场者那里,什么是不正义的?"通过词源学的考察,海德格

---

① 德里达:《马克思的幽灵》,何一译,第33页。
② 德里达:《马克思的幽灵》,何一译,第31页。
③ 德里达:《马克思的幽灵》,何一译,第239页。

尔纠正了对这个词的翻译，他指出这个词首先说的是"缺席不在"。这样他就把残篇的意思理解为：阿那克西曼德并不是说在场者在"不正义"之中，而是说它出于裂隙，这种裂隙不是在场者的一种偶然的特征，而是自身的必然的存在方式。在场者乃是始终逗留者，逗留者的在场向前移动进入来源的"来"（Her），继续向前移动进入离开的"往"（Hin），在场者即逗留者在这"来来往往"之间，这一"之间"（Zwischen）就是裂隙，逗留在裂隙中成其本质，也就是说，在场者出自裂隙[①]。

德里达把海德格尔的上述思想原封不动地嵌入他的文本中，作为对时代的断裂与错位的证词。"自莎士比亚以来"，"自马克思以来"，关于时代和历史一直有一个幽灵般的宣言："这是一个脱节的时代"。难道我们不可以接着说，"自海德格尔以来，这仍是一个脱节的时代吗？"这正是德里达想说的话。为了能够这样说，德里达竟然不顾海德格尔所做的一个重要补充："裂隙归属于始终逗留者，而始终逗留者又归属于裂隙。裂隙乃是嵌合。"[②] 甚至将海德格尔对"嵌合""非裂隙""接缝"所做出的让步视为向在场和总体化境域的倒退[③]。

德里达通过这种迂回曲折的方式无非是力图向我们证明，年代的紊乱断裂、时代的无序乱套和脱节、乾坤的颠倒混乱都是"本源性的"，其中没有任何和解、统一、嵌合以及正义的可能性。马克思的批判意识和革命精神固然具有极强的穿透力，但似乎不够彻底，因此必须对这种意识和精神进行更加深入的解构，此处的解构意味着把它推向极致，让其中任何肯定性的东西、任何积极性的评价、任何嵌合和统一没有立锥之地：

---

① 参见 M. 海德格尔：《海德格尔选集》，孙周兴主编，上海三联书店1996年版，第566—568页。
② M. 海德格尔：《海德格尔选集》，孙周兴主编，第569页。
③ 德里达：《马克思的幽灵》，何一译，第40页。

在我看来，除了是一种激进化之外，解构活动根本就没有什么意义和主旨……这种尝试将马克思主义激进化的做法可以被称作是一种解构。①

德里达的激进化把我们带到哪里？它又把自身带到哪里？这是一片没有接缝嵌合的"之间"的土地，这是一个脱节断裂的时代，"先行存在的"是罪行，"本源性的"东西是腐败，"绝对"之物是恶，在先存在的是"先于任何在场者"的"异质性"，裂隙是在场者在场的不可还原的条件。② 这是哪里？这不就是"本体论"的领域吗？证明这一点的是一连串本体论的标志性措辞："先行存在""本源性""在先""绝对""不可还原的条件"，等等。

当然，这一"本体论"与传统本体论相比有很大的不同。传统本体论以"一""理念""存在""逻各斯""自我""理性""欲望"等作为世界的本源、基础和前提。解构主义既解构了任何一种"本体"存在，把它们统统斥之为"逻各斯中心主义"，又对一切所谓的"本源性""基础和前提"等提出质疑，认为纯粹的开端、未经污染的起源和生成是不可能存在的。但是，经过上述分析，我们发现，德里达的解构主义的立场发生了微妙的变化：对"逻各斯中心主义"的解构虽然得到坚持，但对"本源性"、"在先性"、"绝对"性、"条件"性的解构却出现了松动，我们在德里达的文本中可以频繁地见到它们。它们没有被载入延异吗？罪行在"先行存在"之处没有被良善所充替吗？"绝对"的恶怎么不会是踪迹的踪迹？"本源性的"腐败中难道就没有"折叠"着正义？裂缝不就是嵌合？德里达对此语焉不详，但他的措辞和术语本身不就已经是一种明确的回答了吗？

---

① 德里达：《马克思的幽灵》，何一译，第129页。
② 德里达：《马克思的幽灵》，何一译，第41页。

因此我们可以说，德里达的理论在遭遇马克思的过程中生长出一种本体论的征候。由于被这种"本体论"设为"本体"的是与传统本体论迥然不同的一种否定的或负面的状态（如罪行、恶、腐败等），我们不妨将这种"本体论"称为"带负号的本体论"。

接下来，我们来考察德里达的弥赛亚观念与马克思的共产主义思想之间的冲突。

我们知道，马克思和恩格斯在积极投身工人运动的同时，经过对经济学、哲学和历史学等所做的深入探索，从资本主义的内在发展规律以及人类社会的必然进程出发，完成了共产主义从空想到科学的转变。在国际共产主义运动处于低潮之际，世界各国都弥漫着一种对共产主义的怀疑、诋毁的气氛。在这样的氛围中，德里达取何种立场呢？

"共产主义"并不属于德里达所谓的"马克思主义的批判精神"的一种，加之它在现实中与"一党制"和国家形式联系密切，所以它在开始时并不属于"好的马克思主义"。但德里达认为，尽管如此，"共产主义"中所允诺的解放与自由的希望，却使它在今天比以往任何时候都显得更为迫切和急需，因此也就比"批判精神"更为重要。那么，该如何对待"共产主义"呢？德里达很早就认为，"马克思的所有的概念，要想与之对接，都不可能是直接所与的"。因此，对"共产主义"这一概念进行转型乃势所必然。德里达根据自己一贯的解构主义的操作思路，先是不假思索地认定这一概念中包含了本体论、本源论、终极目的论和末世学的思想前件，然后对这些前件进行了一次性的删除："共产主义"必须"摆脱任何经验的教义，甚至任何形而上学的宗教的规定性"[①]，摆脱"本体论暨神学暨本原论暨目的论禁锢"[②]。在经过这样的删除之后，"共产主义"还剩下什么？剩下的只是"一种渴望某

---

① 德里达：《马克思的幽灵》，何一译，第126页。
② 德里达：《马克思的幽灵》，何一译，第106页。

个令人绝望的'弥赛亚主义'的唯物主义"①，只是一种对解放、民主与自由的令人绝望的弥赛亚的召唤，这种召唤所唤出的是一种不可能的可能，它在焦虑、脆弱和一无所有中等待，等待着正义、民主和解放，可这是一种不再期待的等待，是一种死亡般的等待，它也会导致行动和事变，它也需要所有实际的或有效的组织形式，但它已经"与'政党形式'或某种国家或国际形式决裂"②了，它的组织方式是"匿名的"。这样一种"弥赛亚主义"，它的性质是什么呢？是神学的吗？可它并不需要神圣的"临到者"形象，相反，一切神学上的弥赛亚主义都依赖于它的存在。它是形而上学的吗？可一切与形而上学有关的本体论、目的论、本源论和末世学都已被解构。那么，它的性质究竟是什么呢？德里达说，

> 对于所有解构理论而言仍然保持其不可还原的东西，像解构理论之可能性本身一样具有不可解构的东西，或许就是关于解放之诺言的某种体验；它或许也是一种结构性弥赛亚理论的繁琐形式……③

这就是说，这样一种弥赛亚理论既不可还原又不可解构。当然，这绝不意味着可以由此得出结论，说弥赛亚主义是一种乌托邦④或是一种形而上学⑤，那它是某个具体的对象或实体吗？抑或是我们心中的期待和理想？它不是任何经验性的事实，相反，任何经验性的东西都以它的存在为前提。到这里它的性质已经是一目了然了：它是一种先验的存在。难道我们在此还需要做进一步的论证吗？德里达已经明确地

---

① 德里达：《马克思的幽灵》，何一译，第231页。
② 德里达：《马克思的幽灵》，何一译，第126页。
③ 德里达：《马克思的幽灵》，何一译，第85页。
④ J. Derrida, "Marx&Sons", *Ghostly Demarcation*, Verso, 1999, p. 243.
⑤ J. Derrida, "Marx&Sons", *Ghostly Demarcation*, p. 244.

承认他的"弥赛亚主义"是"准先验的"①。此外,德里达在为《马克思的幽灵》所做的辩护性文章《马克思及其子孙》中说得更为明晰:

> 没有弥赛亚的弥赛亚主义不可解构,它是一切解构的前提,但它不是确定性的基础,也不是 cogito(我思)的坚实基础……这是一个 quasi-transcendental(准先验的)假设。②

德里达在此处对"弥赛亚主义"所做的先验性阐明深受康德和胡塞尔的影响③,特别是汲取了胡塞尔先验现象学的"平行论"的营养:"弥赛亚主义"的存在既不在世界之中,也不在世界之外。但德里达在接受影响的同时也为先验性引入了一个新的维度:经验结构。这个结构包含了人们可以而且也应该反复加以体验的现象:召唤、允诺和要求。"弥赛亚主义"不是一种抽象的理论,更不是一种神学或宗教的遗产,它仅仅是一种召唤,一种急迫的、紧迫的、革命性的召唤④;召唤同时也是一种声明、一种允诺,允诺必须保证兑现,也就是说不要停留在"精神的"或"抽象的"状态,而是要导致所允诺的事变⑤;允诺伴随着要求,"弥赛亚要求我们此时此刻介入到事物、时间、历史的日

---

① 德里达:《马克思的幽灵》,何一译,第 231 页。
② J. Derrida, "Marx&Sons", *Ghostly Demarcation*, p. 253.
③ 根据倪梁康先生在《胡塞尔现象概念通释》中的归纳,康德与胡塞尔对"先验性"的看法如下:康德对"先验性"有两个方面的定义:(1)他认为,一门"先验哲学"所涉及的应当是这样一种认识,这种认识"所探讨的并不是对象,而是我们对先天可能之对象的普遍认识方式";(2)康德用这个概念所表明的"不是对所有经验的超越",而是某种"虽然先于经验(先天的)","但却能使经验认识得以可能"的东西。胡塞尔批判地接受了康德的"先验"概念,他的这个概念也有两层含义:(1)"先验的"首先被他用来指称一种"对所有认识构成之最终源泉的进行回问,认识者对自己及其认识生活进行自身沉思的动机";(2)一种在纯粹主体性本身之中寻找客观认识可能性的具体做法。(参见倪梁康:《胡塞尔现象概念通释》,第 456—457 页)德里达在此显然有所保留地接受了康德和胡塞尔的定义,尤其是他们的定义(2)。
④ 德里达:《马克思的幽灵》,何一译,第 230 页。
⑤ 德里达:《马克思的幽灵》,何一译,第 126 页。

常过程"[1]。也许正是这个新的维度才让德里达在"先验的"前面加上了"准"（quasi-）字。

曾几何时，德里达标举解构的旗帜，向一切形而上学的体系宣战。但在遭遇马克思时，他却转身走向本体论和先验论。尽管这是带"负号"的本体论和带"准"字的先验论，但它们毕竟使不可遏制的解构的步伐停顿下来。解构，遭遇到自己的边界！这是解构主义历史上的一个重要事件。当我这样说时，我的立场与艾伯拉姆斯、B. 琼生、J. M. 伊迪等人的反解构主义策略完全相反，我不认为这是值得嘲笑的体系上的前后不一或自相矛盾。根本不是这样！随着时间的推移，这个事件对解构主义、马克思主义乃至整个哲学史的意义将会越来越清晰地显示出来。

在马克思主义方面，如何既捍卫自身又解构自身，如何面向当代新的技术空间以及由此引起的迥然不同于传统和历史的变化，如何接受来自各路思潮的挑战和进攻，这些都是当务之急，对此我们需要进行不断地、深入地思考，勇敢地面对各家各派对马克思主义所提出的质疑和批评并尽可能地从中汲取马克思三义发展的理论养分。德里达对马克思的解构与转型，就是摆在每一个马克思主义者面前的极为有价值的个案。

在解构主义方面，由于它已经看到了自己的疆界，它就会自觉地把自己同已炒得沸沸扬扬的后现代理论区别开来："不管受到如此众多的现代或后现代的拒绝，一种弥赛亚式的末世论都必然会出现。"[2] 这就是德里达面对自身和后现代状况所表现出来的勇气和眼光！我们不能一边哼着"痕迹"的小调，一边玩着"无底棋盘上的游戏"。有一种声

---

[1] J. Derrida, "Marx&Sons", *Ghostly Demarcation*, p. 249.
[2] 德里达：《马克思的幽灵》，何一译，第85页。着重号为原作者所加。

音我们不能在"游戏"时充耳不闻,有一种苦难我们永远不可以把它作为"痕迹"抹去:

> 任何一点儿的进步都不允许我们无视在地球上有如此之多的男人、女人和孩子在受奴役、挨饿和被灭绝……①

这就是有人不愿看、有人不忍看、有人视而不见的"本体论"!这样的裂隙、脱节怎能一句"怎么都行"所解决?在这种无边无际的苦难中,在时代的一代又一代的脱节中,人们永远不能放弃的便是那绝望中的希望、那苦难中的救赎。它在经验中曾经实现过吗,哪怕只有一次?从来没有,但它在我们的日常经验中确实为我们所体验、为一代又一代的人们所体验:它召唤着我们、允诺着我们、命令着我们。它从未出现,亦从未离开,它是最真切的体验,又是最不可抵达的死亡般虚无。这就是带"准"字的先验论。是不是只有这样的"本体论"才会产生这样的"先验论"?是不是只有这样的"先验论"才能配得上这样的"本体论"?它们既不可分割又差异延宕地纠缠在一起。如果说它们之间存在一种延异性的关系,那么,这种延异性是不是也应该带上"负号"?借着这样的"本体论"和"先验论",也许从此我们可以在对传统本体论和先验论保持高度警惕的同时走出后现代的迷宫,踩出一条带"负号"或"准"字的形而上学之路来?

---

① 德里达:《马克思的幽灵》,何一译,第120—121页。

参考文献

外文部分

1. Alexander, Natalie, "The Hollow Deconstruction of Time", *Derrida and Phenomenology*, edited by W. R. McKenna & J. Claude Evans, Kluwer Academic Publishers, Dordrecht, 1995.
2. Barnouw, J., "Review of J. Derrida's Origin of Geometry", *Review of Metaphysics* 33 (Sept. 1979).
3. Bennington, Geoffrey and Derrida, J., *Jacques Derrida*, The University of Chicago Press, Chicago and London, 1993.
4. Bernet, Rudolf, "Derrida and His Master's Voice", *Derrida and Phenomenology*, edited by W. R. McKenna and J. Claude Evans, Kluwer Academic Publishers, Dordrecht, 1995.
5. Byers, Damian, *Intentionality and Transcendence: Closure and Openness in Husserl's Phenomenology*, The University of Wisconsin Press/Noesis Press, Ltd., 2002.
6. Deleuze, G., *Différence et Répétition*, Presses Universitaires de France, 1968.
7. Derrida, Jacques, "Phänomenologische Psychologie. Vorlesungen Sommersemester 1925", par Edmund Husserl, *Les études*

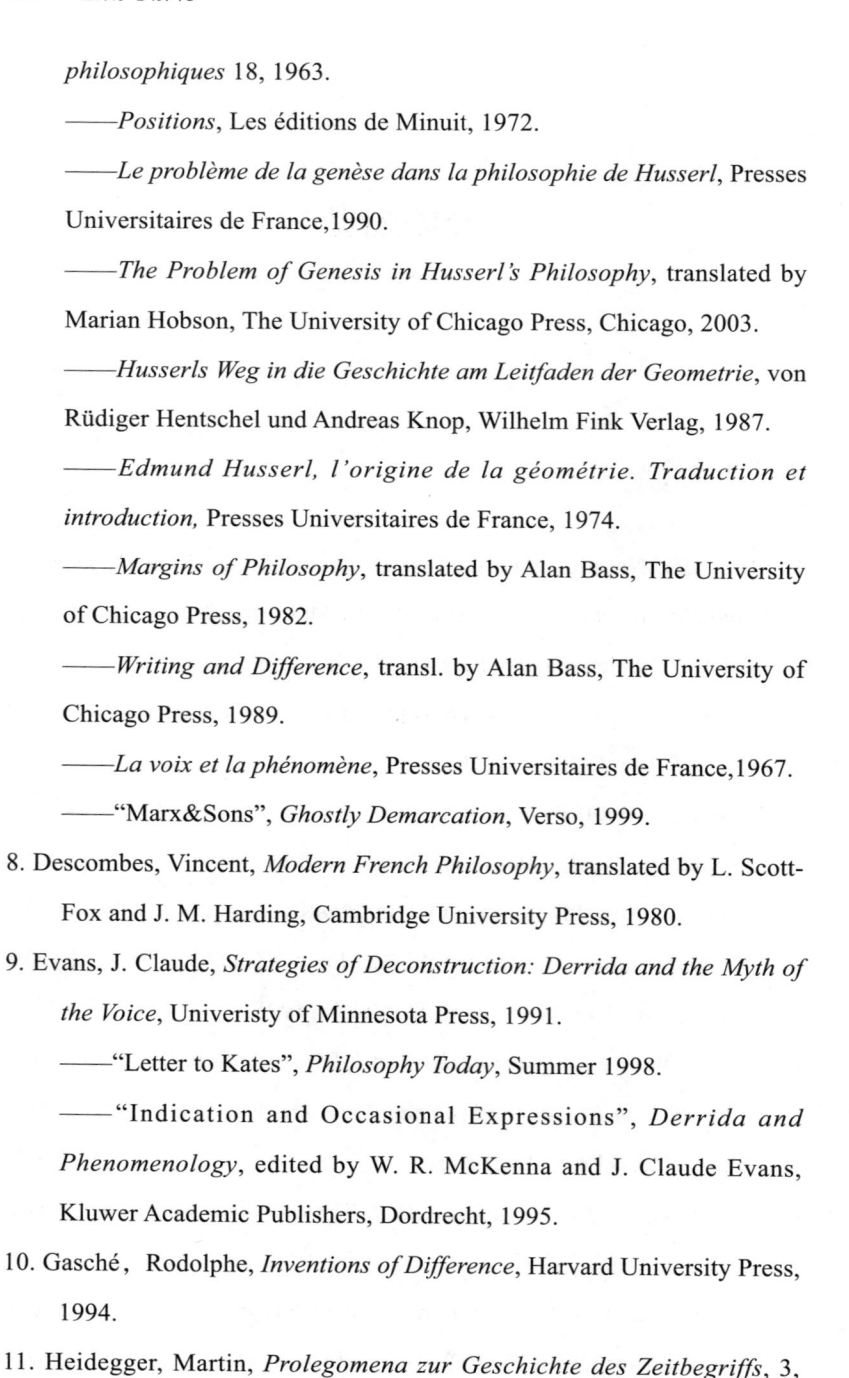

philosophiques 18, 1963.

——*Positions*, Les éditions de Minuit, 1972.

——*Le problème de la genèse dans la philosophie de Husserl*, Presses Universitaires de France,1990.

——*The Problem of Genesis in Husserl's Philosophy*, translated by Marian Hobson, The University of Chicago Press, Chicago, 2003.

——*Husserls Weg in die Geschichte am Leitfaden der Geometrie*, von Rüdiger Hentschel und Andreas Knop, Wilhelm Fink Verlag, 1987.

——*Edmund Husserl, l'origine de la géométrie. Traduction et introduction,* Presses Universitaires de France, 1974.

——*Margins of Philosophy*, translated by Alan Bass, The University of Chicago Press, 1982.

——*Writing and Difference*, transl. by Alan Bass, The University of Chicago Press, 1989.

——*La voix et la phénomène*, Presses Universitaires de France,1967.

——"Marx&Sons", *Ghostly Demarcation*, Verso, 1999.

8. Descombes, Vincent, *Modern French Philosophy*, translated by L. Scott-Fox and J. M. Harding, Cambridge University Press, 1980.

9. Evans, J. Claude, *Strategies of Deconstruction: Derrida and the Myth of the Voice*, Univeristy of Minnesota Press, 1991.

——"Letter to Kates", *Philosophy Today*, Summer 1998.

——"Indication and Occasional Expressions", *Derrida and Phenomenology*, edited by W. R. McKenna and J. Claude Evans, Kluwer Academic Publishers, Dordrecht, 1995.

10. Gasché, Rodolphe, *Inventions of Difference*, Harvard University Press, 1994.

11. Heidegger, Martin, *Prolegomena zur Geschichte des Zeitbegriffs*, 3,

durchgesehene Auflage, Vttorio Klostermann: Frankfurt am Main, 1994.

12. Hopkins, Burt C., "Husserl and Derrida on the Origin of Geometry", *Derrda and Phenomenology*, edited by W. R. McKenna & J. Claude Evans, Kluwer Academic Publishers, Dordrecht, 1995.

13. Husserl, E., *Husserliana*, Band VI, *Die Krisis der europäischen Wissenschaften und die transzendentale Phänomenologie. Eine Einleitung in die phänomenologische Philosophie,* Den Haag, 1954.

——*Husserliana*, Band X, *Zur Phänomenologie des inneren Zeitbewusstesens (1893-1917)*, hrsg. von Rudolf Boehm, Martinus Nijhoff, 1966.

——*Husserliana*, Band XI, *Analysen zur passiven Synthesis. Aus Vorlesungs- und Forschungsmanuskripten, 1918-1926*, Den Haag, Martinus Nijhoff, 1966.

14. Kates, Joshua, "Letter to Evans", *Philosophy Today*, Summer 1998.

15. Lawlor, Leonard, "Distorting Phenomenology: Derrida's Interpretation of Husserl", *Philosophy Today*, Summer 1998.

—— "The Epoche as the Derridean Absolute: Final Comments on the Evans-Kates-Lawlor Debate", *Philosophy Today*, Summer 1998.

——"The Relation as the Fundamental Issue in Derrida", *Derrida and Phenomenology*, edited by W. R. McKenna & J. Claude Evans, Kluwer Academic Publishers, Dordrecht, 1995.

16. Llewelyn, John, *Derrida on the Threshold of Sense*, The Macmillan Press LTD, 1986.

17. Marbach, Eduard, *Das Problem des Ich in der Phänomenologie Husserls*, Marinus Nijhoff/Den Haag, 1974.

18. Marion, Jean-Luc, *Réduction et donation: Recherches sur Husserl,*

Heidegger et la phénoménologie, Presses Universitaires de France, 1989.

19. Marrati-Guénoun, Paola, *Le Genése et la Trace: Derrida Lecteur de Husserl et Heidegger*, Kluwer Academic Publishers, 1998.
20. Protevi, John, *Time and Exteriority: Aristotle, Heidegger, Derrida*, Associated University Presses, 1994.
21. Rapaport, Herman, *Heidegger and Derrida: Reflections on Time and Language*, University of Nebraska Press, 1989.
22. Ryan, M., *Marxism and Deconstruction: A Critical Articulation*, The Johns Hopkins University Press, Maryland, 1982.
23. Sartre, Jean-Paul, *L'ĕtre et le nèant—Essai d'ontologie Phénoménologique*, éditions Gallimard, 1981.
24. Scanlon, John, "Pure Presence: A Modest Proposal", *Derrda and Phenomenology*, edited by W. R. McKenna & J. Claude Evans, Kluwer Academic Publishers, Dordrecht, 1995.
25. Sokolowski, Robert, *The Formation of Husserl's Concept of Constitution*, Martinus Nijhoff, the Hague, Netherlands, 1970.
26. Sweetman, Brendan, "Postmodernism, Derrida and Différance: A Critic", *International Philosophy Quarterly* Vol. xxxix, Issue No.153, March 1999.
27. Wood, David, *The Deconstruction of Time*, Humanities Press International, Inc. Atlantic Highland, NJ, 1989.
28. Zizek, Slovoj, *The Sublime Object of Ideology*, Verso, London, 1999.

中文部分

29. 阿多诺：《否定的辩证法》，重庆出版社 1993 年版。

30. 贝耐特，R.：《胡塞尔的"Noema"概念》，载赵汀阳主编：《论证》，辽海出版社，1999 秋季刊。

31. 陈立胜：《自我与世界——以问题为中心的现象学运动研究》，广东人民出版社 1999 年版。

32. 德里达，J.：《德里达谈现象学》，张宁译，《哲学译丛》2001 年第 3 期。

——《生成与结构及现象学》，载《书写与差异》，张宁译，生活·读书·新知三联书店 2001 年版。

——《声音与现象》，杜小真译，商务印书馆 1999 年版。

——《一种疯狂守护着思想——德里达访谈录》，何佩群译，上海人民出版社 1997 年版。

——《暴力与形而上学：论埃马纽埃·勒维纳斯的思想》，载《书写与差异》，张宁译，生活·读书·新知三联书店 2001 年版。

——《论文字学》，汪堂家译，上海译文出版社 1999 年版。

——《马克思的幽灵》，何一译，中国人民大学出版社 1999 年版。

——《胡塞尔〈几何学的起源〉引论》，方向红译，南京大学出版社 2004 年版。

33. 杜小真：《在记忆和遗忘的下面，是生活》，《万象》2001 年第 3 期。

——《德里达的解构主义》，《首都师范大学学报》(社会科学版) 2000 年第 3 期。

34. 高桥哲哉：《德里达：解构》，王欣译，河北教育出版社 2001 年版。

35. 豪威尔斯，C.：《德里达》，张颖、王天成译，黑龙江人民出版社 2002 年版。

36. 海德格尔，M.：《海德格尔选集》，孙周兴主编，上海三联书店 1996 年版。

——《存在与时间》，陈嘉映、王庆节合译，生活·读书·新知三联书店 1999 年版。

37. 黑尔德，K.：《胡塞尔与海德格尔的"本真"时间现象学》，载《中国现象学与哲学评论》第六辑，上海译文出版社 2004 年版。

38. 胡塞尔：《内时间意识现象学》，杨富斌译，华夏出版社 2000 年版。

——《纯粹现象学通论》，李幼蒸译，商务印书馆 1996 年版。

——《逻辑研究》第一卷，倪梁康译，上海译文出版社 1999 年版。

——《逻辑研究》第二卷第一部分，倪梁康译，上海译文出版社 1994 年版。

——《经验与判断》，邓晓芒、张廷国译，生活·读书·新知三联书店 1999 年版。

——《笛卡儿的沉思——现象学导论》，张宪译，台湾桂冠图书股份有限公司 1992 年版。

——《欧洲科学危机和超越现象学》，张庆熊译，台湾桂冠图书股份有限公司 1992 年版。

——《内时间意识现象学》，杨富斌译，华夏出版社 1999 年版。

39. 康德：《纯粹理性批判》，蓝公武译，商务印书馆 1982 年版。

40. 利科：《法国哲学家保罗·利科答中国记者问》，《哲学动态》1999 年第 11 期。

41. 陆扬：《德里达——解构之维》，华中师范大学出版社 1996 年版。

——《后现代性的文本阐释：福柯与德里达》，上海三联书店 2000 年版。

42. 马克思：《资本论》，中国社会科学出版社 1983 年版。

43. 梅洛－庞蒂：《知觉现象学》，姜志辉译，商务印书馆 2001 年版。

44. 倪梁康：《现象学及其效应》，生活·读书·新知三联书店 1994 年版。

——《胡塞尔现象学概念通释》，生活·读书·新知三联书店 1999 年版。

——《会意集》,东方出版社 2002 年版。

——《自识与反思》,商务印书馆 2002 年版。

——《胡塞尔哲学中的"原意识"与"后反思"》,《哲学研究》1998 年第 1 期。

——《现象学运动的基本意义——纪念现象学运动一百周年》,《中国社会科学》2000 年第 4 期。

——《"智性直观"概念的基本含义及其在东西方思想中的不同命运》,《社会科学战线》2002 年第 1、2 期。

——《胡塞尔时间分析中的"原意识"与"无意识":兼论 J. 德里达对胡塞尔时间意识分析的批评》,《哲学研究》2003 年第 6 期。

——《直观的原则,还是在场的形而上学?——德里达〈声音与现象〉中的现象学诠释与解构问题导论》,《浙江学刊》2004 年第 2 期。

45. 裴程:《逻各斯、声音和文字——读德里达〈声音与现象〉》,《法国研究》1991 年第 1 期。

46. 钱捷:《"Vouloir-dire":创意还是误读——谈德里达对胡塞尔指号现象学思考的解读》,《哲学研究》1998 年第 2 期。

47. 尚杰:《萨特后的法国哲学》,《人民政协报》2001 年 2 月 13 日。

——《德里达》,湖南教育出版社 1999 年版。

——《德里达哲学发源地》,《辽宁大学学报》1993 年第 1 期。

48. 施皮格伯格,H.:《现象学运动》,王炳文、张金言译,商务印书馆 1995 年版。

49. 索绪尔:《普通语言学教程》,商务印书馆 1999 年版。

50. 瓦尔登费尔茨,B.:《在言说与显示之间——对胡塞尔机遇性表述理论的反思》,载《中国现象学与哲学评论》特辑,上海译文出版社 2003 年版。

51. 叶秀山：《意义世界的埋葬》，《中国社会科学》1989 年第 3 期。
52. 伊迪，J. M.：《论德里达对胡塞尔的批判》，魏志军译，《哲学译丛》2001 年第 2 期。
53. 张祥龙：《胡塞尔的〈逻辑研究〉与德里达的〈声音与现象〉》，《世纪书窗》2000 年第 1 期。

    ——《朝向事情本身——现象学导论七讲》，团结出版社 2003 年版。
54. 张一兵：《无调式的辩证想象》，生活·读书·新知三联书店 2001 年版。